学前教育家文库
汪爱丽文集

凤凰出版传媒集团
江苏教育出版社

学前教育家文库
编委会
主　任：鲁　洁
副主任：许卓娅　　张胜勇
编　委：陈秀云　　陈淑安　　胡建华　　卢美贵　　唐　淑
　　　　屠美如　　王振宇　　虞永平　　赵寄石　　祝士媛

目录

总序 / 1

序 / 1

作者的话 / 1

上篇 科研论文

小班音乐教学中几个问题的初步研究 / 3

中班音乐教学中几个问题的初步研究 / 40

幼儿园音乐教学中音乐能力的培养 / 69

幼儿音乐能力测验初探 / 112

中篇 幼师教材

幼儿音乐教学法 / 157

  幼儿音乐教育的作用与任务 / 157

  唱歌 / 168

  韵律活动 / 211

  音乐游戏 / 241

下篇 创作作品

幼儿歌曲 / 255

幼儿音乐游戏 / 285

节奏活动、基本舞步 / 303

童话歌舞剧 / 323

学术年表 / 329

后记 / 331

总 序

　　我国学前教育理论与实践的研究,始于20世纪初期的南京高等师范学校(南京师范大学的前身)。从南京高等师范学校到南京师范大学,在将近一百年的时间中,经过几代学前教育学人绵延不断的探索、传承、弘扬和发展,成就与积累了极为丰硕的学术成果,形成了我国学前教育学术宝库中一份十分珍贵的财富。为了使后继者得以在前人已有成就的基础上继续前进,为学前教育学术发展搭建一个历史平台,南京师范大学学前教育专业与江苏教育出版社决定联手出版《学前教育家文库》。

　　早在20世纪20年代,时任南京高等师范学校教务主任的陶行知先生创建了教育科,并任首届主任,就在这里开始了近代中国学前教育的奠基工作。陈鹤琴先生在这里开始了儿童心理、家庭教育、幼稚教育的研究与教学工作,举办了我国第一个幼教实验中心——南京鼓楼幼稚园;陶行知和陈鹤琴的学生张宗麟先生首先自愿成为陈鹤琴研究幼教的合作伙伴,在鼓楼幼稚园进行了课程、设备、故事、读法等项研究,后又成为陶行知在南京郊区开辟农村幼教基地的得力助手,陈鹤琴也曾被晓庄乡村试验学校聘为幼稚师范院院长。他们的论著如:《儿童心理之研究》《家庭教育》《幼稚教育概论》《幼稚园的演变史》《幼稚教育论文集》(一、二两册)等书,在幼教界影响深远。他们是中国化、大众化、科学化幼教道路的开拓者和领路人。他们作为先行者的实践业绩和理论建树其影响一直延伸至今。

新中国建立后,经1952年院系调整,由南京大学、金陵大学、上海震旦大学、广东岭南大学等相关系科组合在南京师范大学建立了当时全国唯一的幼儿教育系,陈鹤琴先生被国务院任命为南京师范学院的首任院长。陈鹤琴在幼教系亲自教授儿童心理学、教育史等课程,还设置了儿童教育研究室和儿童教玩具研究室及玩具工厂,开创了教学、研究、生产三结合的体制,并建立了南师附属幼儿园——附属幼儿师范学校——幼儿教育系的三级完整的幼教体系。在陈鹤琴先生的带领下,南师幼教系的老师们还分别深入各种类型幼儿园进行各科教学、玩教具、游戏、设备、营养、混龄教育等项研究,与幼儿园建立了鱼水关系。陈鹤琴所倡导的热爱儿童、热爱幼教的奉献精神,中西融通、不断探索的创新精神,理论和实际紧密结合的务实精神,深深地影响着一代又一代的南师学前教育学人,这种奉献、创新、务实的精神已蔚然成风,逐步形成为南京师范大学幼教人的传统风格。

改革开放后,南京师大学前教育专业进入了历史性突破的新时期。20世纪70年代末,为促进全国幼教事业的复兴,南京师大学前教育专业肩负起筹备全国幼教研究会的重任,在南京召开了成立大会和第一届学术年会;80年代初,南京师范大学学前教育专业首批执行教育部和联合国儿童基金会幼教师资培养的合作项目;80年代末,承办了我国第一次幼教国际会议;90年代初,被国务院学位委员会批准设立了我国首个幼儿教育学科博士点;本世纪初,被教育部确定为首个国家级学前教育重点学科。南京师大学前教育专业已成为当代我国学前教育领域中的先导和中坚。

近三十年来,南京师大学前教育专业以不断拓展理论视野和深入幼教实践来提高队伍素质,完善课程建设为根本方针。在教学方面:努力加强学前教育学、儿童心理学、儿童教育哲学等基础理论课,逐步增设了学前教育史、学前教育研究方法、学前课程论、儿童游戏论等科目,将幼儿园各科教学法改造成学科教育学。20世纪80年代中期承担了多项全国高校"七五"规划教材编写项目,由人民教育出版社出版了《学前教育学》及《学前教育学参考资料》、《中国学前教育史》及《中国学前教育史资料选》《学前儿童发展与教育科学研究方法》《学前儿童语言教育》《学前儿童音乐教育》《学前儿童美术教育》《幼儿科学教育》《学前儿童数学教育》《儿童营养学》等教材,填补了高师学前教育专业课教材的空白。在硕士和博士学位点的建设方面,设有学前教育基本理论、学前教育课程论、学前审美教育、学前科学教育、学前语言教育、学前道德启蒙、幼儿社会性发展、学前健康教育等专业方向。在科学研究方面:20世纪80年代初,率先进行幼儿园综合教育的研究,由此拉开全国幼儿园课程改革的序幕;承担了全国教育科学"七五"规划重点项目"农村幼儿教育研究"、"八五"规划重点项目"学前儿童艺术综合教育"、"幼儿道德启蒙教育","九五"规划重点项目"我国幼儿园课程体系的研究"、"学前儿童审美教育"、"幼儿园师幼互动的研究"等,并都取得了丰硕的成果,出版了《农村学前一年综合教育课程设计》《学前儿童艺术综合教育》《幼儿道德启蒙的理论与实践》《师幼互动行为研究》《幼儿审美教育学》《儿童教育新论》《儿童精神哲学》《幼儿园课程指导丛书》《幼儿园课程实施指导丛书》《幼儿园课程研究论文集萃》《托儿综合教育课程》等书。近年来,还重视与国内外同行的合作研究,多次举办国际、国内学术研讨会,在刊物上开展学术思想争鸣。总之,南京师范大学学前教育学人的研究覆盖了学前儿童的生理和心理、正常儿童与特殊儿童、托儿所与幼儿园、教学与游戏、分科教学与综合教学、城市与农村、正规与非正规保教形式,涉及到幼儿教育系统工程的方方面面。她们的研究成果不仅有利于自身教育质量的提高、师资队伍的专业成长,也促进了全国幼教界教育改革的步伐,为建设有中国特色的幼教事业作出了重要贡献。

这次出版的《学前教育家文库》共13卷,包括:陶行知、陈鹤琴、张宗麟、方观容、黄人颂、赵寄石、汪爱丽、卢乐珍、屠美如、王志明、张慧和、唐淑、楼必生13位教授、专家的个人专卷。用以彰显他们的开拓创新和求真务实精神,供人们分享他们的丰硕成果,以期薪火传承,发扬光大!在这里我深深祝愿本文库的出版将促进我国学前教育学术更加繁荣、事业更加兴旺!

鲁 洁

2005年10月

序

一、从一个学生的眼睛里看这本书的作者

如果你不了解这本书的作者,你也就不可能更好地读懂这本书!

从读研究生开始,我又重新回到了幼儿园。从重新回到幼儿园开始,我又重新找回了我的精神自由、我的生命活力、我的理想以及我和音乐的亲密关系。当然,这一切都要感谢我的研究生导师:著名幼儿音乐教育家——汪爱丽教授。

"敬而远之"是早年时起就在我内心深处逐步积累起来的对待"老师"等所有具有某种权威性质人物的态度倾向和行为习惯。因为和这些人靠得太近时,他们自上而下的气势,会让我的心产生一种要被压扁挤碎的感觉。但是,我和汪老师在一起时,我的心感到自由得就像在蓝天里飞翔的鸟。可一开始时,我不知道她为什么会使我这样。直到遇上了这样一件事……

这是一个阴冷的天气,刮着北风,还下着小而密的冰屑子。我和汪老师来到一所幼儿园,要在那里搞一个儿童音乐能力发展测量研究。当我们到达时,幼儿园的大门开着。汪老师先走了进去,一会儿又出来了。她告诉我说,园长正在

开会,让我和她一起在大门外等一下。我正奇怪为什么不能进去等,她又补充说:园长看见我们一定会中断会议出来接待,这样就会影响幼儿园的正常工作。于是,我们在门外的风雪中站了半个多小时……如果说我当时还只能为她人格的美丽而产生一种肃然起敬的冲动的话,今天,在我自己时常也会处在她当时的那种地位上时,我似乎才理解了其中的另外一种心情:不希望自己成为别人感到需要"高看"的人。同时,我也才理解了:正因为她总是让我感觉到与她之间的关系是平等的,感到我可以"平视"她,感到我们之间可以自由地交换各种想法……所以,当有人告诉我,说我很像她时,我内心对她的感激是双重的:首先,我感激她解放了我的心,让我的心获得了自由、平安和幸福。同时,我也感激她让我学会了如何去解放其他人的心。当别人不再对我"敬而远之"时,我内心的自由、平安和幸福也是双重的。

在我国,"理论联系实际"对于受过普通学校教育的人来说已经是一个再普通不过的词汇了。但是,我却是在35岁到40岁期间,在汪老师的帮助下,才逐步地开始对这一词汇的含义进行真正深入地了解的。也许正因为读研究生期间读了太多外文原著和译著,读了太多的理论著作,在进入研究领域后最初的很长一段时期内,许多人都告诉我说:你讲出来的话怎么总像是翻译过来的外国人讲的话,让人听也听不懂!我去幼儿园和幼儿教师谈论音乐教育改革的问题时,她们总是很认真地看着我,默默地,从来都没有什么反应。而每次只要汪老师一来,幼儿教师们就会立刻活跃起来,又唱又做,有说有笑。一开始,我并不十分清楚这其中的差别到底意味着什么,直到有一天,一位幼儿园的园长打电话来告诉我说:老师们都希望你来,但又怕你来,因为你讲的话她们大多数都听不明白,就算似乎听懂了一点,也不知道究竟应该怎么做才对,所以,你一走,有的小老师就哭,生怕下一次你来了又要说她们理解得不对,做的不对!……这番真正的心里话让我很震惊,也让我很惶恐,但逐步冷静慢慢思考之后,终于让我悟出了一点线索:汪老师,她能知道幼儿园老师的困难是什么,并且能够想出办法帮助她们解决困难;而我却不能!汪老师,她能知道幼儿园老师想要了解的知识,并且能够用她们听得懂的语言讲解给她们听;而我却不能!

其实,对于我的困惑,汪老师当时一定是清楚的!因为,有一天,她去省政协开会回来后突然对我讲了下面的一番话:今天一位领导同志做报告时说,我们要发扬"立体思维"和"群体思维"的精神,努力做好各项本职工作……其实,"立体思维"不就是凡事应该尽可能多从几个方面来考虑;"群体思维"不就是"三个臭皮匠,顶个诸葛亮"吗?为什么现在都喜欢用老百姓听不懂的语言来讲话了呢?听了汪老师的这一番表面上似乎并不是专门对我讲的话之后,我心中如同下了一阵雷暴雨后的天空那样"豁然开朗"起来……

理论的价值,不就是在于用来帮助解决实际问题的吗?语言的价值,不就是在于用来帮助解决思想观念交流问题的吗?真挚朴素的"为学之道",真挚朴素的"为人之道",这就是我"入门"时所受的教育的核心,这也正是我至今、往后"为学"、"为人"而要终身追求的全部价值的核心!

二、从一个业内人士眼睛里看这本书

一本朴素的书需要用一种朴素的眼光来阅读!

本论文集主要包含以下三个部分：1979~1986年期间所做研究的研究报告；教育部组织编写审定的1986年版幼儿师范学校教材《幼儿音乐教学法》；创作的幼儿音乐作品。

（一）幼儿音乐发展科学研究报告

什么是科学？朴素的理解无非是：(1)寻找事物发展的客观规律；(2)确定这种发展是一种历史—生态的"良性"发展。所谓"历史—生态的良性发展"，即诸事物与周边环境共同可持续发展的性状。

幼儿音乐教育研究作为一种科学研究，其追求的目的也是一样的：(1)了解幼儿音乐能力发展的规律；(2)了解何种教育支持能够通过音乐活动促进幼儿获得与周边环境共同可持续发展的态度和能力。

可是，在20世纪70年代的中国，幼儿音乐发展与教育的科学研究工作几乎是一片未被开垦的"处女地"。即使有一些个人的零星探索，由于信息闭塞的原因，相关资料也很难获得"公布于众"的平台。所以，当时汪爱丽教授只能利用手头非常有限的国外资料，从如美国学者马汶·格林勃格和詹姆斯·穆塞尔等人的英文著作中寻找启发，自己动手，脚踏实地地去探索和研究。

从1979~1982年，汪爱丽教授在南京市的三所幼儿园对儿童的发展和教学的工作进行了连续的跟踪研究。紧接着，她在1983~1986年期间，又进行了一个连续三年的研究。在连续六年扎扎实实的艰苦努力之后,她设计出了一系列的测量工具并撰写出了一系列的研究报告。汪爱丽教授自己认为:尽管这些基础性的工作还不很严谨、全面和完善,但起码作为开拓性的尝试还是很有意义的;至少给我国几乎空白的幼儿音乐教育科研工作增添了一些积累,并为他人后续的研究起到了一种"抛砖引玉"的作用。

事实上,汪爱丽教授的这批科研报告的核心部分,在20世纪90年代初被刊登在中央教育科学研究所最早内部资料——《学前教育优秀科学研究论文选集》中(虽然由于当时条件的限制,今天一般人已经很难找到这些珍贵的原始出版物了),而且其中的报告"幼儿园音乐教学中幼儿音乐能力的培养"还获得了江苏省哲学社会科学二等奖。

虽然在信息流通渠道远比当年畅通的今天,我们的幼儿园老师和大学本科生、研究生、理论研究工作者可以从更多的信息平台获取更丰富的研究参考资源,但从汪爱丽教授的这些研究中,我们仍旧可以得到许多具有启发意义的信息。特别是她一步一个脚印的踏踏实实的工作作风,将永远值得后辈研究者尊崇效仿。

(二)幼儿师范学校教材

1986年版《幼儿音乐教学法》是新中国成立以后惟一由教育部组织编写、审定的幼儿师范学校教材。它是在吸收了苏联、美国以及欧洲其他国家幼儿音乐教育的理论、技术并结合多年来我国音乐教育的理论实践中的精华所写成的。

汪爱丽教授的治学风格是长期紧密联系中国本土的学

前儿童音乐教学实践,将自己在通贯中西古今基础上所形成的儿童音乐教育理想付诸实践,并坚持长期立足于中国本土幼儿园教师的工作生态环境;将与一线教师共同研究共同学习,共同发展作为自己工作的基本出发点,想一线教师所想,急一线教师所急,和一线教师同呼吸共命运,所以,这本教材"朴素无华"的语言才能够达到深入浅出、理论联系实际,既有浪漫理想又可具体操作的境界。

其中大量的音乐作品和教学方案,全部都是汪爱丽教授自己通过反复实践归纳总结出来的。在20世纪的70～90年代,这些在中国的幼儿园音乐教育教学实践领域产生过不可估量影响的原创音乐作品和教学设计,至今仍被幼儿园教师广泛应用。所以说,其中的相当一部分理念、技术和作品,已经经受住了30～40年的时间考验,至今仍旧值得研究幼儿音乐教育的人阅读、参考。

(三)幼儿音乐作品

20世纪中叶,由于学前教育还没有引起像今天这样广泛的重视,相对于适合少年儿童的音乐作品来说,适合学前儿童的音乐作品很难寻找。所以,在幼儿园中,音乐作品成人化、小学化的现象十分严重。

在广大学前儿童音乐教育工作者还在苦苦寻觅合适学前儿童的音乐作品时,汪爱丽教授却已默默无闻地开始她自己的原创尝试。至今,全中国的早期儿童音乐工作者都十分熟悉的优秀音乐作品,大都出自于两位同样姓汪的中国女性之手,她们就是上海音乐出版社音乐编辑,音乐专业出身的汪玲老师和南京师范大学的教授,教育专业出身的汪爱丽老师。如今,她们的作品不仅反复被幼儿园和小学的正规教材所选用,而且还反复被各种低龄儿童出版物所选用,很受广大专业音乐工作者、教育工作者、家长和低龄儿童的欢迎。

在汪爱丽教授的作品中,不仅有原创的歌曲,还有翻译的歌曲和各种律动游戏音乐以及教学设计建议,从这些质朴的作品中,我们不仅可以看到她美好的教育理想,她质朴的童心童趣,更能够看到她勇敢的原创精神。

感谢江苏教育出版社为我们提供这样的机会,让后人能够了解在中国早期儿童教育研究的历史中有汪爱丽这样一位女性学者,以及这位学者是怎样将她对生活的爱、对音乐的爱、对孩子的爱和对教育事业的爱,用一种最平凡但又最感人的方式留给我们大家的。

南京师范大学教育科学学院
学前教育研究所暨学前教育学系
教授　博士生导师　许卓娅
2005 年 8 月 31 日于随园

作者的话

音乐是人类生活中不可缺少的一个重要组成部分。

一个健康、快乐、活泼的孩子常会自发地哼哼唱唱曾学过的或听过的歌,甚至还会唱自己想出来的歌;他们对随着音乐进行活动也表现出极大的兴趣。在有鲜明节奏的音乐声中,他们会动起双腿,舞起手臂;大一些的幼儿还会模仿成人做出种种舞姿。

喜欢音乐以及随着音乐动作几乎是儿童的天性。音乐在婴幼儿成长过程中也有着特殊的作用。音乐教育不仅能培养和提高幼儿的音乐能力,而且是使幼儿全面发展的一种重要手段。因为:

音乐能丰富幼儿的感情;

音乐能提供幼儿充分发挥想像的天地;

音乐能增加幼儿的词汇、艺术语言并提高讲话能力;

音乐能增强幼儿的记忆;

音乐能陶冶幼儿的情操;

音乐能促进动作的协调和优美;

音乐游戏能有助于空间知觉的发展;

音乐能有利于幼儿社会行为的培养;

音乐能使幼儿获得愉快,从而促进身体健康;

音乐能……

不要以为音乐教育只不过是教几首歌而已,没有多大意思,实际上它的作用可列出长长的清单。要使孩子有良好的发展,有教养,这方面的工作是不可少的。

但是,这些良好作用的产生是有一定前提的,那就是对幼儿进行音乐教育时必须考虑幼儿身心发展的特点以及音乐本身的特点,否则很可能收到相反的效果。例如,让幼儿长时间学唱超过他们音域的、难度很大的歌曲,训练他们跳一些复杂的成人舞蹈,要求他们一动不动地、枯燥无味地反复欣赏某些音乐作品等,这就会损害他们的发声器官,使肌肉、大脑疲劳,挫伤他们学习音乐的积极性,甚至还会使他们产生厌恶音乐的情绪。

因此,对婴幼儿进行音乐教育,要注意以下几点。

一、音乐活动内容应紧密联系幼儿的生活实际

音乐是反映现实生活,反映人们的思想感情的。有位音乐家曾说,没有感情就没有音乐。如果为幼儿选用的歌曲、游戏及其他音乐活动,其内容是他们所熟悉的、能理解的、感兴趣的,那么他们在进行这些活动时才能真正注入并抒发自己的感情,从而使身心得到发展。如果所使用的教材或所选择的教学方法脱离幼儿的生活实际,超越他们的领悟水平和胜任能力,那么,在进行这些活动时,他们很可能只是鹦鹉学舌地唱,机械地模仿一些动作,没有感情体验,也没有共鸣,更难有利于想像和创造。因此,在选材和组织幼儿音乐活动时,需要考虑他们的年龄特点、生活实际和已有的经验等。

二、有充分的动作机会

幼儿本身就好动。动作也是幼儿认识周围事物的重要

手段之一。身体动作、肌肉活动又是感受音乐节奏的生理基础。因此,对幼儿进行音乐教育时应发挥动作的作用,让幼儿有充分的随音乐动作的机会。这样,他们在随音乐动作的过程中能更好地感受音乐的节奏、旋律、力度、速度的不同与变化,感受音乐的特点、性质及所表达的感情。单纯地坐着唱与听,对音乐能力的发展来说,是远远不够的。

三、适当地运用直观教具

视觉在幼儿认识活动中占有重要的地位。在音乐教育中应考虑如何更好地发挥视觉的作用,例如,恰当地运用桌面教具、拉线教具、贴绒教具、木偶等,可吸引幼儿的注意,帮助幼儿理解所学的内容,引起兴趣,激发学习的愿望。

幼儿年龄愈小,直观教具的作用就愈大。但是,所使用的直观教具不宜过于复杂。最好是形象性强,色彩协调,制作简便,能活动的。

四、多采用游戏形式

幼儿对游戏极感兴趣。游戏在幼儿期是一种不可或缺的教学形式。进行音乐教育也应多采用游戏的方式。幼儿在唱唱、听听、动动、玩玩的各种音乐游戏中,能不知不觉地增强节奏感,改进唱歌技能,提高对音乐的辨别能力。在游戏中,幼儿的想像和创造性活动也会更加活跃、积极。

五、提供进行创造活动的机会

有意识地培养与发展创造能力是幼儿音乐教育中的重要任务之一。不要小看了幼儿,以为这么小的孩子能创造什么呢?如果试试让他们自己为歌曲配动作,有时他们会出人意料地想出一些极为天真、形象、新颖、独特的动作,而这些动作往往是成人所想不出来的。在音乐教育中应创造条件让幼儿有机会发挥自己的创造性，例如：让他们自己增、编歌词，为歌词配动作，为唱歌配打击乐器，随着音乐自由舞蹈，用自己所想的动作表现出不同的节奏型，等等。

幼儿期正是音乐能力发展的重要时期，音乐教育应该从儿童出生的第一天就开始进行。这不仅能使幼儿得到充满音乐、充满欢乐的童年，而且能为他今后喜爱音乐，更好地感受音乐，用音乐来表达自己的思想感情打下良好基础。这是能受用一生的。如果错过了这一时期，以后要补上这一课来培养与发展音乐能力，将会事倍功半，非常困难。而且，不仅音乐能力的发展会受到影响，通过音乐教育所促进的其他身心各方面的发展也会受到影响。

在过去的几十年中我曾尽量根据幼儿的年龄特点创作、设计了一些幼儿的音乐教材与教学方法，希望幼儿园的孩子们在进行那些有趣的音乐活动时能真正的快乐。通过听听、唱唱、玩玩、动动使其与生俱有的喜爱音乐的天性受到激发，音乐能力得到提高，最简单的音乐概念能慢慢形成，伴随音乐活动而产生的想像力创造力能有所发展，人类最可贵的情感能得到培养。

幼儿园若给孩子们种下了喜爱音乐的种子，当他们长大成人时定会发芽、开花、结果。在漫长的人生道路上他们会不断享受到音乐给他们带来的快乐，有着一个快乐人生。

汪爱丽
2005年6月2日

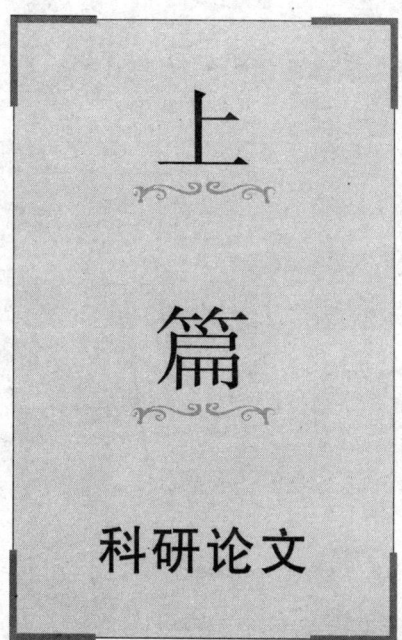

小班音乐教学中几个问题的初步研究

唱歌方面

一、问题的提出

在我们小组着手研究小班音乐教材、教法时,感到当前不少老师认为小班的歌曲那么短,又限制在五六个音之内,太简单太平淡无味了,喜欢选择音域广一些,节奏变化多一些,曲调长一些的歌给三岁孩子唱。

究竟三岁幼儿唱歌能力能达到什么水平?该为小班幼儿选什么样的唱歌教材呢?我们决定,一方面通过平日观察幼儿对所教歌曲的反应,另一方面通过对一些问题的调查,初步探讨出小班幼儿唱歌能力发展的情况及小班唱歌教材的选择应有哪些要求。我们调查的问题有以下三个:

第一、初入园的小班幼儿,唱歌方面已有什么样的基础?
第二、本班幼儿的音域有多广?
第三、一年后小班幼儿唱歌能力可发展到什么水平?

二、调查与分析

(一)初入园小班幼儿唱歌能力的调查

1. 调查方法

在入园几天后让幼儿逐个单独地在本班老师面前唱他所会唱的歌。

2. 调查结果与分析

(这一调查在太平巷、商业局及南京师范大学附属五台山幼儿园

中都进行过,情况大致相同,这里以商业局幼儿园调查材料为例说明)

幼儿园	测验人数	表现情况				所唱内容									
		肯唱		不肯唱		成人歌曲		少年或幼儿歌曲		自编歌曲		念儿歌		内容不清	
		人数	百分比	人数	百分比	人数	百分比	人数	百分比	人数	百分比	人数	百分比	人数	百分比
商业局	26	16	61.5	10	38.5	5	31	4	25	3	19	1	6	3	19

(1) 肯唱的幼儿仅 16 人,不到总人数的 2/3,而不肯唱的则有 1/3 以上,其中有的幼儿可能由于陌生而不肯唱,但也有的确实不会唱。

(2) 所唱的内容大部分是社会上经常听到的电影插曲或其他群众歌曲,有的幼儿唱少年儿童或幼儿的歌曲,还有的幼儿唱自编的歌曲(随便哼哼唱唱的调子),有的念儿歌,还有几个唱的内容根本听不清。

(3) 唱歌的质量很差,除个别幼儿能唱准一些曲调外,大部分幼儿由于所唱歌曲的音域太广,曲调太难,歌词太深,不适合于他们的能力,因而都唱不完整,走音厉害,节奏也不准确。

(4) 尽管有 1/3 的幼儿未唱,但仍可看出,三岁的幼儿对唱歌是很有兴趣的,有的并未进托儿所、幼儿园接受过音乐教育,但在家庭、周围社会环境的影响下,已能唱一些歌曲的片断。因此,在小班进一步有计划地选择一些适合于他们水平的歌曲,教会幼儿简单的唱歌技能,培养他们对唱歌的兴趣并运用歌曲对幼儿进行教育是极为需要的。

(二) 音域的调查

1. 调查方法

以幼儿入园后所学的第一首歌曲《我上幼儿园》中的最后一句

2 5 3 2 | 1 - ‖
叫 声 老 师 早 ,用移调方法让幼儿唱,记录其音域,共测

105 人。

2. 调查结果与分析

幼儿音域情况

能唱到的高度(C调)	$^b\underset{\cdot}{6}$	$\underset{\cdot}{6}$	$^b\underset{\cdot}{7}$	$\underset{\cdot}{7}$	1	#1	2	#2	3	4	#4	5	#5	6	#6	7	$\dot{1}$	#$\dot{1}$	$\dot{2}$
人数	1	7	10	49	93	93	100	102	102	98	96	96	76	66	68	39	19	8	2

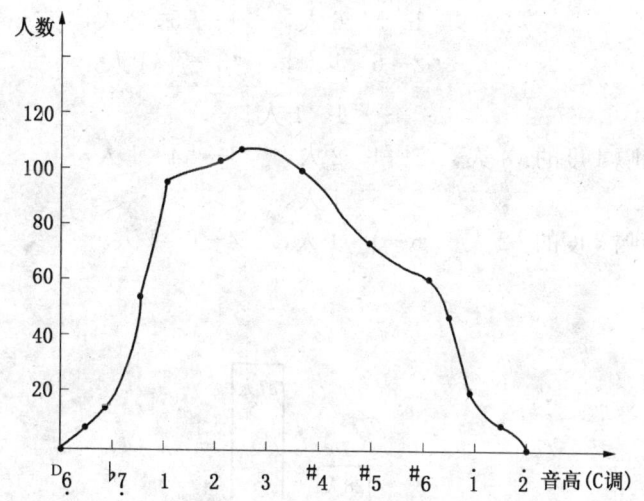

各个幼儿音域广度情况：

能唱 10 度的：1 人　$\underset{\cdot}{6}$—$\dot{1}$　1 人。

能唱 9 度的：5 人　1—$\dot{1}$　3 人　　$\underset{\cdot}{7}$—#$\dot{1}$　1 人，

　　　　　　　　　　1—$\dot{2}$　1 人。

能唱 8 度的：14 人　1—$\dot{1}$　6 人　　1—#$\dot{1}$　4 人

　　　　　　　　　　$\underset{\cdot}{7}$—7　4 人。

能唱 7 度的：28 人　$\underset{\cdot}{6}$—5　2 人，　$\underset{\cdot}{7}$—6　12 人，

　　　　　　　　　　$\underset{\cdot}{7}$—#6　2 人，　1—7　11 人，

能唱 6 度的：37 人　　2—$\dot{1}$　1 人。
　　　　　　　　　　$\flat$6—4　2 人，　$\dot{6}$—4　1 人，
　　　　　　　　　　$\flat\dot{7}$—5　5 人，　$\dot{7}$—$^\#$5　4 人，
　　　　　　　　　　7—5　9 人，　1—6　9 人，
　　　　　　　　　　1—$^\#$6　1 人，　$^\#$1—$^\#$6　1 人，
　　　　　　　　　　2—7　4 人，　3—$\dot{1}$　1 人。

能唱 5 度的：14 人　　$\flat$7—4　1 人，　7—$^\#$4　1 人，
　　　　　　　　　　1—5　6 人，　1—$^\#$5　3 人，
　　　　　　　　　　2—6　1 人，　$\flat$3—7　1 人，
　　　　　　　　　　$^\#$4—$^\#\dot{1}$　1 人。

能唱 4 度的：4 人　　1—4　2 人，　1—$^\#$4　1 人，
　　　　　　　　　　2—5　1 人。

能唱 3 度的：2 人　　$\dot{6}$—1　1 人，　4—6　1 人。

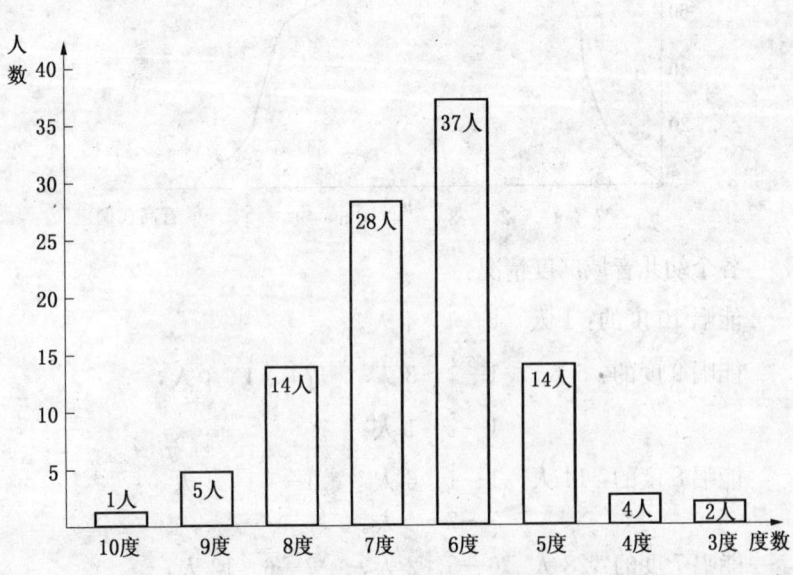

(1) 能唱 C 调中 1，2，3，4，5，$^\#$5 这些音的人数比较多，但有的孩

子音域偏高一些,有的孩子音域偏低一些。

(2) 少数幼儿能唱到 $\dot{1}$ 甚至 $\dot{2}$,但唱到这些音时声音会变轻,或者显出很吃力的样子,有的孩子唱到 7、$\underline{6}$ 这些音时也会变轻,听不清楚。

(3) 音域在 6 个音之内的幼儿人数最多。

(4) 在合乎自己音域的调子中,不少幼儿唱到

$\underline{2\ 5}\ \underline{3\ 2}\ |\ 1\ -\ \|$ 一句时,显得很自然,声音听起来也比较舒服。

(5) 有的幼儿用适合于他音域范围的调子唱时,音较准,但移高或移低一度甚至半度时,往往会出现走音现象,音准与定调有很大关系。

(三) 小班末期唱歌能力发展情况调查

1. 调查方法

1979 年 10 月份,学期初进行第一次测验,用歌曲《我上幼儿园》,要求幼儿听老师弹完歌曲的最后一句开始独自唱,无伴奏。

1980 年 6 月份,学期末进行第二次测验,方法同上,但增加一项内容,即在无伴奏独自唱完后再跟琴声唱一次,目的在于了解幼儿跟琴唱是否能唱准。

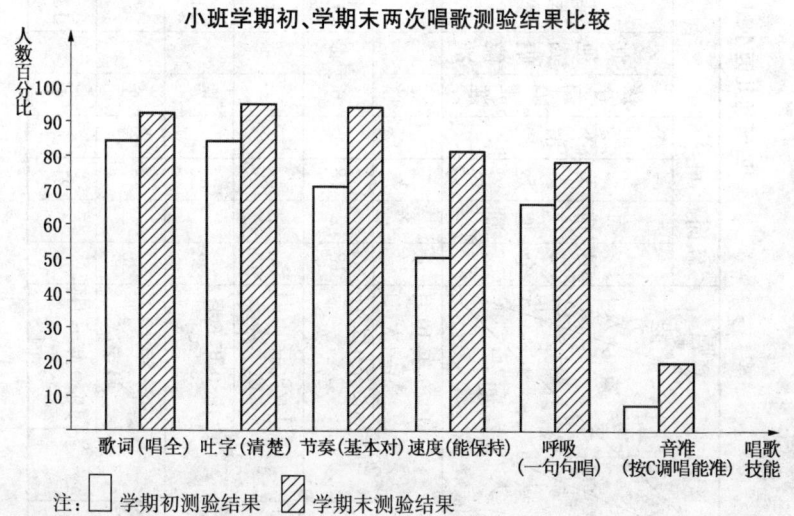

四所幼儿园小班幼儿唱歌能力发展调查表

幼儿园	测验人数	测验日期	歌词 唱全	歌词 有错或遗漏	吐字 清楚	吐字 不清楚	音准 按C调唱能准	音准 按其他调唱能准	音准 基本不大准	音准 走音厉害	音准 跟琴能近似念儿歌	呼吸 一句句唱	呼吸 个别地方断续	呼吸 断续厉害	节奏 基本对	节奏 部分对	速度 能保持	速度 偏快	速度 偏慢	音色 好	音色 一般	音色 沙哑
太平巷	20	1979年10月 第一次	17	3	17	3	3	2	2	11	5	11	5	4	19	1	13	3	4	4	13	3
太平巷	20	1980年6月 第二次	18	2	18	2	6	6	3	3	1	15	2	3	20		18	1	4	5	12	3
商业局	23	1979年10月 第一次	22	1	20	3	1	1	8	7	6	16	1	6	16	7	9	10	4	4	13	6
商业局	23	1980年6月 第二次	23		23		7		11			15	2		22	1	19	3	1	6	11	6
二幼	22	1979年10月 第一次	20	2	17	5	3		6	4	4	16	4	2	11	11	12	5	5	5	13	4
二幼	22	1980年6月 第二次	22		21	1	4		13	2		21	1		20	2	15	7		4	12	6

续表

幼儿园	测验人数	测验日期	歌词		吐字		音准					呼吸			节奏	速度			音色		
		人数／唱歌能力及音色情况	唱全	有错或遗漏	清楚	不清楚	按C调唱能准	按其他调唱能准	基本不大准	走音厉害	近似跟琴能准念儿歌	一句句唱	个别地方断续	断续厉害	基本部分对	能保持	偏快	偏慢	好	一般	沙哑
五合山	18	1979年10月 第一次	10	8	15	3			3	9	3	12	4	2	7	8	4	6	6	9	3
		1980年6月 第二次	13	5	17	1	1	7	2	7	1	5	2	2	14	16	4	2	7	7	4

注：在音准一栏中，若有一处走音算基本准，三处走音算不大准，三处以上走音则算走音厉害。

小班音乐教学中几个问题的初步研究

四所幼儿园小班幼儿唱歌能力发展情况综合材料

唱歌能力及音色情况 人数与百分比 测验日期	歌词 唱全		吐字 清楚		音准 按C调唱能准		音准 不同程度走音		音准 跟琴能准		呼吸 能一句一句唱		呼吸 不同程度断续		节奏 基本对		速度 能保持		速度 偏快或偏慢		音色 好		音色 一般		音色 沙哑	
	人数	%	人数	%	人数	%	人数	%	人数	%	人数	%	人数	%	人数	%	人数	%	人数	%	人数	%	人数	%	人数	%
1979年10月 学期初（总人数83）	69	83	69	83	7	8	76	92			55	66	28	34	57	69	42	51	41	49	19	23	48	58	16	19
1980年6月 学期末	76	92	79	95	18	22	65	78	22	34	65	78	18	22	76	92	68	82	15	18	22	27	42	51	19	22

注：四所幼儿园为太平巷、商业局、一二幼及南京师范大学附属五台山幼儿园。

2. 调查结果与分析

(1) 音量明显增加

学期初测验时,幼儿唱歌的声音听起来很柔弱,气息的力量不足,甚至不少幼儿唱起歌来像未上足发条的留声机,声音不能保持平稳,而是一抖一抖、忽上忽下地围着某个音绕似的,而在一年后学期末的测验中则明显地听出音量变大了,唱出的声音也有力量些,平稳些。但与中、大班比还有差距。

(2) 唱歌的技能方面

尽管各项技能的起点与发展不平衡,但在一年之后都有不同程度的发展与提高。

在小班幼儿唱歌的各项技能中,对歌词的掌握最容易,节奏次之,掌握速度第三,呼吸第四,音准最难。

这些技能的发展与提高可以从两方面来看,一方面从数量上,即从人数比率的增长上看;另一方面则从质量上看。

歌词方面:吐字清楚的人数比率在学期初的测验中就达到83%,期末增加到95%。

节奏方面:基本对的人数比率则由60%增加到90%,而且质量上也有所提高,例如,原来听完最后一句开始唱时,多少会出现一些抢先唱或延后唱的现象,对有这种情况的人,当时我们都把他们列在"基本准"一栏中,但第二次测验时,有的虽仍列在这一栏中,但这种抢先、延后的现象却有很大改进。又如,第一乐句最后一小节应唱足两拍后再往下唱,但在第一次测验时,有的幼儿未唱足两拍就接着唱第二句了,在第二次测验中不少幼儿虽仍列在"基本准"一栏中,但却能唱足两拍了。

速度方面:能保持应有速度的人数比率由51%增加到80%。有的幼儿在第一次测验时,同一乐句,后一半的速度可以比前一半快一倍,当然不能列入"能保持应有速度"的一栏,可是在第二次测验中,虽然速度还有些不稳,仍然未列入到"能保持应有速度"的一栏中,但质量比以前却有很大提高。

呼吸方面:能一句一句唱的人数比率由55%增加到65%,在仍有断续现象的35%中,其断续的程度有所改进。

音准方面:这是各项技能中最难掌握的一项,在第一次测验中仅有8%的人能唱准,一年后虽增加到22%,但有不同程度走音的人数还占78%,这些走音的幼儿就是跟着琴一道唱,也只有34%能准,可见小班幼儿掌握音准之难。虽然第二次测验时走音的人数仍然较多,但在走音的程度上是有所进步的,表现在走音的地方减少了,走音的程度减轻了。

(3) 小班幼儿唱歌技能发展不平衡的原因分析

三岁幼儿的语言能力已发展到一定的水平,念短小的儿歌已是力所能及的事了。因此,唱歌时一般都能记住歌词,大部分也能吐清歌词。特别是我们用来测验的这首歌词,内容非常具体,为幼儿所理解,除了有几人将"我不哭,也不闹"唱成了"也不哭,也不闹"或"我不哭,我不闹"之外其他没有什么唱错的地方。

在节奏方面,由于幼儿在生活中接触节奏的机会比较多,同时这首歌曲的节奏与说话的节奏近似,因此幼儿它相对来说是比较容易的。

在掌握速度方面,小班幼儿有的在一开始对所要求的速度就不能掌握,不是偏快,就是偏慢。在唱的过程中,有的会愈唱愈快,有的则会愈唱愈慢。产生这种现象的原因,可能与下面这些因素有关:幼儿的生理活动比成人快,兴奋又胜于抑制,因此,有的孩子会愈唱愈快;另外,小班幼儿中,有的语言发展还不够好,舌头灵活性差,说话速度慢,这也会影响他们唱歌时偏慢或愈唱愈慢,不过不管什么原因都说明小班幼儿掌握速度的能力还需要不断练习。

唱歌中,掌握呼吸这一技能是非常重要的,因为唱歌不同于说话,它要求能保持一定的气息,并有节制地让气息冲击声带从而发出歌唱时所需要的最基本的延续性的声音,而小班幼儿还不会很好地控制气息,唱起歌来会断断续续,像讲话一样,也有一些幼儿已经初步会自然地一句一句唱,能一小节或两小节自然地换一口气,个别幼儿还能延长到四小节换一口气,有一幼儿在一口气唱完四小节后,由于憋得厉害,以致要大声地、深深地吸一口气才能接着唱第二句,由于吸气的时间过长,影响了节奏,第二句未能按时唱出来。这也说明小班幼儿的气息比较短,要一口气唱四小节,对大多数幼儿来说还是困难的。另外,歌曲中乐汇、乐句的长短对能否正确地换气也有一定的影响。例如,《我上幼儿园》一歌中的"我不哭,也不闹"与《坐大车》中的"轰隆隆,轰隆隆"这些地方,孩子都能很自然地换气,很少断续。

在音准的问题上,对小班幼儿来说,似乎是个难点。学期初测验时,能唱准的人数就不多,一年后虽有不少进步,但仍有大量幼儿存在着不同程度的走音现象,因为要唱准音必须有良好的听觉以及调节声带,使之能发出所要的音高的能力。而这对小班幼儿来说,并不是一件容易的事。在测验中我们常常看到,在有琴声伴奏的情况下,幼儿发现自己的声音与琴声不一致时,会努力加以调整使之一致,如琴声为3,幼儿开始发出的音是1,他发现自己唱的声音与琴声不一致,会赶快向上滑到3,如果开始唱到5,于是就赶快向下滑到3,幼儿能做到这一点,说明其听力及调整音高的能力都已发展到一定的水平了。这些孩子跟着琴唱,或跟着老师的声音唱是能唱准的。也有不少幼儿,即使跟着琴唱,自己声音却无法跟琴声一致,琴声归琴声,他唱他的调。因此,在小班唱歌教学中要重视听觉的培养,要注意培养幼儿会听老师的声音,会听琴声,并逐步学会使自己的声音和老师的歌声或琴声一致。

(4) 音色的问题

虽然一年中音色变化不大,但也有些小变动,有四人由一般变到好,一人由好变到一般,一人由一般变到沙哑。

从调查中也可以看出在刚入园的幼儿中就有不少孩子声音沙哑,家庭、托儿所、幼儿园都应当重视保护儿童的嗓子。

三、选择唱歌教材的要求

(一) 音乐方面

幼儿唱歌能力的发展与整个身体的发育,特别是发声器官的发育有着密切关系。三岁多的幼儿正处于发育阶段,其发声器官也未发育完善,他们的喉头比成人小得多,声带也比成人的短小、柔嫩,共鸣腔不发达,舌头、上下腭的活动不够灵活。这些生理上的条件不仅对唱歌技能的发展有着一定的影响,对唱歌教材的选择也产生一定的限制。

从我们对幼儿进行的音域调查中也可看出,虽然有个别幼儿能唱到 C 调的 $\dot{1}$—$\dot{2}$,但大多数幼儿唱这些音就很吃力,他们的音域在 1—6(或 7)之间,而唱 2—7 之间的音则最为自然,听起来也最舒服。

从一年中幼儿唱歌能力的发展上看,尽管所学的歌曲非常短小,仅两个乐句,在六度音之内,节奏简单,速度不快,可是三岁幼儿要唱好这样的歌也不是一件容易的事。上面的断续现象及走音现象不仅在唱《我上幼儿园》这首歌中出现,在其他的《坐火车》《春天到》等歌曲中都常能见到。

因此,从平日的观察及调查的材料中,我们感到为小班选择唱歌教材时在音乐方面应注意以下一些要求。

1. 音域与定调

(1) 音域最好在 C 调的 1—6 之间,若不是强拍,不占长的时值,最高音也可到 7。

(2) 同是六度范围之内的歌曲,定调时也需进行具体分析,若歌曲中偏高的音多,可定为 C 调,若偏低的音多可定为 D 调,如《学习雷锋顶呱呱》可定为 C 调,而《春天到》可定为 D 调。因为歌曲中最高的音 5 6 5 3 | 2 — ‖ 只出现两次,又不在强拍上,时值较短。而较多的是在下面,如: 1 2 | 3 2 1 2 | 3 — ‖。

(3) 考虑个别差异。在音域上,幼儿的个别差异还是比较大的:有的偏高,有的偏低,有的范围广些,有的却比较狭窄。因此,在请小朋友单独唱时,可根据其音域情况适当提高或降低一点。在请几个小朋友一道唱时,一定注意不要让音域差距大的小朋友在一起唱,而是尽量让音域接近的在一起,用他们感到合适的调子唱。

2. 节奏与速度

(1) 最好多用平稳的二分、四分、八分音符。一个字落在一个音上,这样便于他们学着用延续的声音唱,同时也能有足够的时间换气。

附点、切分的节奏,小班幼儿比较难掌握,但也并非绝对不能用。到小班末期,若附点、切分的节奏与语言的节奏极其近似,有的幼儿也是能学会的。因为幼儿掌握节奏比掌握音准容易。

(2) 速度不宜太快。幼儿喉头肌肉、韧带活动的能力,舌头的灵活性都还不够发达,若歌曲速度太快,就不容易唱准旋律,唱对节奏;但速度也不能过慢,幼儿延缓的能力也差,气息短,不能拖很长时间,因此,三岁幼儿的歌曲最好采用中等速度。

3. 旋律的进行

由于多数小班幼儿听觉的辨别能力,调整声带的能力还发展、练习得不够,往往对于半音,跳度较大的音以及同音重复等难以掌握,例如:$\underline{1\ 2}\ |\ \underline{3\ 4}\ \|\ \underline{3\ 2}\ 1\ -\ |\ \underline{5\ 4}\ 3\ -\ \|\ \underline{3\ 1}\ \underline{5\ 5}\ \|$ 中的 4
我 们 都 是 小 小 手 小 小 手 坐 着 火 车
音以及 1—5 的五度跳进,往往唱不准。

又如:$\underline{6\ 5}\ \underline{3\ 5}\ \|$ 这几个音上下跳动频繁,有的幼儿也唱
我 的 汽 车
不好。

再如:$\underline{2\ 2}\ \underline{2\ 4}\ \|$ 中既有 4 音,又要同音重复 3 个 2 音,这也
放 下 东 西
是难唱好的地方。

因此,小班的歌曲最好多用级进与小跳,如果歌曲中个别地方有 4 音或跳动稍大,教学中也应特别注意。

(二) 歌词内容方面

1. 歌词内容应是幼儿日常生活中常接触的,具体的,为幼儿所理解的

在小班(甚至整个幼儿期来说),进行唱歌教学的目的,一方面是要教会幼儿简单的唱歌技能,而更重要的是通过唱歌对幼儿进行教育,培养他们的感情,陶冶其性格等。

要使歌曲真正具有教育作用,影响幼儿的情感,那么歌词内容要

为幼儿所理解是极为重要的一个条件。

过去小班歌词中有"不获全胜决不收兵"等这一类的句子,许多孩子就连这几个字的声音也唱不正确,更谈不上理解了。有的歌词中有"凯歌冲云霄",小班幼儿却唱成"凯歌搓元宵",产生这样一些现象的原因主要由于三岁多的幼儿对周围世界的了解还非常少,第一信号系统占着优势,掌握的词汇不多,对一些抽象的、概念性的词并不理解,由于没有第一信号系统和感性认识为基础,对这些概念性的词句不理解,只是当作一种物理声音去感受、模仿,或者用自己的生活经验去解释,必然会歪曲了原意,在这些情况下也不可能真正地接受教育。

这一年中,我们为小班选用唱歌教材时是考虑到这一点的。所用歌曲的歌词中尽量避免用深奥的文学词藻,而选用具体易懂的内容,它们在提高幼儿的音乐能力上,加深幼儿对周围生活的认识上,培养幼儿的思想感情上,都有一定的效果。

例如:开学初所教的《我上幼儿园》这首歌内容讲的就是孩子每天生活中所经历的事——爸爸妈妈去上班,我上幼儿园,我不哭,也不闹,叫声老师早——是孩子们所理解的,四所幼儿园的小朋友都很喜欢唱,游戏中,用积木搭起了小琴就会自发地唱起这首歌。已经是第二个学期了,一天,太平巷幼儿园来了外单位的一位同志,需要拍摄一个幼儿的镜头,找了小班余梦秋小朋友,让她坐在摇船上唱歌,她一开口就高高兴兴地唱起"爸爸妈妈去上班,我上幼儿园……"这也说明,这首歌在培养幼儿喜爱自己的幼儿园,尊敬自己的老师这一点上是起了一定的作用,在思想、感情上留下了痕迹,因此在要她自由表达自己的感情时,她自发地就唱起这首歌曲。由于孩子们普遍地喜欢唱这首歌,在学年结束前准备进行第二次测验时,四所幼儿园的老师都反映说,尽管是一年前学的歌了,因为孩子经常自发地唱,所以都记得很熟,不需要特别复习就能测验。

又如:开学初玩娃娃时,有的幼儿拖着娃娃一只膀子,有的会拎着娃娃的一条腿就走了,在学唱了《摇啊摇》这首歌后,老师特别提出要小朋友爱护娃娃,好好地抱娃娃,自此后,拉胳臂、拖腿的现象就大大减少了。在音乐课中复习这首歌时,准备了一些教具让幼儿一边唱一边抱着娃娃摇动,哄娃娃睡觉,盖上小花被等,有的幼儿非常温柔地摇动着娃娃,在给娃娃盖被时,由于控制动作的能力还不够,一不当心就把被子盖到娃娃的脸上,这时,他们就会急忙把被子往下拉,似乎娃娃真是会给被子闷坏似的,感情非常逼真。学习这类歌曲对培养幼儿爱护、关心小娃娃的感情能起一定的作用,因为这首歌词内容全是幼儿能懂的、能理解的。

再如:太平巷幼儿园在语认课中认识过春天,去太平公园观察过春天的景象,音乐课上又学唱过《春天歌》,这就更加加深了对春天的认识。不久,在幼儿园组织去玄武湖春游时,小班幼儿一走进玄武湖的大门,看见了春天的景色,老师虽没有要求他们唱歌,可是他们却触景生情,情不自禁地唱起了《春天歌》,一路上歌声不绝。从这里可以看出这些小小年纪的孩子已经对美丽的大自然,美好的生活表露出丰富的感情了。这种感情的培养也是为未来爱祖国、爱科学等高级情感的发展打着基础。其他如《学习雷锋顶呱呱》《小鸭小鸡》《小汽车》《老母鸡》等歌曲也都深受幼儿的欢迎。通过唱这些幼儿所理解的歌曲,不仅能巩固、扩大他们的知识经验,同时在幼儿的团结友爱,关心别人,遵守公共道德等优良品质的形成中也起着潜移默化的作用。

2. 歌词内容最好能用动作表现

喜欢用动作来表达自己的感情和对音乐的感受,这在小班幼儿身上最为突出、明显。幼儿尽管还不会跳什么舞,但听到鲜明的节奏、好听的旋律时就喜欢随之而点头,摇动身体,甚至挥舞手臂,转动手腕等表示自己高兴的心情与对音乐的感受。因此,小班歌曲最好能用动作来表示,这不仅在情感的表达上,想像力的发展上能起一定的作用,而且对节奏感的培养也有好处,因为平时对节奏的培养起重要作用的听音动作练习、打击乐等,其音乐都比较长,至少有八小节到十六小节,甚至更多,要在这么长时间中都保持合拍,这对小班初期的一些幼儿来说还是有一定困难的,而歌表演动作都比较短,一般来说,一个动作不超过四下就要更换了,而且是一边唱着歌词一边做动作,幼儿容易掌握,有的幼儿在听音动作中不完全合拍,但歌表演中的简单动作却能做得合拍,因此多练习一些歌表演对节奏感的发展能起一定促进作用。此外,对培养动作的协调性上也有效果。

3. 多用第一人称

幼儿对周围世界的认识往往是从他自己开始由近及远、逐步扩大的。三岁幼儿对讲述他自己的事,讲述他所熟悉的人的事特别感到兴趣、容易理解,因此歌词最好多用第一人称。

另外,用第一人称还便于进行教育,便于幼儿对自己的行为提出要求,如:在学唱《我上幼儿园》时,就要求幼儿做到"我不哭,也不闹"、"要叫老师早"等。因此,幼儿在学习这首歌时也就学习了行为准则,自己就要照着去做。

节奏感培养方面

一、节奏感的培养是音乐教学中的一项重要任务

节奏、旋律、和声是构成音乐的重要因素,而节奏是音乐的骨骼,任何音乐作品都不能没有节奏。在音乐的发展中,节奏感觉也是先于旋律同和声的。对原始民族音乐和舞蹈研究的材料中讲到,在非洲黑人和印第安人的一些原始民族中,音乐的听觉虽然发展得很差,但是对于节奏却敏感得令人吃惊。节奏在音乐中占有重要的地位。

节奏是音乐的骨骼,而音乐又是舞蹈的基础与支柱。最初的起源音乐与舞蹈常常是联系在一起的,它们的一个共同因素就是节奏,节奏不仅在音乐中,而且在舞蹈中也占有重要的地位。

节奏在幼儿的音乐活动中同样是必不可少的,在幼儿音乐能力的发展上也是非常重要、不可忽视的一个方面。幼儿节奏感强了,学习歌曲时,掌握歌曲中的节奏就比较容易;学习听音动作及舞蹈时也比较快,因为他们的注意力可以从节奏中解脱出来,更多地放在学习动

作上；在欣赏时也能感受得更深。整个幼儿期，在音乐能力的发展上是个打基础的时期。要发展幼儿的音乐能力，必须发展节奏感，自小班起就应重视节奏感的培养。

二、小班幼儿节奏感的发展比音准能力及动作协调能力的发展快

我们从平日对音乐课和音乐活动的观察中以及对幼儿进行的几次测验中可以看出，幼儿节奏感的发展比音准及动作协调能力的发展快。

我们曾对最简单的听音拍手这一动作进行过几次测验，其情况如下：

测验日期	测验人数	完全合拍		不同程度不合拍		备 注
		人数	％	人数	％	
1979年9月	114	37	32.4	77	67.6	
1979年10月	99	65	65.6	34	34.4	完全不合拍有24人占24.3％
1979年12月	108	87	80.6	21	19.4	完全不合拍有8人占7.4％
1980年6月	82	79	96.2	3	3.8	无完全不合拍者

注：第四次（1980年6月）未做个别的测验，而是在音乐活动中进行逐个观察、记录其结果的，有一所幼儿园未进行，故人数稍少。

从上表中可以看出，小班幼儿节奏感的发展在每个月中都有较大的进步，到一年结束时，除少数几个比较差的幼儿动作还不能完全合拍外，其余都不成问题了，而且不少幼儿在拍手时显得非常自如，动作富有弹性。

唱歌中音准能力的发展却远不及听音动作中节奏感的发展。我们在一年结束时对幼儿唱歌能力也进行过测验，在无伴奏、独自唱简单的幼儿歌曲时，能完全唱准曲调的仅占22％；在这些不同程度走音

的儿童中,跟琴唱,能准的也只占34%,可见幼儿音准能力的发展是较差的。

为了摸清幼儿听音动作能力的发展情况,在第二学期初与学期末,对幼儿所要学的六个动作——鸡走路、兔跳、拍球、猫走路、鸭走路、踮步曾经进行过两次对比测验,每个动作又分别从节奏感与动作协调性两个方面去记录其成绩,从测验结果中可看出,幼儿在节奏感方面的成绩比动作协调性方面的成绩高,这说明幼儿掌握动作的节奏比能够协调地做动作容易,详见下表。

幼儿两次听音动作测验中,节奏与动作成绩的平均分

幼儿园	人数	测验日期	鸡走		拍球		猫走		兔跳		鸭走		踮步	
			节奏	动作	节奏	动作	节奏	动作	节奏	动作	节奏	动作	节奏	动作
商业局	29	1980年3月第一次	3.7	2.5	3.8	3.6	3.2	3.0	3.4	3.2	3.4	2.6	2.8	2.3
		1980年6月第二次	6.7	5.7	7.7	5.5	4.8	5.2	6.6	5.5	6.3	5.1	6.5	5.5
南师五台山	21	1980年3月第一次	3.0	2.9	2.7	2.9	3.0	2.7	3.1	3.4	3.3	2.7	1.7	1.0
		1980年6月第二次	6.8	5.0	6.9	5.7	4.3	5.3	5.9	4.9	6.0	5.0	5.9	5.0
太平巷	27	1980年3月第一次	3.6	2.7	6.1	5.7	4.0	3.4	2.7	2.7	3.4	2.2	2.4	0.8
		1980年6月第二次	7.3	6.3	6.9	6.2	7.3	5.6	7.1	6.0	6.8	7.5	7.5	6.6

注:成绩计算方法

每一动作分节奏与动作两项,分别计分。每项又分成五个等级,即0分、2分、4分、6分、8分,根据质量高低按等级计分,最高为8分,最差为0分,此表中之成绩为平均分。

为什么幼儿节奏感的发展比音准能力及动作协调能力的发展快,

我们对此进行了初步分析。

由于在人类的生活中充满着各种节奏，因而对节奏的形成提供了有利条件。如人体本身的生理活动——心跳、呼吸等，天生就是一种有节奏的活动；人们日常生活中的行走、跑跳，劳动中的锄地、拉锯、划船等动作也都有着紧张与松弛的轮换，有着节奏；人类赖以生存的大自然，有四季的更换，日夜的交替。这些都是节奏，原始人的简单舞蹈正是在这些节奏动作的基础上逐渐发展起来的。

孩子们也一样，从小就生长在这充满节奏的世界里，当他们还是婴儿，不会站，不会走，被妈妈抱着的时候，就会高兴得挥动胳膊，蹬着小腿，这里面就有节奏。当他的抓握动作有了一定的发展，能拿得起一点东西的时候，常常会摇摇、敲敲，发出有节奏的声音。随着年龄的增长，又逐渐学会了爬动、行走、跑跳，这对帮助幼儿感受节奏有一定的影响，加上幼儿常有机会听到、看到成人或哥哥姐姐唱歌、跳舞，这一切都使得幼儿掌握节奏比较容易。

在听音动作中，幼儿只要掌握了音乐的节拍，也就容易合拍地动作了。但要动作协调、优美却非常不容易，因为，要做到这一点，不仅上下肢的动作要协调，而且四肢动作还要与头部、躯干的动作协调。听音动作对关节的活动也有一定要求，这些要求对三岁多的幼儿来说是不容易完成的。因此，不少幼儿在听音动作时会出现以下一些情况：做拍球动作时，上肢僵硬地自肩关节处上下动作，而不会灵活地运用腕关节、肘关节；做兔跳动作时，双膝不会自如、有弹性地弯曲，而是僵直地向前跳，有的幼儿还会由于跳跃动作发展得不好，动作的速度不够以及容易失去平衡而影响到节奏的准确；在做踮步时，幼儿虽然可以很合节拍地一步一步踮着向前走，但动作很呆板，缺乏优美的起伏；在做鸭走路时，有的幼儿甚至可以头向左侧歪，脚却向右侧伸出，整个身体扭着，很不协调。从这里可以看出，由于小班幼儿动作发展得还不够好，在听音动作中，往往动作的协调性比节奏感差得多。

在人类音乐发展中，节奏感觉先于旋律与和声，在个体音乐能力的发展中也能看到这种现象。

尽管幼儿节奏感的发展比其他音乐活动的能力,如音准、动作的协调性等快,但是,并非三岁幼儿自发地就能准确、合拍地动作了,如果没有培养,未经教育,哪怕要一个三岁幼儿随音乐做最简单的拍手动作,也难完全合拍的。这一点,我们在初入园时所进行的节奏感调查中就完全可以看出,在全班 30 名左右的幼儿中,拍手能合拍的仅几个人;有的班级情况特别好,但也只有三分之一左右的人合拍。因此,幼儿节奏感的发展还是需要我们去培养的。

三、小班幼儿节奏感发展的三个阶段

从我们的观察中,可以看到幼儿节奏感的发展有着一个过程,这过程又可划分成三个阶段。

第一阶段:这时幼儿虽在拍手,但是他的动作与音乐却没有什么关系,并不是随音乐的节拍动作,这时,音乐只不过是一种"信号",是一种要求做出拍手动作的信号而已。正如用语言指示幼儿做拍手动作一样,因为往往老师一弹琴同时就用语言指示幼儿做拍手动作。这样多次联系之后幼儿就知道,老师一弹琴自己相应地就该做拍手这一动作,但还没有学会听音乐及随着音乐节拍来拍手。这种情况下的拍手动作与看了表演,老师提醒他们要拍手,表示高兴、感谢,以及有客人来了,表示欢迎时的拍手动作没有多大区别。幼儿连续拍着手,速度较快,没有什么停歇,手与手之间也没有拉开什么距离,拍得既不合拍也不均匀。初入园的幼儿往往会出现这种现象,因此,在要求小班全班幼儿一道拍手时,声音就会很不整齐,此起彼落,非常混乱。

第二阶段:开始注意音乐了,逐步放慢了动作速度,想使自己的动作符合音乐的节拍,但往往是一拍一个动作。如听 4/4 的音乐时,一小节里会拍上四下,有时也会两拍才拍一次手,但若音乐中出现时值稍短的音符,如八分或十六分音符时,动作又会快了起来,变成一拍一下,甚至半拍一下。总之,在这一阶段中,节奏还很不稳,有时拍在弱拍上,也不会改正过来,另外,手的动作也比较僵硬,缺乏弹性,态度也很紧张,需要相当的注意力。

第三阶段:真正能按节拍拍手,能拍在强拍上。动作自如有弹

性,在拍手的中途若做了别的事后仍能跟上音乐的节拍继续下去并拍在强拍上。如汤震、袁芳、崔可秀等,在拍手的中途虽拉了一下衣服,摸了摸头,弄了弄鼻子,但接着再拍手时,仍然合拍。在这一阶段中,幼儿的注意力已经从需要"注意合拍"中解脱了出来,似乎"合拍动作"已成了一种动型,并不需要多少力量。在表情上也不再出现紧张的状态而显得轻松自如,使人能看出,他们已经把这种随音乐合拍动作当成一种享受、一种快乐了。如商业局幼儿园的贺焱,一次在听音动作中,手不做动作,两只脚却一跷一跷的,动得非常合拍,而且可以感觉到他正在享受着这一动作的乐趣呢!再如太平巷幼儿园的刘海山,在听老师弹舞曲时,能随音乐合拍地一会儿左边,一会儿右边挥动双手,表示在跳舞,脸上显出欢乐的表情。这些现象都充分说明,节奏感发展到这一阶段时,幼儿的注意力完全可以从注意合拍中解脱出来放到注意创造性地做各种动作上。

四、培养幼儿节奏感的途径

节奏感实际上是一种时间的感觉,幼儿节奏感的培养单靠听觉是不够的,还必须有运动觉的参加,通过身体的动作来感受。要将听觉与运动觉结合起来,让幼儿一边听音乐一边动作,逐步学会使自己动作的周期性与音乐节拍中强弱变化的周期性一致起来。从掌握简单的节奏逐步到稍微复杂一些的节奏。因此,对幼儿来说,不通过身体的动作是难以对节奏有正确的感受,也不容易使节奏感的发展到达高的水平。在幼儿园我们也常看到这样的现象,小班幼儿一听到音乐就会动起来,这也说明他们很喜欢用动作表达自己对音乐、对节奏的感受。不过,随着年龄的增加,节奏感的进一步发展,以后虽然听到令人激动的音乐也能够抑制,不一定用外部动作来表现出来。然而在内部感受器上还是会有所反应的,只是"内化"了。

培养小班幼儿的节奏感可有以下一些途径。

（一）听音动作

听音动作在培养节奏感上有着特别重要的作用。对小班来说,究竟应该听什么样的音乐,做什么样的动作比较合适呢?

小班听音动作的选材,不能脱离小班幼儿音乐能力及动作发展的水平。

1. 音乐方面

(1) 节奏要简单,强弱分明,最好用 2/4、4/4 拍的音乐。

(2) 曲调也要简单,要好听,便于哼唱,虽然听音动作的音乐不像唱歌教材那样,要限于五六个音之内,可以广一些、复杂一些,但最好是幼儿能自己哼哼唱唱的,这样,幼儿在游戏时就能自己一边哼唱,一边动作,既丰富了游戏内容,又发展了音乐能力。

(3) 音乐形象要鲜明,听了某个音乐就容易联想起某种动作。

2. 动作方面

三岁幼儿动作的协调性还很差,要他们做上下肢配合的动作是比较困难的,就是做一些简单的上肢动作。开始时,也常常比较僵硬,很不灵活,如有的幼儿做打鼓动作时,很难做到灵活地转动腕关节,用食指模仿鼓槌上下动作。常常是僵直地伸出两臂,连肘关节也不活动,同整个手臂僵硬而吃力地上下动着,一点也不轻松、自然。有的做打鼓动作时双手高过了头,有的指尖都朝上,等等。

1979 年 12 月,在幼儿经过一段时间的听音动作练习后,我们曾对单纯的上肢动作——打鼓、吹号及最普通的上下肢协调动作——听音乐走步进行了对比调查,其结果如下:

调查日期	调查人数	走步				打鼓				吹号			
		合拍		不合拍		合拍		不合拍		合拍		不合拍	
		人数	%	人数	%	人数	%	人数	%	人数	%	人数	%
1979年12月	108	77	71.3	31	28.7	84	77.8	24	22.2	90	83.4	18	16.6

从表中可以看出,走步合拍的人数比打鼓、吹号的少。因为走步这一动作比单纯的上肢动作复杂,不仅要求手脚动作协调,而且要求脚落地的时间要与音乐合拍,这就要求每走一步的时间都要均等,脚在空间移动时速度也要均匀,因而也就要求单脚支撑身体的平衡能力

有一定的发展,身体的稳定性要高,否则动作不稳、不均匀,大一步、小一步、快一步、慢一步,这就很难合拍。

因此,我们感到听音动作的选择要根据幼儿动作发展的规律。其顺序可以这样:

(1) 上肢的大动作

开始可让幼儿坐在自己位子上,听音乐做简单的、单纯的上肢动作。可以根据幼儿的生活经验挑选一些幼儿感兴趣的、形象性的动作,让幼儿模仿。除打鼓、吹号外,还可以做日常生活中的洗脸、刷牙、梳头及擦玻璃、抹桌子、打气、搓衣服等动作。做这些动作的主要目的在于发展幼儿的节奏感,因此,教师的注意力应更多地放在观察幼儿的动作是否合拍上。至于动作的优美、协调,那可在以后逐步提出。

(2) 上下肢协调的动作

尽管最初阶段适合于做一些简单的、在原位进行的上肢动作,但不能只停留在这样的水平上,还必须进一步教会幼儿听着音乐、做手脚配合、上下肢协调的动作,如:

模仿机器的:开飞机,开火车。

模仿动物的:兔跳,鸡走路,猫走路,鸭走路等。

模仿人物的:老公公走路,小姑娘走路,解放军走路等。

(二) 简单的舞蹈动作

踏步。除踏步外,水平较高的班级,在末期也可学点翻手腕动作等。

(三) 歌表演动作

小班幼儿所学的歌曲,若能配上动作让幼儿表演,不仅可以加深他们对歌曲的记忆,而且对节奏的发展也非常有利。因为歌表演中的动作常有所更换,一个动作最多只要重复几下,而且是边唱歌词边动作,容易合拍。有的幼儿虽然听音乐拍手时不能合拍,但歌表演中的拍手,却能做得很好。因此,经常边唱边动作也能促进其节奏感的发展。

(四) 打击乐器

过去往往到中大班才让幼儿学习打击乐器,今年,我们在小班就进行了这方面的活动,使用的乐器种类较少,但每人都有一件。一种是小铃鼓或小铃,可以先让节奏感比较好的孩子使用,在打击乐器时可起骨干作用;另一种就是普通的塑料玩具摇摇响,其余的孩子每人一个。选用的音乐是节奏明显的4/4或2/4拍的进行曲,全班幼儿随音乐齐奏。

一年试验下来,我们感到让小班幼儿学习打击乐器对节奏感的发展是很有作用的。

(五)欣赏

欣赏既能扩大幼儿的音乐眼界,发展音乐感受力,同时对节奏感的培养也有好处。

在小班第一学期,我们曾选用了一些民间流传多年的歌曲,如《咪咪小花猫》《拔萝卜》《小兔乖乖》《大肥猪》等给幼儿欣赏。这些歌曲旋律好听,重复多,又具体、形象,能用动作表演,加上给幼儿欣赏时又运用了教具,结合直观教具做出了合节奏的动作,幼儿在不知不觉随之动作的过程中节奏感也得到了加强。

例如:在给幼儿欣赏《咪咪小花猫》时,老师一手拿着一个塑料玩具小猫,一边唱"咪咪小花猫跑来跑去……"一边拿着小猫在桌上有节奏地跑动,等吃小老鼠时再出现一纸质小老鼠,结合着歌词小花猫做出吃老鼠的有节奏的动作,小朋友看得非常出神,有的还不由自主地随着老师示范的动作合拍地点着头。

在给幼儿唱《拔萝卜》的歌曲时,许多小朋友也随着老师摇动身体。有的老师给幼儿唱《大肥猪》时,看见有好几个小朋友随着老师的歌声,用自己的小脚打着拍子。

欣赏也是培养幼儿节奏感的途径之一。

(六)平日活动

除了音乐课上,有计划组织的音乐活动中注意培养幼儿的节奏感外,在晨间活动、饭前、回家前自由活动的时间里也可以利用铃鼓或其他乐器让幼儿跟着音乐动作,这对幼儿节奏感的发展也有一定的作用。

总之,节奏感在幼儿进行各项音乐活动中都是必不可少的,自小班起，就注意通过各种途径培养与发展幼儿的节奏感是我们小班教师应尽力去做的。

感受力培养方面

音乐是反映现实生活的，是通过各种音乐表现手段，如音的高低、长短、强弱、快慢、调式等等来表达一定的思想内容，特别是人的感情、体验。我们听音乐时，不仅感受着这些高低快慢的不同声音，而且感受着它所表达的思想感情。

音乐的感受力与各人的生活经验、音乐修养有着密切的关系，音乐所反映的内容，若是自己生活中曾经历过的、有所体验的，听起来就容易理解并产生情绪上的反应。若再具有一定的音乐修养，那就能更加细致、敏锐地觉察到音乐中所运用的各种表现手段，从而使自己的感受更加深刻。

我们对幼儿进行音乐教学时，不只是要教会他们一些简单的唱歌、跳舞的技能，还要特别注意培养他们的音乐感受能力。这一年，我们对小班幼儿进行音乐教学工作时，注意了这个问题，也进行了初步的探讨。我们感到，要发展小班幼儿音乐感受力，以下几点是很值得注意的。

一、音乐感受力要在音乐活动中培养与发展

幼儿的音乐感受力是在进行各种音乐活动，如唱歌、跳舞、音乐游戏、欣赏、打击乐器等中得到培养，并不断发展的。如幼儿唱歌时，不仅唱出高低不同的音，而且也感受着整个歌曲所表达的思想感情；幼儿在做各种听音动作时，也体验着各个不同音乐形象的特点。因此，要培养幼儿的音乐感受力，首先要让幼儿参加音乐活动，而且活动的内容要丰富、多样化，而不只是某一种活动，如老是唱歌。这样幼儿才能从多方面去感受乐。其次，参加音乐活动的机会要多。虽然幼儿园各班每周都有两节音乐课，但这对幼儿来讲，是不够的。每周还应有一定的时间进行音乐活动。此外，有条件的老师，最好每天能自然地结合游戏内容，或利用生活环节的过渡时间，给幼儿以开展音乐活动的机会。这不仅有利于感受力的培养与发展，也是进行全面教育的

一种手段。

二、音乐的内容应是幼儿所能理解的

若音乐的内容是幼儿所能理解的、感兴趣的,就容易引起幼儿积极的情绪反应并有所感受,若幼儿对音乐的内容一无所知,就难以引起情感上的共鸣。

在这一年的工作中,我们也看出,有些歌曲、听音动作与音乐游戏,由于取材于幼儿的日常生活,是他们经常接触的、认识的、有所体会的,因此唱起来、玩起来感情逼真,积极性高,感受也深。如歌曲《我上幼儿园》,听音动作《敲锣打鼓放鞭炮》,音乐游戏《小朋友散步》《老鹰捉小鸡》《找小猫》等。从这里也可以看出,在培养幼儿音乐感受力时,选择适合幼儿年龄特点的教材是很重要的,音乐的内容应是幼儿所能理解的。

三、通过身体动作培养小班幼儿音乐感受力是极为重要的

音乐主要是靠音乐的各种表现手段,如声音的高低、强弱、快慢等等来表达不同的思想感情、不同的音乐形象,而这些表现手段是看不见、摸不着、只能用耳朵听的,如何使三岁多的幼儿对这些比较抽象的表现手段所表达出来的音乐形象、思想感情能有所感受呢?歌曲,由于有歌词,经过讲解,幼儿还比较容易理解、感受。而乐曲呢?三岁幼儿语言发展水平还很低,对单纯的语言描述是难以理解的,借助于视觉,运用一些直观教具是可以起到一定的作用的,如在让幼儿听老公公走路的音乐时,为了使幼儿能有所感受,老师用药棉贴出白胡子,模仿着老公公弯着腰,拿着拐杖,一步一步向前走的样子;又如让幼儿领会鸡是怎样点着头走路时,运用可以拉动的纸片教具,使幼儿看出鸡的头是如何随着音乐的节拍一下一下地点着头的,等等,这些直观的方法都能收到较好的效果。但是我们感到只有这种视觉与听觉的结合,只有直观教具的运用却还不够,还必须有运动觉的参加。如同发展节奏感一样,幼儿,特别是小班幼儿,还必须通过自己的身体动作来感受。如在慢的、重的声音下,让幼儿做慢的、用力的一下一下打锣的动作;音乐变为快的、较轻的时候,让幼

儿做轻快的打小鼓的动作;在带有装饰音的、跳跃的音乐中,做小兔跳;在缓慢、沉重的音乐中,做熊走路;在柔和轻快的音乐中,做鸟飞;听见英勇、雄壮的音乐时,像解放军那样有精神地走步;听见安静、柔和的音乐时,做哄娃娃睡觉的动作;而听见愉快、活泼的音乐,则做高兴的舞蹈动作,等等。在幼儿随着不同性质的音乐相应地做各种沉重的、柔和的、快的、慢的动作的过程中,他们就自然地感受着音乐的力度、速度、音区的高低变化等音乐的各种简单的表现手段,并体验着整个音乐所表达的形象、气氛、情绪及思想感情等。

因此,在小班这一年龄阶段,通过身体动作来感受音乐的性质是非常重要的。至于随着幼儿年龄的增长,动作的分量可逐步减少,词的作用则可逐步增多。

四、要注意循序渐进,逐步提高要求

通过动作培养幼儿的感受力,也要注意循序渐进,逐步提高要求。例如,开学初,幼儿的节奏感还不太好,听音乐的能力比较差,动作也不协调,因此,这时,只要求他们在听某一曲调时,就从头到尾做某一个简单的动作,如打鼓或吹号等。当幼儿这类动作做得比较合拍了,我们又进一步提高要求。如我们编了《洗手帕》的听音动作,要求幼儿随音乐中强弱、高低和节奏上的变化,相应地做四个不同的动作:双手在搓板上用力上下搓;双手拿着手帕轻轻地搓;双手用力拧手帕及最后把手帕晒到绳子上去。接着我们又编了《敲锣打鼓放鞭炮》的听音动作,对时值长的音就做敲锣动作;声音变得短促时,立刻改为轻巧的打鼓动作;在一个八度跳跃声中相应地做放鞭炮的动作,先低下头双手扶膝,嘴里发出"嘭"的声音,再抬起头,两臂上举,同时嘴里发出"啪"的声音。幼儿在发"嘭啪"的声音时,有的高兴地说:"这是天地响。"因为他们对放炮仗很熟悉、很感兴趣。

在幼儿学会这些坐在位子上、单纯上肢活动的听音动作之后,我们又编了稍微复杂一点的音乐游戏《小朋友散步》,这里不单有上肢活动,还有全身的活动——走步、小跑步等。要求幼儿听见歌曲《摇啊摇》的曲调时,做睡觉的样子。在上行琶音、表示太阳出来时,做展开双臂好像起

床的动作。听见轻松愉快的音乐时,大家高高兴兴地从座位上起来,出去散步。忽然,琴上发出几个重重的低音,这时大家就立刻停下来,抬头看看天上是不是要下雨了?等到一听到一连串短促的十六分音符的曲调时,赶快往家跑,因为这声音象征着滴滴答答的雨点来了。回到家里后,老师还可以摸摸幼儿的头,看看有没有被雨淋湿。

到第二个学期,在幼儿听音乐的能力及动作的发展都有所提高的基础上,我们又进一步让幼儿做一些需要手脚协调的动作,如鸡走、兔跳、猫走、鸭走,以及最简单的舞蹈步法——踮步等。这在培养与发展幼儿对各种不同音乐形象的感受上很有作用。兔跳的动作很轻巧,反映小兔子跳的音乐带有跳跃性质;小猫走路是那么轻,猫走路的音乐听起来也非常柔和。幼儿在听着音乐练习这些模仿动作的过程中,也就对音乐有了更进一步的感受。另外,我们在幼儿学会这些模仿动作的基础上还编了另外一些幼儿感兴趣的音乐游戏。如《老鹰捉小鸡》鸡走路用$\frac{4}{4}$拍,而老鹰是飞的,比较凶猛,要抓小鸡,音乐用的是三拍子,一开始就比较强而且曲调有重复,显得很急促,体现出老鹰的形象与心情;但在绕了几圈因小鸡躲得很好而无法找到时,声音变慢,又用一串下行级进的音符,表现出老鹰灰溜溜地飞走了。这种在节拍上、力度上、速度上、音区上都有着鲜明对比的音乐,对培养小班幼儿音乐的感受力很有作用。又如在《网小鱼》的游戏中,小鱼游来游去找食的音乐比较轻松,而吃食的音乐就比较慢,小鱼停下来随音乐点着头吃食,但鱼网来捉小鱼时,音乐忽然变快了,由一些连续十六分音符所组成,小鱼听见这种声音,立即停止吃食,赶快逃回家,要不然就要被鱼网网住了。幼儿在玩这样一些音乐游戏的过程中,感受力也随之有所发展。

此外,我们还编了《老公公走路》《小姑娘走路》及《解放军走路》,让幼儿学会根据音乐的不同性质,相应地做出不同的动作。如听到缓慢、柔和的音乐时,幼儿就像老公公那样弯着腰,拿着拐杖,一步一步慢慢走;音乐若变得轻松、欢快时,动作就要立即改变,像小姑娘那样高高兴兴地拍着手走（因为这时幼儿还没有学习踏步，不会一边踏步一边拍手，因此只要求拍着手走路）；而音乐又变了，听起来很有力，很雄壮，那么幼儿又要相应地改成像解放军叔叔那样有精神地走步，一边走还可一边打枪。这三种不同的音乐并不是固定地按一定顺序出现，这就要求幼儿不仅要注意听，而且要感受出它们的不同，能独立地改变自己的动作，使动作与音乐性质相适应。

在小班，除了听音动作、音乐游戏在培养与发展幼儿感受力上有着重要的作用外，唱歌、欣赏、打击乐也都有一定的作用。选择这些方面的教材时，也要注意循序渐进、逐步提高要求的原则。如欣赏方面，第一学期中我们选用的是像《咪咪小花猫》《拔萝卜》《小兔乖乖》等这类有一定情节、重复性大，可用动作表现的歌曲给幼儿欣赏。第二学期，我们选用了一些带有舞曲性质，或进行曲性质的歌曲，如《背起小木枪》《娃哈哈》等给幼儿欣赏。另外，听音动作及音乐游戏中的音乐，在教学过程中，都有一定时间让幼儿倾听，实际上这也是欣赏的一部分内容。

五、引导幼儿注意倾听音乐

在一切的音乐活动中，我们都非常注意引导幼儿倾听音乐。从开学初，无论是唱歌也好，听音乐动作也好，我们都要求幼儿注意听老师弹完最后一句再开始（因为小班幼儿的歌曲、乐曲很少有专门写的前奏，所以我们就将最后一句当前奏，幼儿也容易在听完最后一句后接着从头唱，或从头开始动作）。最初幼儿还做不到整齐地开始，有的早，有的迟，但在经常的训练下，幼儿逐步能做到这一点，而且对音乐的"终止"有所感受，能等最后一小节弹完了后再开始。如果是拍手的话，等老师弹到终止的地方，速度稍慢下来时，他们就能敏感地觉察到，也随即停止拍手。对于这一现象，我们在一次听音拍手动作的测验中明显看出，试点班幼儿对终止的感受比非试点班幼儿强，大家都听同一个新曲调拍手，试点班幼儿中听完最后一句能及时开始，以及听到终止时不再多拍的人数比非试点班要多。非试点班幼儿中，有的听弹完最后一句后，迟迟不拍手，要等老师提醒后才动作，而到终止时，却仍继续拍，甚至多拍了好几下，

直等到发现没有琴声了,才停止。详细情况见下表:

测验日期	班级	人数	听音乐拍手情况							
			不能及时开始		合拍		不合拍		不能及时终止	
			人数	百分比	人数	百分比	人数	百分比	人数	百分比
1980年1月	试点班	97	4	4.1	78	80	19	20	9	9.2
	非试点班	62	34	54.0	44	71	18	29	15	24.0

在教听音动作以及音乐游戏时,老师除了讲解、示范以外,非常注意引导幼儿倾听音乐,指出动作与音乐的关系。这样可以使幼儿不是机械地模仿老师的动作,而是主动地倾听音乐、感受音乐,并注意随音乐的变化改变动作。如教《洗手帕》的动作时,要求幼儿注意听:开始的音乐比较重,也有点慢,所以就用力地在搓板上搓;接着音乐变轻了,声音急促一点了,那么就把手帕拿在手上轻轻搓,把上面的一点脏用手搓一搓就能洗干净了。等到音乐又变得和开始一样有点重,有点慢的时候,提醒幼儿用力拧手帕,把水拧干。最后有个八度跳跃时,两手高举,高兴地把手帕晒起来。

为了使幼儿感受得更细致,除了给幼儿完整的听以外,还分段让幼儿听,什么音乐是在搓板上搓,什么音乐是在手上搓等等。对听音乐做洗手帕的动作我们也进行了一次了解,绝大部分幼儿都能随音乐的改变而更换动作,情况见下表:

测验日期	人数	搓板上搓				手搓				拧干				晒上			
		合拍		不合拍		合拍		不合拍		合拍		不合拍		合拍		不合拍	
		人数	百分比	人数	百分比	人数	百分比	人数	百分比	人数	百分比	人数	百分比	人数	百分比	人数	百分比
1979年12月	108	90	83	18	17	83	77	25	23	84	78	24	22	88	82	20	18

在教其他的听音动作及音乐游戏时,我们同样注意引导幼儿倾听音乐,进行比较,如什么时候是小鸡走,什么时候是老鹰飞来了;让幼儿注意听听小鱼吃东西时是什么声音,鱼网来时又是什么声音;老公公怎么走路,音乐怎么样,小姑娘又怎么走路,音乐是什么样的,等等。在经常这样培养下,幼儿就逐步注意听音乐,体会音乐与动作之间的关系,从而使自己的感受力慢慢有所提高。

另外,我们还尝试了用《谁的耳朵灵》这种游戏的方法让幼儿练习分辨高音与低音,例如听见高音区的音时,两手就上举随音乐合拍地挥动,听见低音区的音时,两手赶快放下来在下面挥动;听见强的音好像是在用力打鼓,就做打鼓的动作,听见弱的音如同铃响,赶快做碰小铃动作,用指尖相碰;听见时值长的音,像妈妈绷毛线那样两手慢慢拉开,听见时值短的音,就像妈妈绕毛线那样两手迅速地转动。为了发展幼儿对音的感受能力,在进行这些声音的高低、强弱的变化时,不一定要很有规律,可以时长时短、时高时低、时强时弱,让幼儿摸不清变化的规律,必须注意听,自己来判断。经常进行这样的培养,对感受力的发展能有一定的益处。

六、让幼儿在感受音乐时,充分发挥想像力

欣赏艺术作品时,想像力的运用是不可缺少的。特别是欣赏音乐作品,更需要有想像。因为音乐不像文学作品,有具体的文字表达一定的思想感情;也不像美术作品,有色彩、线条,人们可以看得见;音乐是用声音描绘的。

虽然幼儿的感受力还处于很低的水平,但在培养他们的感受力时也应注意给他们有充分发挥想像的机会。在音乐游戏方面,这里有两个例子可以说明孩子在充分运用想像力的情况下,感受可以更积极、更深刻。

最初在玩《小朋友散步》的游戏时,要求带头的小朋友领着大家有次序地一个跟着一个走,表示散步。当然,在现实生活中也有这种情况,散步时老师带着队,小朋友两个两个跟着,整整齐齐地走。但在游戏里,这样就显得非常呆板,不容易发挥想像的作用,孩子们的情绪也

不能充分表达出来。能不能让小朋友自由地散步呢？会不会乱呢？我们决定尝试一下，允许小朋友四散地走，还可以自己找喜欢的朋友，三三两两牵着手走。试验下来，效果非常好，顿时孩子们的情绪发生了明显的变化，非常活泼、愉快，脸上不仅流露出高兴的表情，而且还夹杂着欢乐的笑声。多数的幼儿是两个、三个搀着手，没有超过四个的，也有个别幼儿一个人走。在找谁搀手时，还能看到孩子之间进行着挑选呢！如有一次陈折去搀程浩的手，可是程浩却不愿意，陈折只好再去找别的小朋友。幼儿在这种可以三三两两搀手四散走的情况下散步，其想像力更加活跃，并能更好地去感受散步的乐趣。他们随音乐而动作，一点没有乱，并没有影响课堂纪律。

在玩《找小猫》的游戏时，也将原来要求原地蹲下表示躲起来，改为可以在一定范围内找个地方躲躲好。幼儿的积极性非常高，而且开动脑筋找个好地方去躲。有的跑到风琴旁边，有的跑到桌子旁边，有的跑到小椅子前面，也有的就地蹲下埋起头，还有的就在活动室的中间，挤在一起，似乎这样一来，猫妈妈就找不到了，场面非常生动活泼。这一游戏幼儿不但在课上玩得高兴，而且在课外的时间里，也常常一起玩。

在唱歌教学时也应该这样。在讲解时尽量启发幼儿的想像力去领会内容，在考虑歌表演动作时，也可以让幼儿在理解歌词的基础上自己试着想想该用什么动作表达为好。

我们在这一点上，做得还不太够，认为小班幼儿年龄小，经验少，歌表演的动作掌握得也不多，要幼儿自己设计动作恐怕是不行的，这要到中、大班才能做到。因此，几乎所有歌表演的动作都是由老师想好，表演给幼儿看，让他们模仿着做。可是在第二学期接近放假时，五台山幼儿园的老师在教完《小汽车》一歌后，准备给歌词配动作时，忽然想到是否能发挥幼儿的创造性，让小班幼儿也来编编动作呢？于是抱着尝试的态度，在课上启发小朋友一道来想动作。问道"小汽车"做什么动作好呢？小朋友都能想出来，他们自然地做起操纵驾驶盘的动作。接着又问"笛笛笛"怎么做呢？大家正在想的时候，高炜忽然做出了按喇叭的动作，大家都非常高兴，很喜欢这个动作。接着老师又问："小朋友快快来怎么做呢?"大家不约而同地做起招手的动作……就这样，老师和小朋友一道高高兴兴地为《小汽车》一歌编动作。这种方法使得课堂教学变得生动活泼，不仅调动了幼儿的学习积极性，更重要的是幼儿有机会来练习运用自己的想像，使幼儿的想像力能有所发展。

这一事实使我们受到很大的启发。回顾在这一年中，这方面的工作还是很不够的，应该考虑到在更早一些的时候，就可以吸收幼儿一道参加编歌表演的动作。

从心理学上来看，想像是对已有的表象进行加工改造而建立新形象的过程，也就是旧的暂时神经联系经过重新配合构成新联系。这里可以看出要使幼儿的想像能力有所发展，一方面需要有一定的表象作为想像的材料，另一方面，还需要有运用已有的表象材料进行新的加工改组的能力。而这种能力的发展是需要培养的，需要给予充分练习的机会的。曾经有过这样两种情况：一种情况是在四岁多的中班里，幼儿都学过听音乐拍手、翻手腕、转圈，但是在让他们听着音乐自由跳舞时，却发生了困难，仅仅一个幼儿能充分运用已学过的这些动作，能进行重新组合，一会拍拍手，一会翻手腕，甚至还蹲下去；少数幼儿会利用一两个动作，拍手、翻手腕；多数幼儿只会拍手，甚至有的幼儿不知该怎么办。从这里可以看出，尽管大家都学过这几个动作，头脑中都有这方面的表象，但在要求他们充分加以运用，重新进行组合时，就不是那么容易了。另外一种情况是：有一个刚满三岁、初入幼儿园的小朋友，由于平日在家里常常有机会动动手、动动身体表演跳舞，到了幼儿园后，第一次上音乐课时老师弹琴要小朋友拍手，她不懂得要坐在位子上拍手，一个人跑到中间随音乐跳起舞来，这时可以看出，尽管她只会那么几个动作，但是她却会不断地重新组合，变换花样。这与她在家里常做这方面的练习有很大关系。虽然她头脑中的表象材料并不多，但却能充分利用，组成各种新形象。从这两个例子中可以看出，幼儿音乐活动中想像力的发展与成人的培养以及与幼儿能否有机会练习运用自己有的表象材料进行重新组合有着很大关系。

小班幼儿固然头脑中的表象材料不多,但是就在这种情况下也应及时给他们机会去练习重新组合。若能组合出一些新形象,即便是非常简单,但这也是他的水平在提高。因为本来小班幼儿的想像力就处于比较低级的水平。将来随着年龄的增长,表象材料的丰富,运用表象材料进行重新组合能力的提高,幼儿想像力也必然会有所发展。

因此,我们感到,在小班,当幼儿已学会一些歌表演动作,懂得歌表演是怎么一回事后,就逐步地让他们也参加编新的歌表演动作是很必要的。当然,这时老师应很好地启发,有些动作还得由老师来设计。幼儿能经常有这样的练习机会,我们想这对想像力的发展一定能起促进作用,想像能力不仅在感受音乐时是必不可少的,就是对学习数理化也是非常需要的,我们从小就在音乐活动中注意培养与发展幼儿的想像力是有着深远意义的。

在一年教学工作后,当小班幼儿刚升入中班,开学的第一两个星期中,我们就对部分幼儿的音乐感受力进行了一次调查,情况如下。

调查内容共分三项:

第一项:对音的强弱、长短、高低的辨别能力。

第二项:对表示三种不同动物——兔子、熊、小鸟的音乐形象的认识能力。

第三项:对三种不同性质的音乐——舞曲、摇篮曲、进行曲的识别能力。

调查方法:每班选出 12 人,其中好、中、差各 4 人(男 2,女 2),逐个测验。

进行第一项测验时,要求幼儿听见重的音时做打鼓动作;听见轻的音时,则做碰小铃的动作;听见短促的音就小跑步;听见长的音就停下来做闻花动作;听见高的音两手上举摆动;听见低的音,则两手在下面摆动。

进行第二项测验时,先出示熊、兔子及小鸟的图片,让幼儿复习一下,并让幼儿做出这种动物的动作(兔跳、熊走、小鸟飞)。

进行第三项调查时,先出示解放军走路、小朋友跳舞、小朋友睡觉的三张图片,并让幼儿做做跳舞、睡觉、走路的动作。

除在三个试点班进行调查外,还在另一幼儿园中,对同年龄的12名幼儿进行了同样的测验。

调查结果:

在第一项辨别声音能力的测验中,太平巷及南师附属五台山幼儿园曾进行过这方面的练习,因此正确人数比非试点班多。

商业局幼儿园未进行过这方面的练习,但正确的人数也比非试点班幼儿多,分析其原因,可能由于在小班的一年中,所学的听音动作如《洗手帕》《敲锣打鼓放鞭炮》中音乐就有着强弱、长短、快慢的不同。在其他一些音乐游戏中,如《网小鱼》《小朋友散步》《老公公走路》等也常常需要在听见短促的声音时赶快跑,听见长的声音时就慢慢走等。因此幼儿对声音的高低、长短、强弱有一定的感受,而在听到新的曲调中有这种变化时,能自然地运用过去经验来感知,也就能识别出来。详细情况见下表:

班级 \ 测验内容 人数	强弱				长短				高低			
	全对	部分对	全错	不做	全对	部分对	全错	不做	全对	部分对	全错	不做
非试点班	8	2	1	1	5	6		1	6	4	1	1
试点班(商业局幼儿园)	11	1			12				11	1		
试点班(太平巷幼儿园)	12				10	2			9	3		
试点班(五台山幼儿园)	10	2			10	2			12			

在第二项测验中,在听兔与小鸟这两个动物的音乐时,除五台山幼儿园比非试点班幼儿正确的人数少1人外,其余都高于非试点班。详细情况见下表:

班级 \ 识别内容 \ 人数	表示兔的音乐		表示熊的音乐		表示鸟的音乐	
	正确	错误	正确	错误	正确	错误
非试点班	5	7	8	4	7	5
试点班(商业局幼儿园)	7	5	8	4	8	4
试点班(太平巷幼儿园)	9	3	11	1	9	3
试点班(五台山幼儿园)	4	8	11	1	6	6

在第三项测验中,试点班幼儿正确的人数也比非试点班幼儿为多。详细情况见下表:

班级 \ 识别内容 \ 人数	舞曲		摇篮曲		进行曲	
	正确	错误	正确	错误	正确	错误
非试点班	3	9	8	4	4	8
试点班(商业局幼儿园)	9	3	11	1	10	2
试点班(太平巷幼儿园)	7	5	9	3	8	4
试点班(五台山幼儿园)	10	2	12	0	10	2

此外,在测验中还可以看出,试点班幼儿节奏感比较强,如听重音时做打鼓动作,以及挥动手臂、闻花动作等,试点班的幼儿绝大部分做得合拍,而非试点班,只有二个幼儿合拍,这一方面可能由于试点班幼

儿在初入园时学习过打鼓动作，因而比较熟练，另一方面与试点班在一年的工作中非常重视节奏感的培养有关。

小班音乐教学工作中需要研究的问题很多，这里只接触到几个比较重要的问题，谈得不是很全面和深刻，只不过是把我们的粗浅认识、点滴体会向同志们汇报，有缺点、错误，希望同志们提出批评、指正。

1980 年 3 月

中班音乐教学中几个问题的初步研究

在对小班音乐教学中唱歌、节奏感、音乐感受力等几个问题进行了初步研究的基础上,对幼儿在进入中班这一年龄阶段后,应采用哪些教材与教法以便进一步促进这些能力的发展,我们又继续进行了初步的探讨。

一、唱歌方面

在小班一年的日常教学工作中及学年末测验材料中都可以看出,小班幼儿在唱歌方面,掌握音准是最困难的。在音量及速度变化方面虽然有一定程度的控制能力,但往往变化突然,掌握得还比较差。而音准、音量、速度的变化等在表达歌曲感情中都起着重要作用。那么我们在中班的音乐教学工作中,应如何使幼儿的这些能力有进一步提高呢?除了平时在教唱选用的歌曲时注意培养之外,还就幼儿生活中常见,能引起他们兴趣的,生动形象的内容创编了一些短小的歌曲,着重让幼儿在感到有趣的情况下练习音准及音量、速度的变化。同时,还试用了一些帮助幼儿领会音的高低及音的强弱、快慢变化的方法。

为了了解幼儿经过一年的教育后,唱歌能力究竟能有多少进展?我们还做了一些调查、测验。除了在学年末让幼儿唱一首小班末期所唱的《春天》歌进行对比外,还设计了一条两小节一组的小曲调,用"啦啦啦"的方法让幼儿模仿着唱,试图能比较清楚地听出幼儿在掌握音准上的进步情况,同时对一年多来,音域方面的发展情况也做了调查。

此外,在唱歌教学中为了更好地发展幼儿的思维、想像能力,在解释歌词上采用了与小班不同的方法,适当地提高了要求,尽量让幼儿自己给歌词编动作,使幼儿有发挥想像力和创造性的机会。

一年来在唱歌方面所试用的教材、教法以及调查测验结果与初步分析如下。

(一) 试用的教材、教法

1. 试用的教材(着重在音准、音量及速度变化的练习上)

(1) 一只小小老鼠(见下篇"幼儿歌曲"部分)

这首歌主要是练习唱准两度、三度的音以及最后两小节下行的音阶。音量是逐步加大的,到第七小节时到达顶点;音量的逐步加大与旋律的逐步上行,歌词情绪的逐步紧张等都结合在一起。在老师形象生动地解释后,幼儿比较容易注意到这些变化,唱时也就无形中练习了这方面的能力。

(2) 小铃铛(见下篇"幼儿歌曲"部分)

这首歌的旋律主要是三度上行与下行,第五、第六小节因为是轻轻地摇小铃,铃声轻,要求唱得也轻,后来用力摇了,小铃发出很响的叮当声,要求唱得也要响一些。通过唱这样的小歌,幼儿可以练习唱出比较明显的强弱对比以及舌头的灵活性,同时还能培养幼儿正确的换气,在每一句之后以及在最后两小节之前要换气。

(3) 小宝宝要睡觉(见下篇"幼儿歌曲"部分)

这首歌旋律中有较多的五度跳进,让幼儿有机会练习在大跳时,也能唱准音,同时还让幼儿学会能轻轻地带有摇晃味道地唱哄娃娃睡觉的歌,最后娃娃睡着了,要唱得更轻、更慢。

(4) 马儿跑(见下篇"幼儿歌曲"部分)

这首歌曲比较轻快、活跃,取材于幼儿感兴趣的马跑动作。加上有赶马时挥鞭的叫声"驾"及拉缰绳要马停下来时发出的信号声"吁"等,因此幼儿在边唱轻边微做马跑,挥鞭拉缰绳动作时特别感兴趣。

在兴致勃勃唱这首歌的同时,也就练习了附点节奏,以及声音的渐快、渐强及渐慢、渐弱。

(5) 鸭子叫(见下篇"幼儿歌曲"部分)

这是另外一种形式的歌曲。老师唱问的部分,需要幼儿能随老师问的内容自己决定应唱哪一句来回答,要求能及时地用同样的速度唱准回答的部分。着重练习唱准1、5、i不同的音高。

(6) 小乐器(见下篇"幼儿歌曲"部分)

与上首歌相同,幼儿要根据老师所唱的乐器唱出该乐器应发出的声音。

(7) 青蛙和小鸟(见下篇"幼儿歌曲"部分)

这首歌由老师唱上句,幼儿唱下句,除了可以练习唱准1与i的音高外,还可以让幼儿练习在同一音多次重复的情况下也能唱准。

(8) 火车(见下篇"幼儿歌曲"部分)

这首歌的作用与上首相同。

后四首歌主要让幼儿练习唱准1、5、i这几个音,但音域有八度之广,若让全班幼儿来唱,对某些孩子来说,音域是嫌宽了,这里的确存在着矛盾,因此,在学会之后最好少用全班唱的形式,而是请声音偏低的幼儿唱1、5的部分,而声音偏高的幼儿则唱i的部分。

2. 试用的教法

(1) 音准、音量、速度的练习试用了以下一些方法。

① 借助动作帮助幼儿领会怎样唱出不同高度、不同强度及不同速度的声音。

由于音乐是一门听觉的艺术,看不见、摸不着,因此它比起其他艺术来说要抽象些、难理解些,不少幼儿在区分音的高低时,往往又会受日常生活中常用词义的影响而把强的、低的通常是大的声音说成是高音,而将弱的、高的通常是小的声音说成是低音。另外,从人们对歌唱家唱歌时动作情况的观察中所见到的倾向来看,即唱到高音时常常伴随有向上的动作,如抬头、手臂上举等,而唱到低音时,头部与下巴又会自然向下。由于以上的种种原因,促使我们考虑到,在中班的唱歌教学中,特别是在唱上述一些带有练习性质的小歌时,是否可以试试让幼儿借助手的向上、向下的高低动作来分辨音的高低;借助动作的力度及幅度的大小来领会音量的变化;借助动作的快慢来感受音乐的速度呢?我们试用了这一方法。例如:在唱《一只小小老鼠》时,开始时幼儿两手放在下腹前轻轻地用小动作合节拍地动着唱。到第三、四小节时曲调升高了,音量稍稍加大了,双手也就相应地抬高,动作的力度及幅度也略微加大。到第五、六小节时,紧张性增强了,声音又升高了,音量也有所增加,手的位置再相应提高到胸前,动作也随之加大。到第七小节时声音到达了最高点,力度也是最强的地方,情绪也正是最紧张的高潮之处,大猫正一把抓住了老鼠,幼儿往往也会自然地两手用力向上、向前做出抓老鼠的动作。最后随着音阶的下行,双手也向下;有的幼儿这时还会自发地把双手放到嘴边发出"咄咄"的声音,想像着正在吃老鼠的情景。

又如:唱《鸭子怎样叫》时,唱到1音时,手向下指,表示声音低;唱到5音时,手向前平伸,表示声音提高了一点,但在中间;唱到i时则手向上指,表示声音最高。借助动作的上、中、下帮助幼儿分辨声音的高、中、低。同样,在唱《小乐器》一歌时,唱到鼓声时,声音低,手向下做打鼓动作;唱到锣声时,声音高一点了,手的位置也提高一点,在身前做打锣动作;唱到铃声时,声音最高,于是双手在头上方做敲小铃动作。在唱《青蛙与小鸟》一歌时,唱到青蛙跳下水时,双手向下指;而唱到小鸟拍拍翅膀时,双手在身体两侧上下挥动,最后双臂上举。

② 随时抽叫幼儿唱回答部分的方法。

老师在唱问的部分(或上句)前,快速地叫一个幼儿的名字(或一组幼儿),这个幼儿立即起立,做好准备,注意听老师问的是什么,自己决定应用什么声音唱答的部分。如老师问鸭子妈妈怎样叫,则唱 1 音;问小小鸭子怎样叫,则唱 $\dot{1}$ 音;答唱时所用的调子,速度等都要与问句一致,并要求能及时接上。这种方法既可锻炼个别幼儿唱歌的能力,同时还可以引起幼儿的兴趣,培养注意力。

③ 游戏的方法。

游戏是幼儿非常感兴趣的一种活动。我们有意识地将对音准的要求,及时接唱的要求编在音乐游戏的歌曲中,让幼儿在游戏中高高兴兴地、不知不觉地进行练习。例如我们编了《是谁在敲门》这个音乐游戏。(见下篇"幼儿音乐游戏"部分)

南师附幼在音乐课上由两位老师表演了这一音乐游戏后,接着就教幼儿集体学唱了几遍,然后试试请一幼儿当小主人,一幼儿当小客人来玩这游戏,小主人一听就能猜出小客人是谁,连玩了两次,两个小主人都能准确地猜出小客人是谁,幼儿兴趣很大。在这种积极的游戏活动中不仅幼儿的听觉能力可以得到发展,唱歌能力也能有所提高,如甲唱的是连续三次的 5 音,乙接唱时,仍要在 5 音这同一个高度上接着唱,不能走音、变调。

(2) 在解释歌词方面采用了范唱前提出要求,范唱后向幼儿提问,让幼儿说出自己所听见的内容的方法。

(3) 在为歌词配动作方面采用了让幼儿自己编动作的方法,尽量给幼儿有发挥想像及创造性的机会。

(二)进行的调查测验

1. 音域调查(中班第二学期中进行)

仍用小班音域调查的方法,参加调查的幼儿为上次在小班时已调查过的幼儿,由于有的幼儿已转到别的幼儿园,故人数有所减少,共 94 人。

(1) 音域分布情况(C 调)

5̣	♭6̣	6̣	♭7̣	7̣	1	♯1	2	♯2	3	4	♯4	5	♯5	6	♯6	7	1̇	♯1̇	2̇	♯2̇	3̇	4̇
3	10	46	71	86	94	94	94	94	94	93	93	93	93	88	78	73	49	26	17	9	7	1

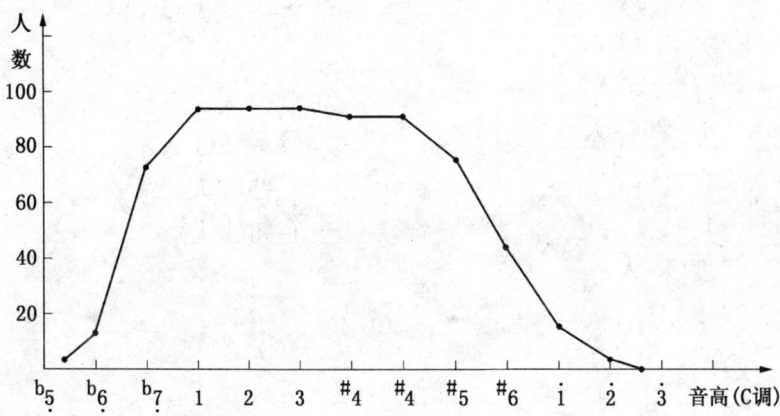

(2) 幼儿音域广度情况

13 度(2 人)
    5̣—3̇(1 人)
    6̣—4̇(1 人)
12 度(5 人)
    6̣—3̇(5 人)
11 度(10 人)
    ♭7̣—3̇(1 人)
    ♭6̣—♯2̇(1 人)
    5̣—1̇(1 人)
    6̣—2̇(7 人)
10 度(15 人)

    ♭6̣—1̇(2 人)
    ♭6̣—♯1̇(2 人)
    ♭7̣—2̇(1 人)
    6̣—1̇(5 人)
    5̣—7(1 人)
    6̣—♯1̇(4 人)
9 度(26 人)
    ♭6̣—7(2 人)
    ♭7̣—1̇(4 人)
    ♭7̣—♯1̇(3 人)
    6̣—7(9 人)

$7—\dot{1}$(5人)

$7—{}^{\#}\dot{1}$(2人)

$\dot{1}—\dot{2}$(1人)

8度(18人)

$5—{}^{\#}5$(1人)

${}^{b}7—7$(7人)

$6—{}^{\#}6$(3人)

$7—7$(6人)

$1—\dot{1}$(1人)

7度(15人)

${}^{b}6—{}^{\#}5$(2人)

${}^{b}7—6$(7人)

${}^{b}7—{}^{\#}6$(1人)

$1—7$(3人)

$7—6$(1人)

$7—{}^{\#}6$(1人)

6度(3人)

${}^{b}7—{}^{\#}5$(1人)

$7—5$(1人)

$1—6$(1人)

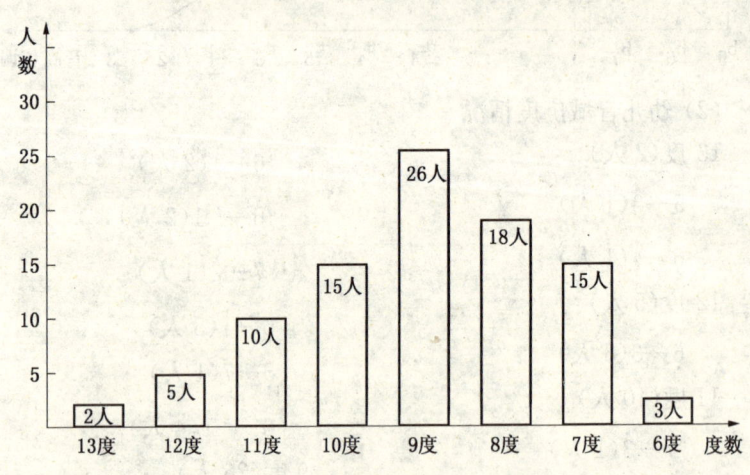

(3)与小班时期相比音域扩大情况

扩大度数	半度	一度	一度半	两度	两度半	三度	三度半	四度	四度半	无比较
人　数	4	11	10	24	14	9	7	9	2	4

注:无比较的原因是该4名幼儿在小班时不肯唱,或未唱成调,无法记准音域所造成的。

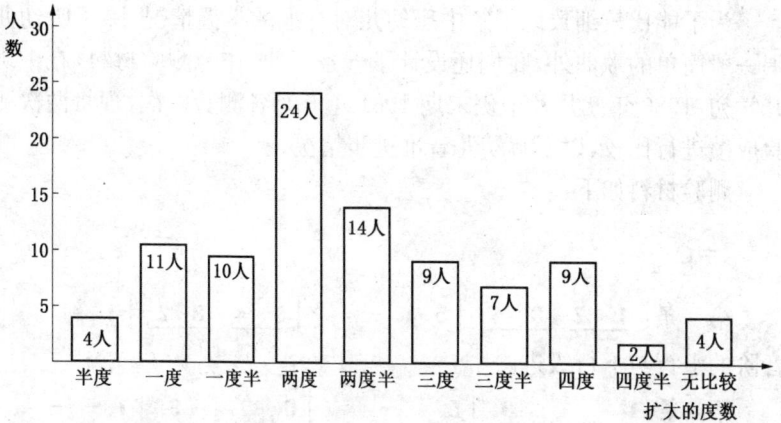

2. 音准调查

(1)《春天》歌

在1980年6月(小班末期)及1981年6月(中班末期)各测一次。第二次测验时,在音准、换气、节奏、速度上都有不同程度的进步,但单独离琴唱时仍存在走音现象。现将第二次测验结果列表于下。

测验日期	测验人数	音 准									
		D调单独唱能准		D调单独唱不准		D调跟琴唱准		改调后能唱准		56处有下降现象者	
		人数	%	人数	%	人数	%	人数	%	人数	%
1981年6月	65	24	36.9	41	63.1	11	16.9	7	10.7	24	36.9

节奏较好		能一句句唱		速度较稳		音 色					
						好		一 般		沙 哑	
人数	%	人数	%	人数	%	人数	%	人数	%	人数	%
62	95.0	53	81.0	45	69.2	31	47.6	13	20.0	21	32.3

注:"D调跟琴唱准"指单独唱时不准的41人中,跟琴唱能准的有11人。

(2)对所设计的五条音准测验材料的调查情况

为了能比较细致地了解中班幼儿对音准的掌握情况,除了听幼儿唱一般简单的歌曲外,我们还设计了五条小曲,作为测验材料,在中班开学初、1980年9月及中班末期1981年6月各测验一次,现将两次测验成绩进行比较,以了解幼儿音准进步情况。

测验材料如下:

$1=C \dfrac{2}{4}$

第一条:| 1 2 3 4 | 5 - | 5 4 3 2 | 1 - ‖

音阶的上行与下行级进。

第二条:| 1   3 | 5 - | 5   3 | 1 - ‖

三度的小跳。

第三条:| 1 5 5 5 | 1 - | 1 5 5 5 | 1 - ‖ 五度的大跳,但这一条最好后一半改为 5 1 1 1 | 1 - ‖ 这样可以看出幼儿在掌握向上的五度跳进与向下的五度跳进有无差别。

第四条:| 3·4 5 3 | 1 - | 3·4 5 3 | 1 - ‖

半音及附点节奏。

第五条:| 1   1   1 | 1 - | 3   3   3 | 3 - ‖

同音重复及切分节奏。

① 1980年9月及1981年6月两次测验成绩比较。

测验日期	测验人数	成绩								
		0~10		11~20		21~30		31~40		41~44	
		人数	%	人数	%	人数	%	人数	%	人数	%
1980年9月	79	16	20.2	19	24.0	20	35.3	19	24.0	5	6.3
1981年6月	79	7	8.8	6	7.5	18	22.7	26	32.9	22	27.8

注:评分标准,每错一个音扣1分,最高分为44分。

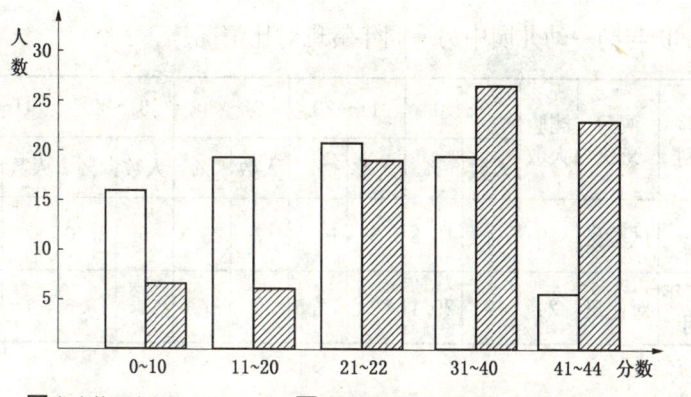

□ 代表第一次测验成绩　　▨ 代表第二次测验成绩

② 1980年9月及1981年6月两次测验中走音情况比较。

测验日期	测验人数	第一条 4音走音				第二条			
		1 2 3 4 | 5 -‖ 上行走音		5 4 3 2 | 1 -‖ 下行走音		1 3 | 5 -‖ 上行走音		5 3 | 1 -‖ 下行走音	
		人数	%	人数	%	人数	%	人数	%
1980年9月	79	66	83.5	59	74.6	62	78.9	46	58.2	38	48.1
1981年6月	79	51	64.5	44	55.6	28	35.4	30	37.9	17	21.5

测验日期	测验人数	第三条 1 5 大跳走音		第四条 3·4 附点中半音走音		第五条 1 1 1 |1 - |3 3 3 |3 -‖ 同音重复时走音		舌头不灵活	
		人数	%	人数	%	人数	%	人数	%
1980年9月	79	45	56.9	55	69.6	60	75.9	35	44.3
1981年6月	79	31	39.2	22	27.8	35	44.3	17	21.5

注：舌头不灵活表现在唱附点及切分节奏时，舌头动得慢或少唱一个及两个音，以及舌头缺少控制地多动一下。

③ 与同一幼儿园中另一同年龄班对比情况。

测验日期	测验班级	测验人数	0~10		11~20		21~30		31~40		41~44	
			人数	%	人数	%	人数	%	人数	%	人数	%
1981年6月	试验班	30	4	13.3	3	10.0	7	23.3	9	30.0	7	20.3
1981年7月	对比班	24	7	29.1	3	12.5	9	37.5	4	16.6	1	4.1

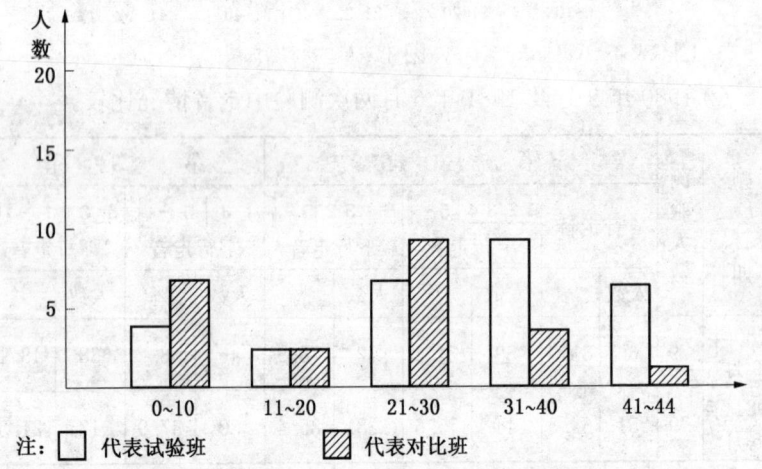

注：□ 代表试验班　　▨ 代表对比班

（三）对试用教材、教法及调查测验的初步分析

1. 中班幼儿的音域比起小班时虽有所扩大，但唱歌时，实际能用到的音域仍然较窄，并不比小班扩大多少

进行音域调查时，94人中能唱到C调7音的人有73人，占77.6%，而在唱《春天》一歌时，65人中对7音嫌高的有41人，占63%，有24人在唱到这首歌的最高音$\underline{5\ 6}$（即C调的6、7两个音）时，就自发降低下来。

过去我们曾以为在小班末期，这歌可以用D调唱，但经过这两次的测验，逐个地仔细听幼儿唱这歌的情况，发现除少数幼儿不感吃力外，多数幼儿都有不同程度的紧张、费劲的表现，有的甚至是"喊"出来的,不少幼儿离琴单独唱时,一开始就自发降低音,改用了C调或B调、♭B调。对最高的音,唱不到应有的高度。

2. 唱歌时的走音现象与多方面因素有关

中班幼儿音准能力的发展仍比其他唱歌技能如呼吸、掌握节奏及速度的能力等发展得迟,这一现象无论在唱简单的歌曲《春天》中以及专门设计的测验材料中都有出现。

从测验中以及平时音乐课的观察中我们感到中班幼儿唱歌时产生走音现象是与多方面的因素有关的。

(1) 与定调有关

就拿《春天》这首歌来看,若用D调,对有的幼儿来说是稍嫌高了,当要他听完前奏单独无伴奏地唱时,就会自发降低调子,而用这改过的调子唱时,许多地方是唱得准的,可是若仍要求他用D调跟琴唱,却会出现很大的困难,他们想要跟着琴声的高度唱,但又达不到应有的高度,似乎整个曲调都乱了套了,于是许多音都唱不准了。从表面上看,这些孩子似乎音准能力很差。但如果用适合他音域的调子唱时,他们中间有许多人还是能唱准大部分的音的。如商业局幼儿园的嵇雷,用D调跟琴唱时,几乎每个音都不准,而改用B调或♭B时,仅一两处不准。

(2) 与所唱的音及旋律的进行有关

从音准测验材料测验的结果中可以看出,唱4音时,走音的人数最多,在 1 5 5 5 | 1 — | 中,唱1到5的大跳时,不少幼儿往往不是一下到达5的高度,而是在1到5之间自己增加过渡的3音,唱成 1 3 5 5 | 1 — ‖,或 1 3 5 6 | 1 — ‖,将后面重复的5音也改变了。唱上行音阶与琶音,比唱下行音与琶音走音的人数多,同音重复时也会出现不能长时间保持同一高度的现象。

(3) 与节奏的难易有关

音准测验材料中的第四条有附点节奏,第五条有切分节奏,节奏比前三条稍难一些,对舌头灵活性的要求也高一些。有的幼儿在听完老师范唱后会出现一时重复不出来的现象,要老师再次范唱后才能模仿出来,有的在附点节奏的乐句中会多唱一个"啦",或少唱一个"啦"。从这里也看出节奏的难度加大时,往往也会影响到音准。

(4) 与听觉的发展有关

太平巷幼儿园的吴梨,音准很差,他的父母都是聋哑人,从小在家中听讲话、听唱歌的机会就少,入园后,唱歌能力虽有所进步,但比其他小朋友差,走音现象特别严重,而吴梨的哥哥由于从小和听觉良好的祖父母一同生活,听觉练习的机会比吴梨多,唱歌的能力也就比妹妹强。

(5) 与对歌曲的熟练程度有关

《春天》一歌在小班末期测验时是比较熟练的,事隔一年后再行测验时,大部分幼儿由于经过复习,仍能唱得较好,但有个别的幼儿却由于复习得不够,对歌曲熟练程度降低了,因而在测验中产生遗忘的现象,一方面反映在歌词上,如将第二句的"地上长出……"唱成"树上长出……"在句与句之间需要老师稍加提醒,另一方面也反映在曲调上,有走音现象,这主要与对歌曲的熟练程度有关。

(6) 与注意力有关

有的幼儿注意力很容易分散,尽管测验时只要求唱五个短小的乐句,时间不过一分钟,但在这一分钟内都需要幼儿有高度集中的注意力,而且要紧接着老师范唱后自己就独自对着录音机唱。有的孩子能注意力很集中地完成任务,有的幼儿却一会儿看看测验的老师,一会儿看看录音机,一会儿笑笑。从他们的动作、眼神中就可以看出注意力并不那么集中,对音准也就有一定影响,如南师附幼的万斌与王扬,平时唱歌音准还可以,测验时东张西望,反而走音的地方多了起来。

(7) 与个别幼儿的发展有关

有的幼儿在小班初期就显露出有一定的音准能力。如太平巷幼儿园的陈露、刘海山,商业局幼儿园的张铁、余扬,南师附幼的杨翼等。

有的幼儿入园时音准较差,但经过一年多的音乐教育后,有明显的进步,如商业局幼儿园的贺焱,初入园听琴唱《我上幼儿园》时,根本不去听琴声,走音厉害,但到中班后,虽然有的歌曲对他来说调子嫌高了(因他的音域偏低),但在跟琴唱时却会尽量,甚至可以说是用喊叫的声音达到应有的高度。

有的幼儿虽然也有进步,但却不大,即使用适合于他音域的调,让他跟琴唱,仍有多处走音。如南师附幼的高炜,太平巷幼儿园的赵辉,商业局幼儿园的金雷等,这种个别差异的原因还有待于进一步研究。

从上面的初步分析中可以看出,幼儿唱歌走音的问题是一个牵涉范围较广的复杂问题,要从多方面去考虑,找出原因,有的放矢的进行培养。

3. 唱歌能力的发展与选用的教材,教师的重视程度有关

自小班起我们就非常注意选择幼儿感兴趣的,适合于幼儿唱歌能力的教材,教学过程中不仅注意吐词、呼吸、节奏、音准等,还注意要唱得有表情。进入中班后仍继续注意,如教《小猫你别吵》时,在启发幼儿懂得歌词感情的同时还注意教会幼儿用轻轻的声音逐渐放慢地唱最后一句;在唱《钟》这首歌时,要求能用一种亲切、喜爱的心情,有表情地将最后一句《我家的钟儿会唱歌》中的"歌"字稍稍放慢,时间略加延长,然后再用清脆的声音唱出钟摆的滴答声,不少幼儿能注意唱出这一味道,但仍要不断培养。

另外,我们试用的一些发展幼儿掌握音准、音量和速度变化能力的教材对提高幼儿的唱歌能力也起着一定的作用,在音乐课上,我们观察到幼儿在唱《一只小铃铛》时,唱到应该弱的地方会一边轻声唱,一边自然地有表情地把头低了下来,接着唱最后应该强的地方"叮当响"时,会自然地吸足一口气,抬起了头,大声地唱出这三个音。在唱一些辨别1、5、i高低不同音的小歌时,若有人回答错了,别的幼儿很快就会发现。例如南师附幼在复习《鸭子怎样叫》时,请个别幼儿单独回答着唱,万斌把声音唱错了,立刻许多小朋友就笑了起来,万斌自己也不好意思地笑了。

从试验班与对比班唱歌音准能力的比较中,可以看出是有一些差别,其中原因很多,但与选用适当的教材、教法,老师经常有意识地注意培养是分不开的。

4. 解释歌词方法的改变有助于幼儿智力的发展

教新歌时,在范唱前先向幼儿提出要求,要他们仔细听老师所唱的内容,然后请幼儿说说自己听见老师唱了些什么,虽然中班幼儿还不能讲得很完整,但确实能看出他们已经能有意去听,有意去记,甚至还能用自己的语言来说明所听的内容。例如在教《可爱的小猫》一歌时,歌词内容讲了三只猫,一只是爱清洁的,一只是爱劳动的,一只是懂礼貌的。孩子听了之后虽然不能讲全歌词,但主要内容能记住。如一小朋友说:"小花猫喵喵喵,洗洗脸。小黑猫睁大眼睛,抓老鼠,爱劳动。小白猫每天洗澡……"这里可以看出幼儿对歌词的主要内容基本上都听懂了、记住了并且能说出来,只是把懂礼貌的小猫"看见朋友问声好,轻轻走路不吵闹"的这些礼貌行为遗忘了。

5. 让幼儿为歌词编动作不仅有利于想像力、创造力的培养,而且也是对幼儿进行教育的手段

中班幼儿有时能想出许多恰当地表达歌词内容的动作。例如在教《值日生》一歌时,对"因为我是值日生"这一句,有个小朋友就想出用右手指左臂值日生袖章的动作来表示,做得很有自豪感,很有精神。如《春天到》中为"花儿都开了"一句编动作时,樊容将双手托在下巴底下,中指稍稍卷曲,做好了这一动作后还问旁边的刘海山:"我的花开得好不好看?"商业局幼儿园的小朋友在给《看星》一歌编动作时,用手指的张开合拢代表着一闪一闪的小星星,还用两手握成圈放在眼睛前面表示小眼睛。中班幼儿能为歌词配上许多动作。虽然这些动作都很简单,但是因为是大家想出来的,孩子记得特别牢。

幼儿为歌词编动作不仅能调动幼儿的学习积极性,发展幼儿的想像力、创造力,而且也能发展幼儿的观察力、评议动作的能力,能促进幼儿敢于发表自己的想法,建立自信心。同时对虚心向同伴学习等优良品质的培养也起一定作用。

二、节奏感方面

节奏感的培养在发展幼儿音乐能力中,在幼儿园的音乐教学工作中,都是一个极其重要的问题,也可以说是一个核心的问题。我们从幼儿进入小班起就重视了节奏感的培养,让幼儿做各种听音动作、表演动作及打击乐器等。幼儿进入中班后又应如何进一步发展呢?下面谈谈在发展节奏感上我们所试用的教材和教学方法以及进行的调查测验与初步分析等。

(一)试用的教材、教法

1. 试用的教材

曾编了几首不同节奏的小歌,让幼儿边唱边拍出节奏。如:

(1) 大熊大象走,小兔青蛙跳(见下篇"节奏活动、基本舞步"部分)。

(2) 汽车、火车(见下篇"节奏活动、基本舞步"部分)。

(3) 猫走,猫跑(见下篇"节奏活动、基本舞步"部分)。

2. 试用的教法

(1) 训练幼儿能听出按节奏拍出的熟悉的歌曲,并教会幼儿自己也能按节奏拍出熟悉的歌曲。

开始时可以让幼儿听老师拍的是两首歌曲中的哪一首,歌曲名称可告诉儿童,以后让幼儿跟着老师按歌曲的节奏拍出长长短短不同的音,而不是像通常那样每两拍拍一下。

(2) 老师拍出或用乐器打出简单的、两小节的节奏让幼儿模仿着拍出来。

(3) 请一幼儿拍出短短的节奏,其余幼儿模仿。

(4) 听音动作中增加速度的变化。

在小班时,听音动作基本上是从头到尾用同一速度进行的。但幼儿到中班后,要求可适当提高。在听音动作教学中我们试用了变换速度的方法,例如在做"摘苹果"动作时,开始用慢速,一个一个慢慢地、小心地摘;然后音乐逐渐加快,表示苹果很多,摘不完,要快点摘了;速度再继续加快,那么摘的动作也要相应加快;最后又再回复到慢速,苹果快摘完了,找找哪里还有,慢慢摘。要求在整个慢—快—慢的速度变换中,幼儿的动作速度也要能随着改变,做得合拍。同样,在做划船动作、缝衣动作时也加上速度的变化。

(5) 听音动作中加强对强拍的感受。

在幼儿随音乐拍手时或做一些听音动作时,我们常常发现这样的情况:有的幼儿虽然动作是合拍子的,但是却没有拍在强拍上,或动作在强弱拍上弄颠倒了。例如《摘苹果》中"摘"的动作应在强拍上,"放"的动作应在弱拍上,但他却在弱拍上把手伸了上去做摘的动作,而强拍上却把手放了下来做放苹果的动作,与别的幼儿正好相反,而自己却不感觉什么不对,也不调整。有的幼儿却比较灵,发现不对之后,能用各种办法,如多做一下动作,或停顿一下,改正过来。为了培养幼儿对强拍的感受力,我们采用了以下一些方法。

① 故意不给开始动作的信号,弹起音乐后就让幼儿自己听着音乐做动作。做的过程中看到谁对强弱拍分不清的,予以提醒。

② 音乐连续不断地进行,发给谁教具,谁就开始动作。例如在做摘苹果动作时,事先准备一些简单的纸折的小筐子,发给那个小朋友筐子后他再开始摘,由他自己去感受音乐的强弱拍,把动作做得合乎强弱拍的要求。又如做划船动作时,则准备好几只筷子,当桨发给谁,谁就接着做划船动作。

③ 通过游戏的方法培养对强弱拍的感受。

如"传娃娃"游戏,幼儿坐成一个圆圈,一个幼儿拿一小积木当娃娃开始向右传,所有的幼儿都边唱歌词边做一样的动作,即第一拍在自己的左手上拍一下,第二拍则在右边小朋友的左手上拍一下。如果某个小朋友把强弱弄错了,就会与别人的动作不一致了。歌曲停止时,哪个幼儿手中有娃娃就是娃娃所请的朋友,要和娃娃一道唱歌。也可以等找了几个朋友以后,大家一道唱首歌。(见下篇"幼儿音乐游戏"部分)

(二) 进行的调查测验

为了对幼儿掌握节奏的能力有比较细致的了解,在学期初曾

拟订了一些测验节奏能力的材料,在学年初及学年末各进行了一次测验,由老师先拍出两小节,然后幼儿模仿着拍,测验材料如下:

第一条: X X X | X X X ‖
第二条: X   X | X X X ‖
第三条: X X X X | X - ‖
第四条: X· X | X X X ‖
第五条: X X X | X - ‖

1. 节奏感测验

(1) 学年初与学年末节奏感测验成绩比较

测验日期	测验人数	分数									
		0		1		2		3		4	
		人数	%	人数	%	人数	%	人数	%	人数	%
1980年9月	79	5	6.3	3	3.7	4	5.0	8	10.1	5	6.3
1981年6月	79	0		0		0		0		0	
测验日期	测验人数	分数									
		5		6		7		8		9		10	
		人数	%	人数	%	人数	%	人数	%	人数	%	人数	%
1980年9月	79	13	16.4	3	3.7	4	5.0	17	21.5	8	10.1	9	11.3
1981年6月	79	2	2.5	2	2.5	1	1.2	6	7.5	19	24.0	49	62.0

注:评分标准,共五条测验材料,每条两小节,一小节算1分,全对为10分。

□ 代表第一次测验成绩　　▨ 代表第二次测验成绩

(2) 学年初与学年末附点节奏、切分节奏进步情况比较

测验日期	测验人数	附点节奏						切分节奏					
		错误明显		稍错		基本正确		错误明显		稍错		基本正确	
		人数	%	人数	%	人数	%	人数	%	人数	%	人数	%
1980年9月	79	53	67.0	13	16.5	13	16.5	39	49.4	5	6.3	35	44.3
1981年6月	79	4	5.0	14	17.8	61	77.2	7	8.9	0	0	72	91.1

2. 调查三个同年龄班幼儿学习各舞蹈动作情况

为了了解幼儿节奏感的发展对学习舞蹈动作有无积极影响,在同

一幼儿园的三个同年龄中班进行了一些调查。我们选了教学计划中预订要教的《采茶扑蝶舞》中的几个动作,由一个老师分别到各班去教,步骤、方法一样,然后观察幼儿掌握动作的情况(观察时一次四个幼儿表演,一个老师看两个幼儿的动作情况)。

3. 对试用教材教法及调查测验的初步分析

(1) 一年来节奏感的发展有明显进步。

从两次节奏感测验的比较中可以看出,第二次测验的成绩有很大提高。第一次测验时 0~5 分的幼儿有 38 人,5 分以上的有 41 人;而第二次测验时 0~5 分的人数减为 2 人,5 分以上的却有 77 人,其中得满分的由 9 人增加到 49 人。

从掌握比较困难的附点节奏及切分节奏来看,基本正确的人数也分别由 13 人增到 61 人以及由 35 人增加到 72 人。这两种节奏中,幼儿掌握切分节奏比附点节奏要容易些。

(2) 试用的教材教法能引起幼儿的兴趣,活跃课堂气氛,促进节奏感的发展。

小班幼儿节奏感的培养往往要结合具体的内容,如听着音乐做各种形象的动作——洗脸、刷牙、敲锣、打鼓或配合歌曲内容做些表演动作等,而且要求不高,能合拍就很好了。如要他们分辨出各种不同的节奏,或要求他们拍出不同的节奏则很难做到。到了中班年龄,幼儿的分化抑制有了一定的发展,手的动作也较灵活了,记忆力也有所增强,对离开具体内容纯粹由手拍出的简单的不同节奏能初步分辨出来。对我们试用的一些发展节奏感的活动不仅能理解,而且表现出一定的兴趣。例如在学了拍出歌曲的节奏后,在游戏时间里,就看到幼儿自发地拍出某个歌曲的节奏让别的小朋友猜。一次在上音乐课前,太平巷幼儿园姚惠明小朋友坐在位子上拍一首歌给旁边的王成听。王成很注意地倾听了一阵后,动着嘴唇无声地唱着,然后高兴地说:"学习雷锋顶呱呱。"他已经听出拍的是哪首歌了。另两个幼儿园在音乐课上,当老师用手拍出某个节奏让幼儿用乐器打出同样的节奏时,小朋友们纷纷举手想参加这一活动。这种

三个同年中班学习新舞蹈动作比较

日期	班级	人数	小跑步 不合拍 人数	%	小跑步 不协调 人数	%	扑露水动作 手的动作 不合拍 人数	%	不正确 人数	%	脚的动作(侧点步) 不合拍 人数	%	不正确 人数	%	手脚不协调 人数	%	采茶动作 单手采 不合拍 人数	%	不正确 人数	%	方向错 人数	%	双手采 不合格 人数	%	不正确 人数	%	方向错 人数	%	捕蝶动作 不合拍 人数	%	不正确 人数	%	全部动作合拍正确 人数	%
第一次 1981年6月12日	试验班	32	3	9.4	0						1	3.1																					
同上	其他班	31	9	29.0	3	9.6					8	26.0																					
同上	其他班	30	5	17.0	0						6	20.0																					
第二次 1981年6月16日	试验班	30															1	3.3					1	3.3					2	6.6			
1981年6月15日	其他班	29			5	17.6	5	14.7	2	5.8	7	20.5	3	8.8	6	20.6	5	17.2	4	13.7	2	6.8					11	37.9			
同上	其他班	29					12	41.3	0		19	65.5	4	13.7	2	6.8			5	17.2	2	6.8					10	34.4			
第三次 1981年6月23日	试验班	34	3	8.8			2	5.8			3	8.8			2	5.8	1	2.9	1	2.9	5	14.7	0		1	2.9	14	41.1	1	2.9	5	14.7
同上	其他班	29	13	44.8	14	48.2	12	41.3	0		19	65.5	4	13.7	7	24.1	5	17.2	13	44.8	7	24.1	1	3.4	3	10.3	18	62.0	0		1	3.4
同上	其他班	26	15	57.6	7	26.9	8	30.7	3	11.5	11	42.3	6	23.0	3	11.5	5	19.2	11	42.3	6	23.0	6	23.0	6	23.0	21	80.7	2	7.6	1	3.8

唱唱歌、拍拍节奏，或边唱边拍节奏的多样化活动幼儿不仅感兴趣而且课堂气氛更加活跃，有力地调动了幼儿学习积极性，提高了学习效果。

虽然幼儿喜爱上述的节奏活动，但是中班幼儿毕竟还是四岁多的幼儿，给他们模仿的节奏不能太复杂、太长。一次，老师拍了四小节的节奏让全班幼儿模仿，这就发生了困难，没有几个幼儿能拍对，而且由于大家都不能掌握这么长的节奏，拍得很不整齐。从这里可以看出，还要继续练习，而且要有一个从两小节逐步到四小节，从个别模仿逐步到一小组或全班模仿的过程。

（3）节奏感的发展对学习唱歌及舞蹈动作有促进作用。

由于试验班平时比较重视节奏感的培养，经常让幼儿拍拍各种不同的简单节奏，因此，这方面的能力有一定的发展，在学习唱歌及舞蹈动作时就产生了作用。例如三个同年班同时学习《蜻蜓》一歌时，对歌中的附点节奏，试验班的幼儿就掌握得比较快、比较好。同样，在学《采茶捕蝶舞》的几个动作时，试验班幼儿动作合拍的人数就比其他两个班要多（详见前表）。

三、音乐感受力方面

小班幼儿通过唱歌听音动作、音乐游戏及专门的欣赏活动等，一年后，绝大部分幼儿对于代表不同的兔跳、鸟飞、熊走的音乐都能分辨出来，对于摇篮曲、进行曲、舞曲的性质也能有所认识。幼儿进入中班后，在音乐感受力的发展上，我们又增加了一些内容，对教学方法也做了一些初步研究。

（一）试用的教材教法

1. 试用的教材

由于小班时已初步学习了分辨摇篮曲、舞曲、进行曲的性质，到中班后增加了认识劳动性质的音乐内容，选用了《大路歌》（稍有缩短）《伏尔加船夫曲》（稍有缩短）《打通了长江》等歌曲，由老师演唱与弹奏，给幼儿欣赏。

2. 试用的教法,着重于以下三种
(1) 每次欣赏后让幼儿有机会随不同性质的音乐进行一些肌肉活动,做一些相应的动作。
(2) 运用比较的方法。
(3) 欣赏后向幼儿提问,给幼儿有用语言表达自己感受的机会。

(二) 进行的调查、测验

1. 测验幼儿对于代表兔跳、鸟飞、熊走音乐的辨别能力以及对不同性质的摇篮曲、进行曲、舞曲的辨别能力

测验内容与方法。

动物形象方面:选出代表兔跳、鸟飞、熊走的音乐各两首(共六首),一首为熟悉的,一首是新的。先让幼儿听熟悉的,再听新的,要求用动作或语言表示出是什么动物。

音乐性质方面:选出摇篮曲、进行曲、舞曲各两首,一首是熟悉的,一首是新的。先听熟悉的再听新的,要求幼儿听后用动作或语言表示出来(摇篮曲可用哄娃娃睡觉等动作表示,舞曲可用舞蹈动作或拍手表示,进行曲可用走步、打枪等动作表示)。

测验时间。

第一次:1981年1月,所有试验班幼儿都参加。

第二次:1981年6月,仅第一次测验中发生错误的幼儿参加,只测验弄错的地方(如仅仅是舞曲、进行曲未分辨出来,测验时只听这两首曲子)。

测验结果。

第一次测验:90人参加,54人完全能分辨,其中有许多幼儿反应非常快。刚一听见几个音就能做出鸟飞、熊走路等动作,或做出哄娃娃睡觉、有精神地走步等动作。有36人产生错误,主要是将兔跳与鸟飞、舞曲与进行曲混淆。

在这一次测验中有两个幼儿的反应很有意思。一是太平巷幼儿园的陈露,当听第二首新的摇篮曲后,问她听了这个音乐可以做什么事时,她回答说:"可以跳舞。"而一般孩子一听这音乐就知道是哄娃娃

睡觉的音乐,很少回答是跳舞。于是我们又进一步让她随音乐试跳,这时她却以很缓慢、柔和的动作,用两臂摆出各种造型的姿态。平时一般幼儿听舞曲跳舞时多半做翻手腕、转圈、前后踮步等较快的动作,很少用这样的慢动作。我们又问她跳的是什么舞,她说:"仙女跳的舞。"又问她,怎么会想到这个的呢?她说:"在家里画报上看到的。"对这样的反应我们就没有算她错。因为她的动作很合拍,也符合这样一种温柔、慢速音乐的性质。

商业局幼儿园的陈菲菲小朋友在听完熊走路的音乐后做起了鸟飞动作,我们感到有点奇怪,因为几乎没有幼儿分不清熊走路的音乐。于是我们问她为什么听了这音乐要做鸟飞?她回答说:"不是小鸟飞,是老鹰飞。"当我们再弹这音乐让她动作时,她一边扑着翅膀很快地飞来飞去,一边歪着头,脸上表现出凶狠狠的样子,原来我们在小班时曾玩过"老鹰捉小鸡"的音乐游戏,代表老鹰的音乐虽是三拍子的,但在低音区,而且力度较强,这次代表熊的音乐也在低音区,力度也强,于是她就想到了老鹰的动作,大幅度飞,并表现出凶恶的样子,我们也没有算她错。

第二次测验结果:将第一次有混淆的36人再进行一次测验,最后仅8人弄错,仍然是将舞曲与进行曲弄混淆。这里有一点要说明,原来计划测验中所要用的新音乐,平时一律不用,但有一个幼儿园疏忽了,曾用了其中的一首舞曲,因此使第二次测验结果受了点影响。

2. 南师附幼老生与插班新生音乐感受力的比较

老生测验成绩:共23人参加。

1981年1月第一次测验成绩:18人全对,5人弄错,共错11处。

1981年6月第二次测验成绩:全对。

插班新生测验成绩:共10人参加。

1981年3月第一次测验成绩:9人弄错,共错55处。

(每人错的处数由2处到12处)

1982年6月第二次测验成绩:4人弄错,共错23处。

(每人错的处数由1处到8处)

南师附幼老生与插班新生感受力测验成绩表

测验日期		测验对象	测验人数	产生错误人数		产生错误处数
				人数	%	
第一次	1981年1月	老生	23	7	30.4	8
	1981年3月	插班新生	10	9	90	55
第二次	1981年6月	老生	7	0	0	0
	1981年6月	插班新生	10	10	100	23

3. 肌肉活动在感受音乐性质中的作用调查

调查方法：在五台山幼儿园先给幼儿欣赏《大路歌》《伏尔加船夫曲》，除了教师弹奏，向幼儿提问、解释，随音乐做拉车、背纤的动作给幼儿看之外，还让幼儿随音乐做上述劳动动作，然后给幼儿听未曾听过的《打通了长江》一歌（用钢琴、风琴弹出曲调），了解幼儿能否识别这一音乐的性质。

在商业局幼儿园用同样的方法进行，但有一点不同的是：不让幼儿有机会随音乐做上述劳动动作，然后了解幼儿能否识别《打通了长江》一歌的性质。

从以上两所幼儿园调查结果中看肌肉活动在感受音乐性质中的作用，调查结果如下：

感受能力 测验对象及总人数	第一次听后能辨别		启发后能辨别		辨别不清	
	人数	%	人数	%	人数	%
南师附幼25人	16	64.0	9	36.0	0	0
商业局幼儿园24人	4	37.6	4	16.6	11	45.8

4. 南师附幼中老生与插班新生对新乐曲性质感受力的比较

南师附幼试验班中的插班新生,在欣赏《大路歌》《伏尔加船夫曲》时经历的过程与旧生完全一样,但在辨别类似的新乐曲时,感受力的表现却有所不同,10人中无一人能辨别其性质。经启发后有5人能说出是劳动的音乐,另外5人虽经启发也分不清,其中有的能明显地看出他的回答完全是瞎猜的,可以一连回答好几个答案,没有任何依据。比较结果如下:

测验对象及总人数	感受能力人数及%	第一次听后能辨别出		启发后能辨别出		辨别不出	
		人数	%	人数	%	人数	%
插班新生10人		0	0	5	5.0	5	50.0
老生25人		16	64.0	9	36.0	0	0

(三)对试用教材、教法及调查测验的初步分析

1. 教师的重视是培养幼儿音乐感受力的前提

由于从小班起就注意音乐感受力的培养,在唱歌、听音动作、音乐游戏及专门的欣赏活动中我们都注意引导幼儿倾听音乐,将音乐所表达的内容尽量与幼儿的生活经验相联系,使幼儿对比较抽象的这一听觉艺术能有所感受。从上述第一项测验中可以看出,90人中除8人对兔跳鸟飞、进行曲、舞曲稍有混淆外,其余82人全能分辨。但这种能力的产生与老师的培养分不开,不是到了中班年龄就能自发地产生这一点,从南师附幼试验班的老生与新生的感受力比较中就能看得出来,10名插班生中8名上过民办及厂办幼儿园,2名未上过幼儿园,其中一名来自农村,虽然他们都是中班年龄的幼儿,但由于在音乐感受力的发展上未受到很好的培养,因而在测验中可看出她们对音乐性质的辨别能力就很差。同时,由于基础差,虽然欣赏同样的音乐,但感受上也有所不同,迁移能力也差。

2. 肌肉活动、对照比较只让幼儿用语言谈自己的感受,在音乐欣赏教学中有着重要作用

(1) 肌肉活动能帮助幼儿积极地感受音乐。

幼儿年龄愈小,在感受音乐、辨别音乐性质时,愈需要有肌肉活动参加。由于音乐的性质往往是通过力度、速度、音区的变化等各种手段表现出来的,如果在给幼儿欣赏时,有意识地让幼儿随不同性质的音乐做一些相应的动作,使他们在感受音乐时不仅运用听觉、视觉——看老师演唱、演奏时的表情,一些适当的教具等,而且还有肌肉活动——运动觉的参与,将会大大提高幼儿对音乐的感受力。我们在进行欣赏教学时,常常有意识地安排一个环节给幼儿,使其有机会随音乐做他们自己所想出来的,合乎音乐性质的动作。例如在听摇篮曲时,幼儿会做出各种哄娃娃睡觉的动作——拍娃娃、抱娃娃摇、推小摇床等;听舞曲时幼儿会做翻手腕、拍手、转圈等各种舞蹈动作;听进行曲时幼儿会做走步、打枪、轰炮、开坦克等有力的动作。

在我们进行的测验中可以看出,肌肉活动对提高幼儿对音乐性质的感受力起了很重要的作用。我们曾在自己的两个试验班中进行了试验,两班幼儿的基础大致相同。在欣赏有关劳动性质的音乐时,两位老师采用的教材、教学步骤、教学方法基本上一样:先让幼儿听音乐;提问——让幼儿讲讲自己的感受;老师解释并随音乐做拉车、背纤等劳动动作等;但南师附幼除此之外再增加一项,即让幼儿随音乐做一些相应的劳动动作,让他们的肌肉也有机会参加对音乐的感受,也就是不仅听音乐——听觉感受,而且有运动觉感受,而商业局幼儿园却没有这一环。结果,测验的情况就大不相同,南师附幼的小朋友在听了新的劳动性质的音乐后,许多幼儿能立刻说出是劳动的音乐或具体地讲是拉车子的、拖砖头的音乐等。这一现象说明,有肌肉活动的参加,幼儿对音乐的感受能更深刻、能更容易迁移到新听的性质类似的音乐作品中去。

不仅在测验中,在平时观察中我们也能看见肌肉活动在感受音

乐中的作用。例如商业局幼儿园，一次在欣赏《狐狸与兔子》(韩德常曲)的钢琴曲时，一开始幼儿就轻微地随着音乐做狐狸走路的动作，等音乐提高八度时，虽然仍是狐狸走的旋律，但由于音区变高了，绝大部分幼儿就误认为是兔跳的音乐了，于是都做起小兔跳的动作，但紧接着有了真正代表兔跳的旋律出现了，小朋友开始感到有点不对头，发现自己刚才就做兔跳动作有问题。接着在第二遍欣赏时，当狐狸的旋律高八度出现时，比较敏感的幼儿知道这还是狐狸走，就不做兔跳动作了，但还有七八个幼儿没有感受到，继续像以前那样，改变作兔跳。这再一次的错误使他们有了深刻的印象，到第三遍听这一乐曲时，所有的幼儿，除一名插班生外，在代表狐狸的音乐以高八度出现时，没有一个人将动作改为兔跳，很有把握、很有信心地知道这仍然是狐狸的音乐，因此继续双手双脚轻轻地做着狐狸走的动作，直到代表兔子的音乐出现时，才立即变为兔跳动作。这一例子说明了，轻微的肌肉活动并没有影响幼儿对音乐的感受而是帮助他纠正了不正确的领会。

另一个例子是一次南师附幼班在欣赏摇篮曲，老师问小朋友听了这音乐可以干什么时，胡鹏程说："可以跳舞。"立即，蒋熙小朋友就抱起自己的双臂快速地做了好几下哄娃娃睡觉的摇晃动作，而且嘴里还反问胡鹏程说："能这么快地摇娃娃睡觉呀？"因为她已经辨别出这是哄娃娃睡觉的音乐，并不是跳舞的音乐，对别人的错误认识也是用动作与音乐性质不相符来加以反驳。从这里也看出，肌肉活动在帮助幼儿感受音乐性质中所起的作用。

肌肉活动在幼儿感受音乐中虽起着很大的作用，但并不是说在欣赏音乐时，动作要愈多愈好，愈大愈好，而是必须和其他许多因素有机地联系起来分析，年龄小，欣赏新的材料时肌肉活动可以多一些；年龄大些，反复听的材料，也可以让幼儿不再做大动作，因为已经有过这方面的经验了，那就可以集中注意力去欣赏音乐。这时幼儿的肌肉还是会随音乐的节拍而有活动，但不一定做出大动作，总之这方面的问题还有待于进一步研究。

(2) 对照比较能帮助幼儿更好地分辨音乐性质的差别。

为了使幼儿能更明显地听出音乐的不同性质,我们常常用对照比较的方法。开始时可以比较差别大的音乐,以后比较差别小的。例如先将熊与兔子或熊与小鸟的音乐进行比较,以后可将兔子与小鸟的音乐比较;又如开始比较摇篮曲与舞曲,或摇篮曲与进行曲,以后再比较舞曲与进行曲。这种在同一时间中出现两种性质不同的音乐对比出它们之间的差别往往使幼儿的感受更细致。

在测验时,我们曾看到有这样的情况,当幼儿说错音乐的性质时,例如将劳动的音乐说成是摇篮曲了,因为两者都比较慢,这时再弹奏一首摇篮曲,使幼儿听见摇篮曲不仅慢,而且声音比较轻,很柔和,而劳动的音乐更有力量,声音也响亮些。幼儿往往一经比较,马上就不好意思地笑了起来,知道自己弄错了。若再让幼儿随这两种不同的音乐动作一会儿的话,他们的感受就会更深,更牢固些。

(3) 让幼儿用语言谈谈自己的感受不仅使幼儿有运用想像、学习语言表达的机会,而且也能使教师了解幼儿是如何感受的。

往往幼儿能用他们自己的儿童化的、形象的语言来表达自己的感受。例如听了《解放军进行曲》或其他比较雄壮的进行曲后,当老师问他们听了这音乐想干什么时,有的幼儿会说:"我想甩膀子。"意思是说想做有精神的走步动作;有的幼儿会说这种音乐是:"解放军叔叔胜利时候唱的歌。"等等。这些想法都与所听音乐的性质相一致,说明这些孩子的感受是对的。发现幼儿有不正确的领会时,可再予以帮助。

以上是我们在对中班幼儿进行了一年的教学工作后,对中班音乐教学中唱歌、节奏感的发展、感受力的培养这三个问题的一些初步的研究,仅供参考,并请批评指正。

1981 年 10 月

幼儿园音乐教学中音乐能力的培养

幼儿期是打基础的时期，进行教学时注重能力的培养，为他们日后进一步的学习做必要的准备，这一点是不可忽视的。我们从小班开始研究时就注意到音乐能力培养的问题。同时，我们也感觉到，能力的培养离不开所采用的教材与教法，因此在音乐教学中除了选用一般幼儿园长期以来公认的、效果较好的教材、教法外，还有意识地随着幼儿发展情况，创编一些教材予以补充，并改进一些教学方法，以便更好地促进幼儿音乐能力的发展。经过三年的试验，在最后运用同一材料、同一方法进行的测验中可以看出试点班幼儿（连续三年在园的幼儿），唱歌中的音准能力及拍出各种不同节奏的能力无论是与本园中连续三年在园的同年龄班幼儿相比，或是与本区、本市公办园中的同样连续三年在园接受教育的幼儿相比，试点班的成绩都比非试点班的成绩好。

取得这样的结果，与三年来教师思想上的重视，能在各项音乐活动中注重能力的培养以及采用了各种有助于音乐能力发展的教材与教法不无关系。

下面就培养幼儿唱歌能力、节奏能力、音乐感受能力以及想像能力这几个主要问题，谈谈三年来我们试用的一些教材教法，进行的一些测验，以及总结的一些经验。

唱歌能力方面

一、音域的调查

喉头、声带等一系列发声器官是唱歌的物质基础。幼儿的发声器官尚处于发育阶段,其音域与少年儿童,与成人有所不同,有其特点。为幼儿选用的唱歌教材,若不适合于幼儿的音域,不仅容易引起喊叫、损伤声带,也不利于培养幼儿唱准音的高度,对唱歌能力的培养反而有害。

为了进一步摸清试验班幼儿音域的情况,在小班及中班期间曾进行过两次音域的调查,调查的方法为用移调方法唱《我上幼儿园》一歌中的最后一句 $\underline{2\ 5}\ \underline{3\ 2}\ |\ 1\ -\ \|$（叫 声 老 师 早）让幼儿模仿唱。

从调查中可以看出:

(1) 幼儿音域的个别差异很大,有的很宽,甚至唱到 C 调的 $\dot{2}$—$\dot{3}$ 也不太吃力,有的却很窄,只能唱很低的几个音如 $\underline{6}$—4 或 1—4。

(2) 小班幼儿中能唱 C 调 1—6 这一范围的幼儿占绝大多数,其中以唱 $\underline{2\ 5}\ \underline{3\ 2}\ \|$ 这几个音听起来最自然、舒服。到了中班年龄,音域虽有所扩大,但仍很有限,唱到 7、$\dot{1}$ 的时候,不少幼儿就出现勉强唱出,甚至叫喊的现象。现将两次调查的情况列表于下。

小班幼儿音域分布情况

能唱到的高度（C调）	$\underline{6}$	6	$^\flat7$	7	1	$^\sharp1$	2	$^\sharp2$	3	4
人　　数	1	7	10	49	93	93	100	102	102	98
能唱到的高度（C调）	$^\sharp4$	5	$^\sharp5$	6	$^\sharp6$	7	$\dot{1}$	$^\sharp\dot{1}$	$\dot{2}$	
人　　数	96	96	76	66	68	39	19	8	2	

注:共调查 105 人,其中有 3 人不肯唱或唱不出调,未计其音域。

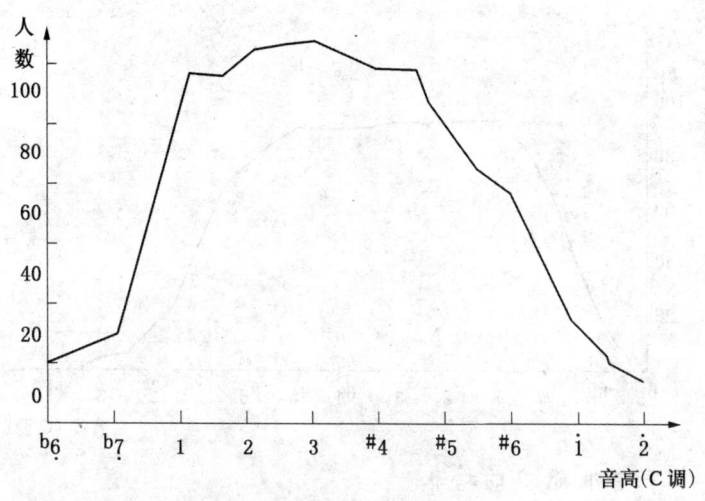

中班幼儿音域分布情况

能唱到的高度（C调）	$\underset{\cdot}{5}$	$\flat\underset{\cdot}{6}$	$\underset{\cdot}{6}$	$\flat\underset{\cdot}{7}$	$\underset{\cdot}{7}$	1	$\sharp 1$	2	$\sharp 2$	3	4	$\sharp 4$
人　　数	3	10	46	71	86	94	94	94	94	94	93	93
能唱到的高度（C调）	5	$\sharp 5$	6	$\sharp 6$	7	$\dot{1}$	$\sharp\dot{1}$	$\dot{2}$	$\sharp\dot{2}$	$\dot{3}$	$\dot{4}$	
人　　数	93	93	88	78	72	47	26	17	9	7	1	

注：共调查94人。

根据对幼儿音域情况的了解，我们选用教材时对音域的要求就比较严格，小班歌曲尽量控制在1～6六度之内，就是大班的歌曲也不超过 $\dot{1}$，这样才能为培养幼儿用自然的声音唱歌，不喊叫，以及能比较准确地唱出曲调提供了必要的条件，使幼儿唱歌能力有得到良好发展的可能。

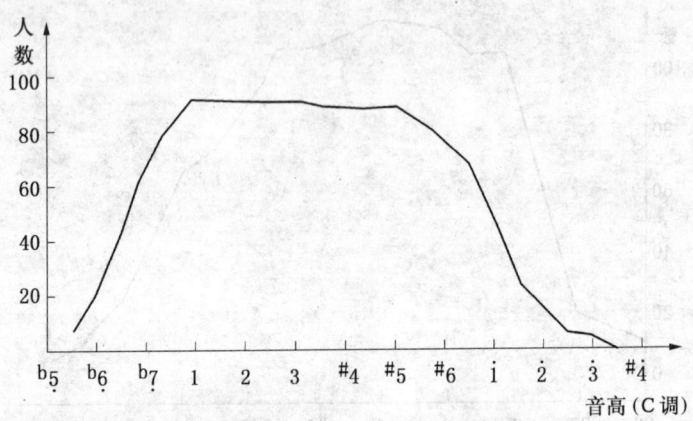

二、音准能力的培养

(一) 音准能力的调查

从平时对小班幼儿音乐课的观察中可以看到,幼儿学唱歌曲的过程中,往往掌握歌词最容易,节奏次之,保持同一速度第三,正确呼吸第四,而唱准每个音是最难的。

为了比较深入地了解小班、中班幼儿唱歌能力的发展情况,我们曾进行了两次调查。

第一次调查:1979年10月,学期初,幼儿学会唱《我上幼儿园》这首歌后,进行一次测验,方法是老师弹完这首歌曲的最后一句曲调后,让幼儿自己单独唱,无琴声伴奏。到小班末期,即一年后再用同一首歌、同样的方法测验进行比较,详情见下表。

第二次调查:1980年6月,小班末期时让幼儿唱《春天》歌,单独唱,无伴奏。1981年6月,中班末期时再唱此歌,进行比较,详情见下表。

从两次调查的材料中可以看出,音准能力的发展比较慢,小班初期无伴奏单独唱时仅有8%的人能唱准,到一年后也只不过22%的人能唱准,在不同程度上走音的65人中,跟琴唱时也只有22人能准,占34%。到了中班,从对唱《春天》一歌的调查中可以看出,虽然有一些进步,但65人中能唱准的只占36.9%,改成适合于幼儿音域情况的调

小班幼儿唱歌能力发展情况

测验日期	总人数	歌词 唱全		吐字 清楚		音准 按C调唱能准		音准 不同程度走音		音准 跟琴唱能准		呼吸 能一句一句唱		呼吸 不同程度断线		节奏 基本对		速度 能保持		速度 偏快偏慢有变化等		音色 好		音色 一般		音色 沙哑	
		人数	%	人数	%	人数	%	人数	%	人数	%	人数	%	人数	%	人数	%	人数	%	人数	%	人数	%	人数	%	人数	%
1979年10月 学年初	83	69	83	69	83	7	8	76	92	未测		55	66	28	34	57	69	42	51	41	49	19	23	48	58	16	19
1980年6月 学年末		76	92	70	95	18	22	65	78	22	34	65	78	18	22	76	92	68	82	15	18	22	27	42	51	19	22

中班幼儿唱歌能力发展情况

测验日期	测验人数	音准 单独唱能准		单独唱不准		跟琴唱能		改调唱能		自第二小节声音开始下降者		节奏 基本对		呼吸 能一句一句唱		速度 较稳		音 好		一般		音色 沙哑	
		人数	%	人数	%	人数	%	人数	%	人数	%	人数	%	人数	%	人数	%	人数	%	人数	%	人数	%
1981年6月		24	36.9	41	63.1	11	16.9	7	10.7	24	36.9	62	95.0	53	81.0	45	69.2	31	47.6	13	20.0	21	32.3

幼儿园音乐教学中音乐能力的培养

子唱后,又有 7 人能唱准,合在一起也不到一半,在不同程度走音的幼儿中,跟琴唱能准的只占 16.9%。

幼儿唱歌出现走音现象是一个牵涉范围较广的复杂的问题,与多方面的因素有关。如:

(1) 与发声器官的发育有关。幼儿(特别是小班)肌肉协调活动的能力还发展得不好,不够精细,影响对音高的掌握,容易出现走音现象。

(2) 与听觉有关。

(3) 与定调有关。有的幼儿按老师定的调唱时不准,但降低或提高半度、一度或更多一些音时却能唱准或唱得较准。

(4) 与歌曲旋律的进行有关。有的幼儿对跳动大的音或跳动多的地方或同音反复的地方不易唱准,也有的幼儿对 3 2 1 — ‖这样的级进也不易掌握。

(5) 与对歌曲的熟练程度有关。

(6) 与注意力有关等。

(二) 培养音准能力的补充教材与教法

1. 教材

在了解到幼儿学习唱歌的过程中音准能力的发展最缓慢后,我们感到除了在选材时要注意音域、定调等问题,以及在教唱歌曲时注意音准的培养外,还应该补充一些幼儿感兴趣的、简短的、有助于音准能力发展的小歌给幼儿唱,因此在中班初期到大班,我们陆续试用了以下一些教材。

(1) 一只小小老鼠(见下篇"幼儿歌曲"部分)。

这首歌主要是练习唱准两度、三度的音及最后两小节下行的音阶,音量是逐步加大并与旋律的上行、歌词情绪的逐步紧张等结合在一起的。

(2) 小铃铛(见下篇"幼儿歌曲"部分)。

这首歌的旋律主要是三度上行与下行,第五、第六小节因为是轻轻地摇小铃,铃声轻,唱得也要轻;后来用力摇了,铃声响,唱得也要响些。通过唱这样的小歌不仅能培养音准能力而且可以练习唱出比较明显的强弱对比及练习舌头的灵活性,同时还能培养幼儿正确换气。

（3）宝宝要睡觉(见下篇"幼儿歌曲"部分)。

这首歌的旋律中有较多的五度跳进,让幼儿练习在大跳时也能唱准音,同时还让幼儿学会轻轻地带有摇晃味道地唱哄娃娃睡觉的歌,最后娃娃睡着了,要唱得更轻、更慢。

（4）青蛙和小鸟(见下篇"幼儿歌曲"部分)。

（5）火车(见下篇"幼儿歌曲"部分)。

上面两首歌除了可以练习唱准 1 与 i 的音高外,还可以让幼儿练习在同一音多次重复的情况下也能唱准。

（6）鸭子叫(选用现成的曲调,见下篇"幼儿歌曲"部分)。

（7）小乐器(见下篇"幼儿歌曲"部分)。

以上两首歌幼儿要根据老师所问的内容来答唱,要求答句速度与问句相同并根据所问的内容而唱出 1、5、i 不同的音。

（8）叫声(见下篇"幼儿歌曲"部分)。

这首歌中有 1—5,1—6 的大跳,及 5、2、6 的同音重复。

（9）是谁在敲门(见下篇"幼儿音乐游戏"部分)。

2. 教法

由于音乐是一门听觉的艺术,看不见,摸不着,因此它比其他的艺术要抽象些、难理解些。不少幼儿在分辨音的高低时还会受日常生活中常用词义的影响把强的音、低的音说成是高音,而把弱的音、高的音反而说成是低音。对幼儿来说,又不可能通过单纯的或枯燥无味的方法来练唱音准,究竟应怎样结合幼儿的特点让他们在愉快的、富有趣味性的学习情况下,无形中得到练习呢?在我们试验的过程中曾采用了以下一些方法：

（1）借助动作帮助幼儿体会并唱出不同高度的音

从人们,特别是歌唱家们的演唱动作中常常可以看到这样的倾向：即唱到高音的时候常常伴随着产生出向上的动作,如头部向上抬起,或手臂向上举起等;而唱到低音时,头部又会自然向下。孩子理解事物往往需要通过直观,那么对音的高低是否可以让幼儿借助动作的高低来感受呢?在音乐课上我们试用了这一方法,例如唱《一只小小老鼠》时,让幼儿加上动作来感受声音逐渐变高,最后慢慢低下来。我们让幼儿开始唱时把双手放在腹前轻轻地合着节拍动着,唱到第三、四小节时,曲调升高了,双手也相应地在高一点的地方动作,同时由于音量也增加了,动作的力度幅度也要增加。到第五、第六小节时,声音又升高了,双手也进一步提高,移到胸前,力度也随之增加以符合音量的加大及紧张度的增强。到第七小节时声音到达了最高点,力度也是最强、情绪也是最紧张的地方,双手可举到头前方,做用力抓住老鼠的动作并结合音的下行、情绪的放松,音量的减小,双手顺势而下,放回原处。又如唱《青蛙和小鸟》及《火车》这类歌曲时,当唱"扑通、扑通跳下水"时,双手先做蛙跳动作,到"水"字时,双手向下指,因最后一个音是1,是低的音,动作也向下;而唱"扑扑翅膀向上飞"时,双手先做鸟飞动作,到"飞"字时,两臂上举,因最后一个音是í,是高音,动作也向上。同样,唱"进站了"时,双手向下,而"呜呜叫"时则双手上举,再如唱《鸭子叫》一歌时,可随着所唱的高度不同的音,手指的方向也有所不同。唱鸭子妈妈叫的1音时,向下指;唱鸭子哥哥叫的5音时向前平指;而唱小小鸭子叫的í音时则向上指以区别1、5、í三个不同的高度。

(2) 请个别幼儿答唱的方法

有的小歌是可以用问答方法唱的。在全班幼儿学会如何答唱的基础上可以抽叫个别幼儿答唱,并且一个紧接着一个地进行,被叫到的幼儿不仅要注意听老师问的是什么,而且要能合拍地、根据老师所唱的速度,准确地唱出应答唱的音。如问的是鸭子哥哥怎样叫?就要唱出 5 5 5 - | 的声音。这种方法幼儿非常感兴趣,常常全班幼
嘎 嘎 嘎,

儿都集中注意听被请的那个幼儿是怎样回答的,一旦答错了,或唱走了音,大家立刻就会发现,这样,回答时就要特别注意,无形中就进行了音准练习。

(3) 接唱的方法

《叫声》这首歌共有四句,每一句中又可分成两部分,在教会全班幼儿唱这首歌后,就练习"接唱"。开始可以一组唱一句,要接得好,唱得准。以后可增加难度,请八个幼儿接唱,如第一人唱"小黄狗在门口",第二人接着唱黄狗的叫声"汪汪叫",依次类推,第一句中有 1 到 5 的大跳,第三句中有 1 到 6 的大跳,这些都是难度较大的地方,而且有许多同音重复,要唱准这首歌并不是容易的事。但由于孩子对动物的叫声非常感兴趣,加上唱时可配上一点动作,如双手捂嘴学狗叫,双手抹胡须学猫叫以及用两手做小山羊的耳朵,两手做鸭子游水动作等,孩子非常喜欢唱这样的歌曲,在反复接唱的过程中唱歌的能力得到了培养与提高。

(4) 游戏的方法

游戏是幼儿非常感兴趣的一种活动。我们有意识地把音准的要求、接唱的要求编在带歌曲的游戏中,让幼儿在高高兴兴玩游戏时,不知不觉进行了练习。如"是谁在敲门"这一游戏,当甲(小客人)的幼儿,一开始就要以同样的高度唱三个音 $\underline{5\ 5\ 5}$ - | (砰砰砰),而当乙(小主人)的幼儿则要以同样的音高来接唱 $\underline{5\ 6\ 5\ 3}$ 5 - | 大班幼儿多数能做到这一点。

三、唱歌表情能力的培养

歌曲是表达感情的,强弱、快慢的变化是表达感情的重要手段。在教幼儿唱歌时,一方面要从歌曲的思想内容上启发幼儿,使之有所感受体会,另一方面也应教会幼儿一些最简单的强弱、快慢变化的技能,从而能更好地表达出歌曲的感情。

从小班起就应注意培养幼儿有感情地唱歌。中大班的幼儿唱歌的技能有所提高,教学时更可以提出一些要求。例如教唱《小猫你别吵》一歌时,最后一句要求幼儿要唱得轻一些,因为小猫很懂事,当它知道阿姨值了夜班,正在睡觉,就轻轻地走掉了,启发幼儿想像出这一情境,他们也能相应地轻声唱最后一句。又如教唱"钟"这首歌时,最后一句"我家的钟儿会唱歌"要求幼儿逐渐放慢并把"歌"字稍加延长,到最后的"滴答滴答滴"时,再回原速,幼儿能唱得很有味道。《山谷回音真好听》这首歌,有明显的强弱之分,大班幼儿完全能分出强弱部分,而且唱"回音"部分时,自发地身体及头部稍向前、向下倾,唱得很像在仔细倾听远处传来的回音似的。唱《颠倒歌》时,幼儿能把"蚂蚁扛大树"唱得蚂蚁真像是个大力士一样,扛着大树迈步前进,而"大象没力气"这一句,听起来大象却真像是有气无力,什么也抬不动似的。

我们不仅在教上述这些歌曲时注意培养幼儿要唱得有感情,唱出强弱、快慢的变化,在唱前面所列举的,有助于音准培养。简短小歌时也注意提醒幼儿要把强弱、快慢唱出来,有的还借助动作来感受这些最简单的表现手段。如唱前面曾讲到过的《一只小小老鼠》这歌时,随情绪的逐渐紧张,声音的上行,幼儿的音量也随之增加,同时双手的位置,动作的力度、幅度也有所不同。

除了音的强弱、快慢之外,音的长短、不同的节奏对表达歌曲的感情也很有影响,但幼儿在掌握附点音符、弱起小节或弱拍的后半拍起唱上却常常有困难、不准确。为此我们曾编了这样的小歌给幼儿唱。

(1) 马儿跑(见下篇"幼儿歌曲"部分)。

这首歌中的附点节奏比较形象地表示着马儿奔跑时的马蹄声,幼儿很感兴趣,加上有赶马时挥鞭叫"驾"以及要马停下时发出的"吁"声,这就使幼儿能边唱边富有想像地动作。唱这首歌不仅帮助幼儿掌握附点节奏而且也让幼儿有机会练习唱出渐强、渐弱、渐快、渐慢的技能。

(2) 有个小朋友(见下篇"幼儿歌曲"部分)。

这首歌第二小节的第二拍是休止半拍后再唱的。这种唱法对幼儿来说是比较难掌握的。最后两小节的节奏可以根据歌词的内容而变化。如唱"走起路来",因走路速度稍慢,后面则用一拍一个字的唱法;"跑起步来",因跑步速度较快,后面可用半拍一个字的唱法;其他如小手敲起锣来哐哐哐,用慢的唱法,打起鼓来咚咚咚咚咚,则用快的唱法等。在唱熟之后,还可以用接唱的方法唱,这时要求就更高了。

四、三年来音准能力测验成绩及进步情况

从上述材料中可以看出,在唱歌中,幼儿音准能力的发展最缓慢。因此,我们尝试着以音准的发展为主要内容来检查幼儿经过三年教育后唱歌音准的能力究竟如何。

为此我们进行了两种调查。

第一种调查:设计出五个短小的乐句,小班结束后,1980 年 9 月进行第一次测验,以后中班末期、大班末期也各进行一次,以了解每个幼儿音准能力逐年进步的情况。

测验材料:

$1=C\ \dfrac{2}{4}$

1. $\underline{1\ 2}\ \underline{3\ 4}\ |\ 5\ -\ |\ \underline{5\ 4}\ \underline{3\ 2}\ |\ 1\ -\ \|$

2. $\underline{1\quad\ 3}\ |\ 5\ -\ |\ \underline{5\quad\ 3}\ |\ 1\ -\ \|$

3. $\underline{1\ 5}\ \underline{5\ 5}\ |\ 1\ -\ |\ \underline{1\ 5}\ \underline{5\ 5}\ |\ 1\ -\ \|$

4. $\underline{3\cdot\ 4}\ \underline{5\ 3}\ |\ 1\ -\ |\ \underline{3\cdot\ 4}\ \underline{5\ 3}\ |\ 1\ -\ \|$

5. $\underline{1\quad 1}\quad 1\ |\ 1\ -\ |\ \underline{3\quad 3}\quad 3\ |\ 3\ -\ \|$

其中有级进、小跳、大跳等。

评分标准：一个音算 1 分，错一个音扣 1 分，总分为 44 分。

测验结果：

三年来音准进步情况

成绩(分) 测验日期及人数	0～10		11～20		21～30		31～40		41～44	
	人数	%	人数	%	人数	%	人数	%	人数	%
1980 年 9 月 (小班)63 人	12	19.0	15	23.8	17	27.0	15	23.8	4	6.3
1981 年 6 月 (中班)63 人	5	8.0	5	8.0	13	20.6	23	20.6	17	27.0
1982 年 6 月 (大班)63 人	1	1.6	5	8.0	8	12.7	12	19.0	37	58.7

注：受测验的是连续三年都在试点班的幼儿，成绩是按分数计算的。

从上表中可看出，幼儿在音准方面进展虽慢，但逐年都有所进步，到大班末期有一大半幼儿能比较准地唱出测验材料。同时还看到幼儿音准能力的发展上有这样一些情况：有的幼儿入园时音准就好，三年后仍获得优良成绩；有的原来音准很差，三年后有很大进步，甚至获得满分；但也有极少数幼儿入园时音准就差，三年后虽有一些进步，但仍存在明显走音现象。从这里可看出，幼儿音准能力发展上也存在着很大的个体差异。

第二种调查：设计出一简短的曲调，除对试点班中连续三年在园的幼儿进行测验外，另外在本园同年龄班及本市其他区公办园同龄班中也找出连续三年在幼儿园接受教育的幼儿进行测验，比较其水平。

测验材料：

$1=C\ \dfrac{2}{4}$

| 1 5 5 6 | 5 1 | 1 2 3 4 5 6 | 5 — | 2. 3 4 6 |
| 5 3 | 5 5 4 | 3 2 | 1 — ‖

曲调中也包括有大跳、小跳和级进。

评分标准：一个音算1分，错一个音扣1分，满分为25分。

测验结果：

从测验的结果中可以看出，试点班幼儿无论是各班分别与本园中情况相同的幼儿相比，或三个试点班幼儿合起来与其他区某些公办幼儿园中情况相同的幼儿相比，成绩都较高，而南京市的公办幼儿园所采用的音乐教材及教法，大致相同，但试点班还试用了一些补充教材与教法。三个试点班幼儿音准能力较好的原因与三年来教师注意音准能力的培养及相应地采用了一些新教材与教法有着一定的关系。测验结果见下表。

与本园同年龄班中连续三年在园幼儿成绩比较

园 名	组 别	人 数	音准成绩	
			平均分	标准差
太平巷	试点班	19	19.5	5.68
	非试点班	24	12.5	8.09
商业局	试点班	22	17.8	7.25
	非试点班	19	14.5	6.44

三个试点班连续三年在园幼儿与本市其他区
公办园同年龄中连续三年在园幼儿成绩比较

组 别	人 数	音 准 成 绩	
		平均分	标准差
试点班	55	18.2	6.21
鼓楼区非试点班	53	13.9	7.14
白下区非试点班	61	13.1	7.2
秦淮区非试点班	52	11.9	6.88

节奏感的培养

一、培养节奏感的途径与方法

节奏是音乐的骨骼,从音乐的发展上看,也是先有节奏、旋律最后有和声;节奏也是舞蹈的支柱,没有节奏也不可能有舞蹈。发展幼儿的音乐能力,培养与发展幼儿的节奏感是极为重要的一环。

儿童天生有一定的节奏感,但并不精细,要能准确地掌握音乐中的节奏,还必须有意识地培养与训练。因此,幼儿园的音乐教学中,在音乐能力的发展上,节奏感的训练是一个很重要的环节。

对节奏的感受不是单靠视觉与听觉就能完成的,感受节奏的主要基础是运动觉,因此,在培养与发展幼儿节奏感时就不能脱离肌肉活动,不能没有动作。最初可以从大的动作、大的肌肉活动开始,逐步到细小的动作,甚至当发展到更高水平时,可以将动作内化,外表上看不出什么动作,可是内里却有着鲜明的、细致的节奏感,运动觉仍在起着极为重要的作用。

基于这样一种认识,我们特别重视用各种活动来发展幼儿的节奏感。三年中我们是通过下述的途径与方法来发展幼儿的节奏感的。

(一)加强听音动作

从入园的第一天起就注意让幼儿听着音乐拍手以及做各种熟悉的、简单的、上肢的、大幅度的动作,如打鼓、吹号、洗脸、刷牙、梳头等。还创编了带有一定主题、在一首曲调中要变换几个动作并要求连贯起来做的听音动作,如《洗手帕》《敲锣打鼓放鞭炮》等。每次动作之前,老师弹乐曲的最后一句,然后要求幼儿整齐地开始。常进行此类训练,幼儿不仅能合拍地动作,而且对乐曲的终止比较敏感,听完最后一句后能及时开始动作,同时听到终止的部分时也知道立即停止动作。在做"洗手帕"动作时,知道最后一个音时要把手帕晒起来(双手高举)。在做《敲锣打鼓放鞭炮》时也能比较准确地在最后一小节口呼"嘭、啪",同时手臂配合着做出先向下再上举的动作。

在小班第一学期结束前曾进行过一次测验,用同一首新的进行曲,由我一人弹奏,要求听完最后一句后,开始听音乐拍手。从测验中可看出试点班幼儿能及时开始和及时结束的人数以及拍手时合拍的人数都较非试点班多。详情见下表:

测验日期	班级	人数	动作合拍		不能及时开始		不能及时终止	
			人数	%	人数	%	人数	%
1980年1月	试点班	97	78	80	4	4.1	9	9.2
	非试点班	60	44	71	34	54.0	15	24.0

到中、大班时,在听音动作中还增加了难度,例如在做摘苹果动作时,要求幼儿不仅动作合拍而且能随音乐速度的变快或变慢而改变自己动作的速度。对这一变化可以形象地对幼儿讲,叔叔阿姨到苹果园摘苹果,开始时一个一个地摘;看到苹果很多,心里很高兴,要赶快多摘一些,动作也就要快些;最后苹果摘得差不多了,再慢慢仔细找找,把没有摘的摘下来,那么动作就慢一点。

另外也注意培养幼儿对强拍的感受,"摘"的动作在强拍上,"放"的动作在弱拍上。我们曾经尝试过用这样的方法帮助幼儿注意感受强弱拍,例如故意不给开始动作的信号,让幼儿自己听着音乐,看看该怎样动作,老师予以指导。另外,音乐不中断,连续弹奏,请一个小朋友发纸做的小篮子,谁拿到篮子就开始摘,要求动作不仅合拍,而且在强拍上做摘的动作。经过这种培养,有的幼儿能够比较准确地在强拍上做摘的动作;有的幼儿有时虽做错了,但知道调整,而调整的方法也多种多样,或是停顿一下,或是多重复一个动作。不过仍有幼儿对强弱还是不敏感,当别人都做摘的动作,他却做放的动作,始终与别人相反,并不感到颠倒强弱拍有什么不舒服。

(二)重视打击乐

过去由于物质条件不足,难以为全班每个幼儿提供打击乐器,以及进行这项活动准备工作繁忙等种种原因,有的幼儿园很少让幼儿打击乐器,即使有这项活动,多半也从中大班开始。这次,我们在幼儿入园一个月后,就开始全班性地练习打击乐器,开始让节奏感好一些的孩子打比较主要的乐器如铃鼓、小铃、大鼓等,其余幼儿每人都有一个小塑料摇摇响当乐器随音乐拍打。这种打击乐器的活动对培养幼儿节奏感起很大作用,同时也引发幼儿对节奏活动的兴趣。随着幼儿年龄的增加,音乐能力的发展,打击乐的难度也逐步提高。

(三)多做表演动作

小班幼儿非常喜欢边唱边做动作,有的甚至学唱新歌时,就自发地做起动作来。这种边唱边结合歌曲内容做些相应动作的活动不仅能加深对歌词的记忆而且也有助于节奏感的培养。虽然幼儿也经常听乐曲拍手、做动作,但由于乐曲一般都比歌曲长,有的幼儿开始能合上拍,到中途有时就乱套了,而为歌曲配动作时动作较形象,往往一句里重复做两次或四次同一动作,句与句之间动作要规律、平衡、对称,故幼儿容易掌握,也容易合拍,因此在小班,凡是能配上动作的歌曲,我们都尽量配上动作让幼儿练习以加强节奏感的培养并为将来学习更加优美的动作打基础。中大班时幼儿虽然仍进行这种活动,但所配的动作稍为难一些,要求做得自如、优美和富于感情。但这时并不是每首歌都要配动作,有些以唱为主时就不需要配动作。

(四)用各种拍节奏的方法加强节奏感的培养

1. 按歌曲的节奏拍手

小班幼儿在听乐曲拍手时,若是 $\frac{4}{4}$ 拍的曲调,多半每两拍拍一次手。到中班,我们开始尝试让幼儿边唱熟悉的歌曲边拍出该歌曲的节奏,即要拍出曲调中每个音不同的长短。老师先教幼儿如何拍,当幼儿懂得拍法以后,老师可以不唱歌曲,仅拍某首熟悉歌曲的节奏让幼儿猜。开始可先指出一定的范围,如告诉幼儿是某两首中的一首,以后可把范围扩大。幼儿对这一活动也很感兴趣,能力强的幼儿在游戏时间里还会互相拍歌曲的节奏给对方猜。

2. 边唱边拍具有不同节奏特点的小歌

中班开始,我们曾创编了一些具有不同节奏特点的、有对比性的小歌让幼儿边唱边拍。如:

(1) 大熊大象走,小兔青蛙跳(见下篇"节奏活动、基本舞步"部分)。

(2) 猫走,猫跑(见下篇"节奏活动、基本舞步"部分)。

以上两首小歌的曲调中,有的音长,有的音短,对比明显,有助于节奏感的培养。

(3) 汽车、火车(见下篇"节奏活动、基本舞步"部分)。

这首歌中,汽车、火车的节奏有所不同,比较形象,儿童很感兴趣。

3. 老师拍出简单的节奏让幼儿重复

开始可拍简单的两小节的节奏如:X　　X |X X X ‖ 或 X X X | X X X ‖ 等让幼儿重复拍出此节奏。为了引起幼儿的兴

趣,还可以让幼儿打鼓或拍铃鼓等来重复老师的节奏。可以全班练习,小组练习,以及请个别幼儿练习,在有一定基础后可尝试拍四小节,其中可以有重复的部分,如:x x x | x x x | x x x x | x - ‖ 或 x　x | x　x | x x x x | x - ‖ 等。在幼儿基本掌握这些简单的节奏后,还可以让幼儿自己拍出节奏给其他幼儿模仿。

二、三年末节奏测验成绩

与对音准能力的了解一样,我们也进行了两种调查。

第一种调查:设计出五条两小节一组的节奏,小班结束后,1980年9月进行第一次测验,以后中班末期及大班末期各测验一次,以了解每个幼儿节奏能力逐年发展情况。

测验材料:

1. x x x | x x x ‖
2. x　x | x x x ‖
3. x x x x | x - ‖
4. x. x | x x ‖
5. x x x | x - ‖

其中有八分、四分、二分、附点音符及切分节奏等。

评分标准:一小节算1分,错一小节扣1分,满分为10分。

测验结果(见下页的表格):

从下表中可看出,幼儿节奏能力逐年有所进步,小班时成绩在0~7分的有35人,而8~10分的仅28人,其中得10分的仅6人。而到大班时,0~7分的一个也没有,全部在8分以上,其中10分的有47人,三年节奏感的发展较大。

另外,将音乐节奏感的发展与音准的发展相比较,就可看出,幼儿掌握音准的能力还是比较差的。在音准上,三年末,接近满分,即41~44分的仅占27%,其中得44分的仅占19%。

三年来节奏进步情况

成绩(分数) / 测验日期及总人数	0 人数	0 %	1 人数	1 %	2 人数	2 %	3 人数	3 %	4 人数	4 %	5 人数	5 %	6 人数	6 %	7 人数	7 %	8 人数	8 %	9 人数	9 %	10 人数	10 %
1980年9月 小班 63人	4	6.3	3	4.7	2	3.1	7	11.1	5	7.9	3	4.7	8	12.6	3	4.7	15	23.8	7	11.1	6	9.3
1981年6月 中班 63人											1	1.5			1	1.5	4	6.3	14	22.2	43	68.2
1982年6月 大班 63人																	1	1.5	15	23.8	47	74.6

第二种调查：与音准调查一样，以测验音准时所用曲调的节奏为测验材料。测验对象即音准测验的对象，都是连续在幼儿园中接受过三年教育的同年龄班的幼儿。

测验材料：

1. ×× ×× │×   × ‖
2. ×××× ×× │× － │
3. ×. × ×× │×   × │
4. ×× ×× ×× │× － │

节奏中有八分、四分、二分、十六分以及附点音符，也有切分节奏，测试者拍两小节，被测幼儿重复此两小节，以一拍为1分，错一拍则扣1分，满分为16分。

测验结果：

与音准情况差不多，无论与同园其他非试点班情况相同的幼儿相比或三个试点幼儿合起来与其他区公办园中情况相同的幼儿相比，成绩都较高，这与试点班幼儿三年来重视节奏感的培养，以及试用了加强节奏感的一些教材，改进一些教学方法有密切关系。另外，试点班幼儿曾经过几次节奏测验，非试点班幼儿虽测验前也练习过一次，但毕竟也要少几次，这一因素尽管不是主要的，但可能也会稍有影响，然而即便估计了这一影响，成绩的差距仍是明显的。

测验结果见下列的表格。

成绩分布情况

班级 \ 成绩(分数)人数百分比	0～7		8～16	
	人数	百分比	人数	百分比
小班	35	56	28	44
中班	2	3	61	97
大班	0	0	63	100

与本园同年龄中连续三年在园幼儿成绩的比较

园名	组别	人数	节奏成绩	
			平均分	标准差
太平巷	试点班	19	13.7	2.72
	非试点班	24	8.7	4.8
商业局	试点班	22	14.2	2.18
	非试点班	19	8.4	3.91

三个试点班中连续三年在园幼儿与本市其他区公办幼儿园同年龄班中连续三年在园幼儿成绩的比较

组别	人数	节奏成绩	
		平均分	标准差
试点班	55	13.8	2.76
鼓楼区非试点班	53	8.75	4.26
白下区非试点班	61	9.9	3.94
秦淮区非试点班	52	9.8	4.09

另外,从测验中还可看出,各幼儿园都有这种现象,即第一句能拍对的幼儿数最多,因这一句中主要是八分与四分音符。拍第二句中的十六分音符时,不少幼儿只拍三下。第三句中的附点节奏掌握不好。第四句中的切分 X X X ‖常常拍成 X X. ‖,少了一下。详细统计见下页表格。

音乐感受力的培养

音乐是反映现实生活的,是通过各种音乐表现手段如音的高低、长短、强弱、快慢、调式、调性等等来表达一定的思想内容,特别是人们的感情、体验的。我们听音乐时,不仅感受这些高低、快慢不同的声音,而且更重要的是通过这些表现手段来感受它所表达的思想感情。

音乐的感受力与各人的生活经验、音乐修养水平有着密切关系。我们对幼儿进行音乐教学时,不只是要教给幼儿一些简单的唱歌、舞蹈的技能,还应该特别注意培养对音乐的感受能力。

不同节奏正确的人数情况

节奏 人数及百分比 班级与总人数	第一句(八分及四分音符)		第二句(十六分音符)		第三句(附点音符)		第四句(切分音)	
	人数	百分比	人数	百分比	人数	百分比	人数	百分比
五台山14人	13	92.9	10	71.4	13	92.9	11	78.6
商业局试点班22人	21	95.5	15	68.2	17	77.3	16	72.7
商业局非试点班19人	18	94.7	8	42.1	2	10.5	5	26.3
太平巷试点班19人	19	100	15	78.9	14	73.7	15	78.9
太平巷大二班24人	19	79.2	10	42.0	10	42.0	6	25.0
中华路三个大班52人	44	84.6	22	42.3	20	38.5	14	26.9
九条巷三个大班61人	55	90.1	26	42.6	17	27.9	19	31.1
二幼大三班13人	6	46.2	6	46.2	7	53.8	3	23.1
二幼大一班17人	16	94.1	6	35.3	11	64.7	6	35.3
代代红23人	17	74.0	8	34.8	6	26.0	7	30.4

在幼儿时期,感受力的培养上究竟可以提出一些什么要求?通过

哪些途径,采用什么教材教法合适呢？在这三年中曾进行了一些尝试,摸索了一点经验,这里提出几点主要的看法供大家研究。

一、音乐感受力要在一切音乐活动中进行培养

能力是要通过活动来培养与发展的。幼儿的音乐感受力的提高也需要老师在进行各种音乐活动时有意识地去培养与发展。这三年来,我们除了在唱歌教学中注意引导幼儿感受歌曲的思想感情、强弱、快慢等表现手段外,还通过大量的听音动作、音乐游戏以及欣赏等来培养幼儿的感受力。

例如,在小班,我们就编了"小朋友散步"的音乐游戏让幼儿玩。幼儿听着柔和的《摇啊摇》一歌的曲调就做睡觉的样子;听着上行的琶音时伸出手臂象征太阳出来了,天亮了,同时也表示小朋友起床了;接着随着四四拍的音乐轻松地走步表示散步;忽然琴上发出几个低沉的声音：似乎是打雷了,赶快看看天变了没有？有没有乌云？是不是要下雨啦？紧接着滴滴答答表示雨点的音乐出现时就要连忙往家里跑,不要给雨淋湿。在教这个游戏时,不仅讲解了情节,而且引导幼儿去注意倾听代表不同活动内容的音乐,并要求幼儿要听音乐的变化而改变自己的动作。因此,当幼儿兴高采烈地玩这一游戏的同时,音乐的感受力也随之得到培养与发展。

又如：我们还编了《老公公、解放军、小姑娘走路》的听音动作,要求幼儿听到缓慢而稍低沉的音乐时,就做老公公走路;听见雄壮而有力的进行曲时,就当解放军,边走边做一些打枪的动作;而听着欢快的、轻松的乐曲时,则做小姑娘拍着手高兴地走路。类似这类的活动还编有《快乐的小熊》,幼儿要根据曲调的不同如缓慢的、活跃的以及快速的而相应做熊走路、熊跳舞和熊骑自行车等不同的动作。在做这类听音动作或音乐游戏时,动作的顺序并不固定,老师可以随便改变,如：这次先是熊走路、熊跳舞、熊骑车,而下次却是熊骑车、熊走路最后熊跳舞等,目的是锻炼幼儿的听觉,培养幼儿对音乐性质有较敏锐的感受力。

再如《老鹰捉小鸡》《捉小鱼》等音乐游戏里都有两种或三种对比性质的音乐,如鸡走路与老鹰飞,鱼游水、吃食及网鱼时的急促音乐

等。幼儿玩这些游戏时必须根据音乐做不同的动作。另外,我们还用"谁的耳朵灵"的方法让幼儿在听见高音区的声音时,就将双手举在上面,合拍挥动,听见低音区的声音时双手放到下面挥动;听见强的声音时做打鼓动作,听见弱的声音时做指尖相碰、打小铃的动作;听见长的、慢的声音时双手拉开,像妈妈绷毛线似的,听见短的、快的声音则双手胸前绕动,像妈妈快速绕毛线似的,等等,以此来发展幼儿辨别音的高低、强弱、快慢的能力。

其他还有许多,不一一列举了。幼儿由于自小班起就经常做这类听音动作及玩一些需要根据音乐变化而改变动作的游戏,因此,音乐的感受力初步得到发展,为以后进入中、大班更细致地辨别音乐性质打下了基础。

到了中班、大班,由于幼儿年龄的加大,感受音乐的经验逐步地增加,因此专门的欣赏活动在感受力的培养上其作用也逐步上升,愈来愈占重要地位。因此,在欣赏教学中就不能只是简单地唱首歌或弹个曲子、放张唱片给幼儿听听而已,而是要做很多的工作去发展幼儿的感受力。

为了了解幼儿感受力发展的情况,我们曾进行过一些调查测验。

第一次调查:是在小班幼儿接受了一年的音乐教育后,刚升入中班时进行的,时间在1980年9月。

调查内容与方法(共三项):

(1) 对音的强弱、高低、长短的辨别能力。要求儿童听见强音时做打鼓动作,弱音时做打小铃动作;听见高音时举手挥动,低音时手放下挥动;听见长音时停下来闻花,短音时小跑步去找别的花。

(2) 对代表三种不同动物——熊、兔子、小鸟的音乐的认识能力。测验时将有关熊、兔子、小鸟的图放在被试幼儿面前,帮助他去联想。

(3) 对三种不同性质的音乐——舞曲、进行曲、摇篮曲的识别能力。只要求幼儿用动作来表示自己的感受,如:听见摇篮曲能做哄娃娃睡觉的动作,听见舞曲能跳舞或拍手,听见进行曲能走步,或打枪等。并不要求说出是什么体裁、性质。将画有解放军、小姑娘跳舞及小朋友睡觉的三张图片放在被试幼儿面前,帮助建立联想。

调查对象：由于第一次尝试，故未在全班进行，而是在各试点班选出有代表性的——好、中、差幼儿各4名，两男、两女，每班共12名——进行调查，以便总结经验再扩大到全班进行。除试点班外，在另一非试点幼儿园也测验了12名幼儿。

调查结果：三项测验内容分别见下列三个表格。

对音的强弱、高低、长短的感受力

班级＼测验内容＼人数	强弱				长短				高低			
	全对	部分对	全错	不做	全对	部分对	全错	不做	全对	部分对	全错	不做
非试点班	8	2	1	1	5	6		1	6	4	1	1
试点班（商业局幼儿园）	11	1			12				11	1		
试点班（太平巷幼儿园）	12				10	2			9	3		
试点班（五台山幼儿园）	10	2			10	2			12			

对表示熊、兔、小鸟的不同音乐形象的辨别能力

班级＼测验内容＼人数	表示兔的音乐		表示熊的音乐		表示鸟的音乐	
	正确	错误	正确	错误	正确	错误
非试点班	5	7	8	4	7	5
试点班（商业局幼儿园）	7	5	8	4	8	4
试点班（太平巷幼儿园）	9	3	11	1	9	3
试点班（五台山幼儿园）	4	8	11	1	6	6

对不同性质乐曲的辨别能力

测验内容 班级　　人数	舞曲		摇篮曲		进行曲	
	正确	错误	正确	错误	正确	错误
非试点班	3	9	8	4	4	8
试点班 (商业局幼儿园)	9	3	11	1	10	2
试点班 (太平巷幼儿园)	7	5	9	3	8	4
试点班 (五台山幼儿园)	10	2	12	0	10	2

从上述三个测验中可看出,即使是小班末期的幼儿,经过一年有意识的培养教育后,基本上对音的高低、强弱、快慢(差别比较明显的)能有一定的辨别能力;在有图片的帮助下,大部分幼儿对代表熊、兔、鸟的不同的音乐也能加以区分(容易混淆的是兔跳音乐与鸟飞音乐);对不同性质的舞曲、摇篮曲、进行曲也能辨别(容易混淆的是进行曲与舞曲)。

第二次调查:第一次调查只是在小范围之内进行的(每班仅12人),这次则在全班进行,了解中班幼儿感受力发展的情况。第一次测验在1981年1月,第二次测验在1981年6月。

测验内容与方法:

基本上与小班相同,仅将辨别音的高低、强弱、快慢一项取消了,在要求上却有所提高。如:

测验对代表三种不同动物——熊、兔、鸟的音乐的辨别能力时,每种动物用两首乐曲,熟悉的与不熟悉的乐曲各一首。并且不用图片帮助,要求用动作做出或用语言说出是代表什么动物的音乐。

测验对不同性质的摇篮曲、进行曲、舞曲的辨别能力时,每种性质的音乐也都有两首,熟悉的与不熟悉的各一首,不用图片帮助,要求用动作(哄娃娃睡觉、解放军走路、小朋友跳舞等)表示或语言说出。

测验结果:

第一次测验结果。第一次测验时三个试点班共 90 人参加。有 54 人对不管是熟悉的也好,不熟悉、未听过的也好,一听就能完全清楚地分辨出。其中有许多幼儿反应非常快,刚一听见几个音就能辨别出来,马上相应地做出动作——熊走、兔跳、鸟飞或哄娃娃睡觉、解放军打枪、走路及小朋友跳舞等,有 36 人只产生一点错误,主要发生在鸟飞与兔跳、舞曲与进行曲上。

第二次测验结果。第二次的测验仅让第一次测验时产生错误的幼儿参加,重点测验弄错的地方。共 36 人,其中 28 人有进步,能完全清楚地分辨,仍有 8 人将舞曲与进行曲混淆。(这里有一点要说明,原来计划,测验中所要用到的材料,平时一律不用,但有一个班级忽略了这一点,曾采用了一首舞曲的音乐,故第二次测验中这一点对该班个别幼儿舞曲的分辨能力统计上稍有影响)

除了上述的两次调查外,在中班期间,正好南师附属五台山幼儿园招收了十名插班生,因此,借这机会将班上从小班就开始上幼儿园的幼儿与中班时的插班生感受力发展的水平进行了比较,测验内容与方法同第二次调查。

测验结果:

老生 23 人。

1981 年 1 月第一次测验时 18 人全对,7 人产生错误,共 8 处。

1981 年 6 月第二次测验时全部正确。

插班生 10 人。

1981 年 3 月第一次测时 9 人弄错,共错 55 处(每人错的次数由 2 处到 12 处不等)。

1981 年 6 月第二次测验时 10 人弄错(第一次未错的人又发生错误),共错 23 处(每人错的处数由 1 处到 8 处不等)。比起第一次测验有所进步,但成绩远不及老生。

南师附属五台山幼儿园老生与插班生感受力比较

	测验日期	测验对象	测验人数	产生错误人数		产生错误处数
				人数	%	
第一次	1981年1月	老　生	23	7	30.4	8
	1981年6月	插班生	10	9	90	55
第二次	1981年3月	老　生	7	0	0	0
	1981年6月	插班生	10	10	100	23

从上面的测验中可看出,音乐的感受力不是自发的随年龄的增长而产生的,乃是要精心培养的。五台山幼儿园10名插班生中,2名未上过幼儿园,其中1名来自农村,8名上过民办或厂办幼儿园。他们由于过去未接受这方面的培养,尽管到了中班年龄,但感受力却与受过培养的同年龄幼儿相差甚远,有一幼儿全部错误,分辨不出,第二次测验有所进步,但错误仍较多。

二、肌肉活动在感受音乐性质中起重要作用

音乐性质往往是通过旋律上、节奏上、力度上、速度上等各方面的不同组织方式和变化而体现出来的,而这些差异与变化有许多是可以通过肌肉活动来感受的。幼儿年龄愈小,在感受音乐及辨别音乐性质时,愈需要有肌肉活动参加。从听听动动到多听少动最后可以到只听不动(外部虽不动,但身体内部的肌肉活动等还会存在的)。在给幼儿欣赏音乐时,除了充分地运用视觉、听觉去观看以及倾听老师的演唱、演奏外,如果再有机会让幼儿听了之后能随着不同性质的音乐做些相应的动作,有运动觉参与感受,这将会大大提高幼儿对音乐的感受能力。在这三年中,我们在进行欣赏教学时,常常有意识地安排一个环节给幼儿随音乐做他们自己想像出来的、合乎音乐性质的动作。例如在听摇篮曲之后,让幼儿随音乐做各种哄娃娃睡觉的动作;听了进行曲之后,让幼儿随音乐做走步或其他开枪、轰炮等动作;听了舞曲后让

幼儿随音乐跳跳舞等。

在平日对音乐课的观察中,我们也可以看出肌肉活动、听着音乐做动作对帮助幼儿感受音乐的性质能起一定的作用。这里举三个例子。

(1) 商业局小班贺炎小朋友,在听摇篮曲做动作时,曾更换了四种不同的动作:抱着娃娃摇晃、拍娃娃、推动小摇篮以及最后音乐快结束时,做出合上两手放在脸旁睡着了的动作。从这里可看出肌肉活动能帮助他去感受音乐的性质,因为柔和的摇篮曲中,不适合去做开枪、打炮的动作。当然,他之所以做出上述四个动作,而不是做跳舞或其他解放军的动作,也说明这名幼儿已经能识别这一性质的音乐能用相应的动作反应,这中间相互有着影响。

(2) 五台山幼儿园一次在欣赏舞曲时,有一小朋友把它说成是摇篮曲,蒋熙小朋友立即双手做抱娃娃的动作快速摇动着反驳说:"能这样快地摇娃娃睡觉啊?"这里说明,她尽管未能用语言来说出什么性质,但已经感受到摇篮曲是慢的,不像舞曲那么轻快、活跃,能用动作表现出她的感受。

(3) 商业局幼儿园一次在欣赏《狐狸与兔子》的钢琴曲时,乐曲一开始幼儿就轻微地随着音乐做起狐狸走路的动作,到第五小节同一曲调但提高了八度时,幼儿由于听出声音提高了就以为是兔子出来了,连忙随音乐做出兔跳动作。但到第九小节真正是兔跳音乐时,小朋友开始感到不对头了,发现自己刚才早做了兔跳动作有问题。在第二遍重复让幼儿再听时,在弹到第五小节,当表示狐狸的旋律提高八度时,比较敏感的幼儿知道这并不是兔子出来而是狐狸走,就不再做兔跳动作而是继续做狐狸走,但仍有七八个幼儿照旧弄错还是改变成兔跳动作,但这一次动作的错误使他们有了更深的印象。到第三遍听这一音乐时,所有的幼儿都改正过来了,仅一个插班的孩子继续弄错。这一例子也说明轻微地随音乐动作并没有影响幼儿对音乐的感受,而是能帮助他更好地去体会音乐的性质。

除了平日对音乐课的观察外,我们还进行了一次调查,了解肌肉活动在感受音乐性质中的作用。

调查方法：在两个试点班即商业局幼儿园与五台山幼儿园之间进行比较。

五台山幼儿园：分别欣赏《大路歌》《船夫曲》，每次除老师弹奏乐曲、提问、解释，随音乐示范做拉车、背纤动作外还让幼儿听着这两首音乐做自己想出的有关拉车、背纤等劳动的、用力气的动作，例如听《大路歌》时，有的孩子做拉车向前走或向前走走，又回过头来拖拖车子等动作，大家都使出劲儿来做这些动作，也就是说有机会充分通过肌肉活动来感受这一沉重、吃力的劳动动作。

商业局幼儿园：用同样的教材，同样的方法，只是最后有意识不让孩子随音乐做劳动的动作。

过一个多星期后逐个给幼儿听性质相同的《打长江》一歌，了解幼儿是否能说出这一歌曲的性质。

从调查中可以看出，肌肉活动在帮助幼儿感受音乐性质中起重要作用。五台山幼儿园的小朋友听了新的、劳动性质的音乐后，许多幼儿能立刻说出是"劳动的音乐"，或具体说是"拉车子的音乐"、"拉砖头的音乐"；而商业局幼儿园的小朋友由于没有肌肉活动的感受，回答时反应较慢，甚至辨别不出或辨别错误。从这一现象中可以看出，由于有肌肉活动参与感受，幼儿就能感受得更深刻，并能更容易地迁移到未听过的、新的同一性质的音乐作品中去。调查情况见下表。

幼儿园 \ 辨别力人数百分比	第一次听后能辨别		启发后能辨别		辨别不出	
	人数	%	人数	%	人数	%
五台山幼儿园 25 人	16	64.0	9	36.0	0	0
商业局幼儿园 24 人	9	37.6	4	16.6	11	45.8

肌肉活动在帮助幼儿感受音乐的性质中具有重大作用，但并非无论什么班都要有一样分量的动作。年龄小的班级与年龄大的班级可有所不同。年龄大的班级在积累了一定经验后，也可以少动或不动以

便更好地去欣赏音乐。

三、对照与比较能提高幼儿分辨音乐性质及细小差别的能力

为了使幼儿更好地听出音乐的不同性质和其中的差别,我们常常用对照、比较的方法。开始比较差别大的,以后比较差别小的,如:先用熊走的音乐与兔跳音乐比,与鸟飞音乐比,然后再用兔跳与鸟飞比。又如摇篮曲与差别大的舞曲比,与进行曲比,然后再用差别小一些的进行曲与舞曲比。

到大班时,由于在小班、中班时进行了不少辨别音乐性质的活动,五台山幼儿园还进一步尝试了在舞曲中辨别蒙古舞、新疆舞及西藏舞的区别。开始也是两种相比,以后将特点明显的上述三种舞曲进行比较,许多幼儿能辨别。

还尝试了让幼儿分辨比较熟悉的、典型的三段体的音乐如打击乐中曾用过的《儿童舞曲》《进行曲》等,最后用《我爱北京天安门》进行测验,让幼儿边听边用举出手指的方法表示听出了段与段间的不同。如听第一段时举出一个手指,进入到第二段时举出两个手指,再到第三段时举出三个手指(这种方法在音乐课中,进行分辨三段体的教学时曾采用过)。受测验的25人中,有13人能清楚地辨别出,有的幼儿能说出:"中间一段与两边不同。"有的说:"第一段和最后一段是一样的,第二段不同。"还有的说他之所以分出三段是因为"第一段后面有一个音,第二段后面也有一个音",指"1"音。还有幼儿说:"第一段后面有一个断的地方……"

四、让幼儿用语言谈谈自己的感受不仅使幼儿有运用想像,练习语言表达的机会,也可使老师了解幼儿是如何感受的,还可起到交流的作用

幼儿会用自己的、很形象的语言来表示自己的感受。小班的孩子,在听完了进行曲后,问他们听了这音乐最想做什么时,有的孩子说:"我想甩膀子。"意思是听了音乐想有精神的走步。中班、大班的幼儿听了进行曲会说:"是解放军叔叔胜利时唱的歌",或听了这音乐"想和坏蛋斗争"。

除了上述几点之外,丰富幼儿的生活经验也是极为重要的,因为

一个人的音乐欣赏能力是与他的生活经验与音乐修养分不开的。

想像力的培养

想像力不仅是文艺工作者需具有的，也是科技工作者以及一切要使自己的工作有创造性的人所不可少的。音乐活动离不开想像，在音乐活动中注意发展幼儿的想像力是很重要的一项工作。

我们从小班起就重视这一问题。无论在听音动作、音乐游戏、唱歌、舞蹈等各种活动中都要考虑如何能更好地启发幼儿的想像，下面谈谈我们在以下方面所做的有关激发幼儿想像的一些工作。

一、听音动作及音乐游戏方面

过去在老师们的头脑中往往有一种无形的"框框"，认为孩子在进行一些活动时，若不保持一定的队形就会乱，纪律也就不好了。在这种认识影响下，小班幼儿在玩我们编的《小朋友散步》这一游戏时，其中"散步"这个环节也要求幼儿一个跟一个顺着圆圈走，显得比较呆板。后来我们感到，为什么散步也得走成圆形呢？四散开让幼儿自己随着音乐走动难道一定就会乱吗？于是我们决心改变一下，大胆地让幼儿四散走，而且可以三三两两牵着手走，这样一来，并没有乱，气氛大不相同，顿时活跃了起来，幼儿高兴地你拉我，我拉你，想像着散步的情景。这样的改变，给幼儿有更好的去发挥想像的机会。同样，在玩音乐游戏《找小猫》时，最初也是要求按圆圈的形式蹲下来，表示躲了起来。但这种玩法并不能把"躲躲好"的心情充分表现出来，于是我们又改为让幼儿四散开来，好像真的是在找个地方躲躲好似的，孩子们有的躲到风琴旁边，有的伏在椅子上用手把脸捂住，有的躲在桌子附近，也有的在活动室的中间挤在一起，好像妈妈就看不见了。这样一来，孩子们的想像特别活跃、丰富，都像真的在和猫妈妈玩捉迷藏游戏似的。

到了中班、大班，我们还编了《喂小鸟》《熊和小孩》等音乐游戏，给幼儿有各种机会去想像鸟妈妈如何亲切地喂小鸟及小鸟遇到大风时的情景；小孩看见大熊来时，抑制自己，屏住气，保持着固定姿势，一动也不动，以免给大熊捉去……

总之，在听音动作及音乐游戏中，我们尽量利用机会让幼儿去发挥想像。

二、唱歌方面

（一）为歌曲编动作

为歌曲编动作，过去也曾经进行过，但往往到大班才开始，而且对这一活动的作用，认识上也未达到现在的水平。

这次，我们从小班末期就开始尝试着让幼儿和老师一道为歌曲编动作。在为《小汽车》一歌编动作时，高炜小朋友就想出在唱"笛笛笛"时做按喇叭的动作，尽管这一动作非常简单，但是却是他经过思考、运用了想像而提出来的，在三岁多的孩子来说，有他的水平。

在这以后，我们教完一首歌，让幼儿编动作时，都尽量启发幼儿自己想动作。在为《春天》一歌编动作时，樊容小朋友将两手托在下巴底下表示"花儿开得多么好"，她还小心地把中指稍稍往下按着，回过头问旁边的刘海山说："我这朵花开得还好看啊？"既富有想像又富有感情。在为《值日生》一歌编动作时，有个小朋友想出用右手食指指左臂上的值日生袖章的动作来表示"因为我是值日生"这句歌词的意思，姿态自豪、动作优美，小朋友都喜欢这个动作。

让幼儿为歌词编动作不仅能激发思维、想像，而且能引起幼儿唱歌的积极性，幼儿对自编的动作记得特别牢。一次，当小朋友为《看星》一歌编完动作后，老师请了几人去表演，其中有一个孩子把"小眼睛"的动作忘掉了，下面的幼儿立即发现了，因为这个动作是小朋友自己想出来了，特别忘不了。

（二）为歌曲增编歌词

到了大班我们又尝试让幼儿为一些歌曲增编新歌词，由浅入深的为三首歌增编了词：

（1）《在农场》

《在农场》这首歌中，原来只有三段歌词，即三种动物的叫声——猪、牛、鸭。我们启发幼儿想想农场里还有哪些动物呢？它们怎样叫呢？再让幼儿把想出的动物及叫声唱出来，孩子们积极性非常高，有的讲还有小鸡,有的讲还有公鸡,有的讲还有黄狗、小猫、小羊……当张灵芝——一个音乐能力一般的孩子,举手表示自己已经想出一种动物了要求上来唱时,因为当时别的小朋友已经想出很多动物了,老师还担心她能不能编出新的内容时,她却很自信地、大声、合拍地唱出别人没唱过的"青蛙在农场咽咽……"博得了大家的称赞。商业局幼儿园吴杰小朋友想出了农场有马儿,但是不知道应该怎么叫才好,于是问到老师,老师一时也被难住了,只好回答:"我再想想看。"过了一两天,吴杰又来追问老师想好了没有,因为他对自己编的歌词很有兴趣想要使它完整起来。于是老师就和小朋友一道商量怎么唱好,大家议论说,马跑起来是达达达的。最后决定就唱"马儿在农场达达",大家都很满意。

(2)《山谷回音真好听》

这首歌中有两句是用"啊……"字来唱的,表示对山谷唱的歌声及山谷发出的回音。当幼儿学会这首歌后,让幼儿将"啊……"的部分编出歌词来唱,开始只要求编五个字一句的话,重复两次。这时太平巷幼儿园的小朋友有的联系着去玄武湖参观的情景编出"孔雀开屏了",有的结合自己的生活编了"我们回家了"等。五台山幼儿园又提高了要求,要求编两句不同的话,老师自己先示范了两句:"春天来到了,花儿多么好"启发幼儿也编两句话。万斌想出了一句"夏天来到了",接着夏苑补充唱出"小鸟吱吱叫"。另外一个小朋友编出"小兔吃青草,小兔蹦蹦跳"。商业局幼儿园的李定海想出"太阳迷迷笑,小朋友起得早",唱的时候把"朋友"两个字连在一起用(十六分音符唱出)。儿童对自己编的歌词,唱起来很感兴趣。

(3)《颠倒歌》

这首歌的歌词非常风趣,全是说颠倒的事情,大班幼儿对于颠倒的含义完全能理解。在学会这首歌曲的基础上,我们启发幼儿自己为歌曲增加几段新歌词,他们很能动脑筋,有的想像出"夏天穿棉袄、冬天穿裙子",有的提出"白天出月亮、晚上出太阳",还有的说"小狗妙妙叫,小猫汪汪叫"等,课上气氛非常活跃。老师再把幼儿想出的内容适当地加以整理让大家唱,孩子们很高兴。

目前由于可以让幼儿自己思考，想像出新内容编出新歌词接着唱的歌曲太少，因而使这一活动受到一定的限制，而为歌曲增编新歌词对激发幼儿的思维、想像，提高幼儿音乐能力，进一步引起对唱歌活动的兴趣是有一定作用的。

三、舞蹈方面

大班幼儿随着年龄的增长以及接受了两年的音乐教育，其节奏感有一定发展，动作协调能力也大大提高，因此，舞蹈的分量也远比小、中班为多。在如何通过舞蹈活动来进一步发展幼儿的想像力的问题上我们进行了一些尝试。第一、尽量使一些舞蹈具有情节；第二、给幼儿提出一个题目，一些要求，让幼儿试着自己想像出一些情节、动作，并表演出来。下面分别谈谈这两个尝试。

（一）关于有情节舞蹈的问题

有情节的舞蹈能便于幼儿记忆，发挥幼儿的想像并使幼儿感兴趣。

由于大班幼儿音乐活动中舞蹈逐步代替了简单的听音动作，其分量逐步增加了，因此，往年一到大班，就要教幼儿跳一些少数民族的舞蹈。过去在教这类舞蹈时为了帮助幼儿理解舞蹈动作，也曾想过一些形象的名称，如挤奶、献哈达、梳头等等，但各个动作之间仍缺乏相互联系，比较孤立。有的用"动作组合"的方式教给幼儿就更加缺乏趣味性，也不易记住动作顺序。更重要的是，在这种情况下学习舞蹈，幼儿很容易只是模仿着做出一个个的动作，思维、想像不活跃，对培养这方面能力的价值不大。

今年在大班的舞蹈教学中，我们改变了一些方法。在教某个少数民族的舞蹈前，先编出一个主题，想出一定的情节使舞蹈中的每个动作都有一定的意义，互相有一定的联系，而且根据情节，按一定的顺序出现，幼儿学起来很感兴趣。由于有一定情节这就易于引导幼儿想像舞蹈中的情景，记住舞蹈的动作，跳得更有感情。例如，教蒙古族舞蹈时，我们先讲，这个舞蹈的名字叫《爱劳动的小巴拉》，再讲舞蹈的内容，大意是小巴拉是一个蒙古族小朋友，一天，他放学骑着马回到家里，卷起了袖子，拿来了盛奶的桶，把牛牵了过来，亲热地摸摸它，然后认真地挤起奶来。

挤呀、挤呀、挤了满满一桶牛奶,他拿起桶轻轻晃了一晃,把上面不干净的东西拣掉,然后高高兴兴提着装满了牛奶的桶回家了。这样幼儿跳起舞来时就把自己当作是爱劳动的小巴拉,勤劳地一件事接着一件事地做下去。由于有情节,幼儿容易记,很快就学会了这一舞蹈,并且非常喜欢跳。

另外我们还编了西藏舞《小卓玛高高兴兴上学去》、新疆舞《快乐的阿依古丽》,幼儿都非常喜爱。

为了了解情节在幼儿学习舞蹈中的作用,我们进行了以下的调查、试验。

调查对象:

太平巷幼儿园大班及五台山幼儿园大班,将各班幼儿按年龄、能力、入园时间(有的是插班的)等,平均分配在两组中,然后抽签决定一组为有情节组,一组为无情节组。

调查方法:

第一天,教新舞蹈,对有情节的一组,开始就对幼儿说:"今天老师教你们一个舞蹈,名字叫'快乐的阿依古丽'","阿依古丽是个新疆小朋友,她一早起床,梳好辫子,穿上衣服,再照照镜子,看看衣服穿得整齐不整齐,然后她就到葡萄园里去看葡萄熟了没有。一看葡萄都熟了,她高兴得不得了,拿起了篮子准备摘葡萄……"然后老师边哼音乐边示范两次,再把动作逐个地教一次,幼儿再连贯起来学习一遍,老师再示范一次,示范时还用语言说明自己做的动作,最后幼儿连起来再练习一次。

对无情节的一组,老师只讲:"今天老师教你们一个新疆舞,你们看老师是怎样跳的,要记住里面的动作。"下面的过程、步骤则与有情节组一样,只不过不讲情节。

第二天,停一天。

第三天,进行测验。先让幼儿讲讲前天所学的舞蹈里跳了些什么动作(可用语言提醒幼儿前天学习舞蹈的地点、时间等),再听老师哼唱舞蹈的音乐让幼儿自己把动作跳出来。幼儿逐个进行测验。舞蹈中共七个动作。

调查结果(见下表):

有情节组与无情节组做出动作数量的比较

组别	幼儿园总人数	能做出的动作数目	0		1		2		3		4		5		6		7	
			人数	%	人数	%	人数	%	人数	%	人数	%	人数	%	人数	%	人数	%
有情节组	太平巷15人		1	6.6	3	20	1	6.6	3	20	2	13.3	1	6.6	3	20	1	6.6
	五台山16人		2	12.5	1	6.2	0		4	25	1	6.2	5	31.2	1	6.2	2	12.5
	合计31人		3	9.7	4	13	1	3.2	7	22.5	3	9.7	6	19.4	4	12.9	3	9.7
无情节组	太平巷14人		4	28.6	7	50	1	7.1	1	7.1	1	7.1	2	14.2				
	五台山14人		2	14.2	4	28.4	1	7.1	4	28.4	1	7.1						
	合计28人		6	21.4	11	39.3	2	7.1	5	17.9	2	7.1	2	7.1				

从上表中可以看出,有情节组中的幼儿,能回忆出并做出较多动作的幼儿人数比无情节组多。其中有 3 人回忆并做出 7 个动作,也就是整个舞蹈所有的动作都未遗忘。而无情节组中最多的只做出 5 个动作。

有情节组、无情节组语言说出及做出各个动作的情况比较

动 作	有情节组 32 人				无情节组 28 人			
	语言说出		动作做出		语言说出		动作做出	
	人数	%	人数	%	人数	%	人数	%
起 床	23	71.8	28	87.5	10	35.7	18	64.2
梳辫子	21	65.6	20	62.5	6	21.4	2	7.1
穿衣服	25	78.1	17	53.1	3	10.7	6	21.4
照镜子	17	53.1	12	37.5	10	35.7	9	32.1
看葡萄	26	81.2	15	46.8	1	3.5	0	0
高 兴	5	15.6	6	18.7	6	21.4	6	21.4
拿篮子	22	68.7	14	43.7	5	17.8	9	32.1

从上表中也可看出,有情节组的幼儿由于听了舞蹈的情节讲解能用语言说出的及用动作做出的人数都较无情节组多,特别是看葡萄这一动作。无情节组中,虽未听情节介绍,但由于过去跳过新疆舞,有些幼儿也能看出有的动作是表示梳辫子、照镜子等,因此也能说出一些。也有个别幼儿用其他的经验解释动作的含义,如将两臂上举动作说成是"刮风"、"飘红旗"或直接用语言解释,"手在上面,不一样高地甩","两手向前伸,像很高兴"等。有情节组对表示高兴的转圈的动作往往会忽略掉,分析其原因,可能因为记住了看葡萄动作,接着想到的就是去拿篮子摘葡萄,兴奋中心集中在具体的看葡萄、拿篮子上而表达情

绪的转圈动作却被抑制掉,未表现出来。

（二）关于给幼儿一个题目让幼儿自己想出情节、编出动作的初步尝试

从中班起,当幼儿掌握了一些舞蹈技能后,我们就常常让幼儿自己听着音乐跳跳舞。在音乐游戏《熊和小孩》中,有一个部分是小孩在树林里玩,先听着音乐跳舞,然后熊才来。因此,幼儿对于听音乐自己随意跳出自选的舞蹈动作是有一点基础的。到大班后,是否可以在这样的基础上稍稍提高一步,让幼儿有更多的机会发挥想像呢？大班末期时,我们进行了一些尝试,即在音乐课中用一部分时间让幼儿根据老师提出的题目、要求,自己编出简单的舞蹈,先用语言说出自己所想像的内容,再用动作表达出来。我们先在商业局幼儿园试上了两次这样的课。

第一次,题目：假如你是一只小鸡。

进行的过程大致如下：

（1）老师先简要说明要求："今天要教你们学个新本领,自己来编个舞。假若你是一只小鸡,到院子里去了,想做些什么呢？院子里有草地,有花,有许多吃的东西,你想做什么呢？突然,老鹰来了,该怎么办呢？小鸡很能干,老鹰没有抓到它,老鹰飞走了,小鸡又怎么办呢？"

（2）请三个幼儿先用语言讲讲自己打算怎么跳。

韩奕说："采几朵花,看见叔叔阿姨放的吃的东西就吃吃,看见老鹰来了赶紧躲起来,老鹰走了又再采花玩。"

李定海说："小鸡在院子里玩,在吃虫子,老鹰来了,它怕老鹰吃它的粮食,就把粮食收到洞里,老鹰走了,再把粮食端出来。"（这时老师提醒,老鹰还会吃小鸡呢!）

张轶："小鸡在跳舞,看见天上有只老鹰,挖了个洞躲在里面,老鹰看看,今天小鸡没出来,就飞走了。"

（3）请小朋友听着音乐用动作表演出来。

韩奕：随鸡走路的音乐先表演鸡吃米（这一动作与课上做的不同,带有创新成分）、采花、跳舞,听见老鹰的音乐后做老鹰飞。这时下

面的缪峥、郭舒宇等小朋友都着急地用手势叫她蹲下。梁健甚至出声地提醒韩奕说:"老鹰来了。"意思要她躲起来,不要在中间走动了(后来韩奕的解释是她跑到树林里躲起来)。老鹰走了,韩奕又出来做小鸡的走路、吃米动作。

李定海:表演了吃米、采花、跳舞的动作,老鹰来时双手交叉在眼前,他自己对这一动作的解释是,表示把门关起来,不给老鹰抓走。等老鹰的音乐结束后,又出来吃米。

老师还鼓励幼儿想出与前面表演的动作有所不同的新动作。这时桂之真小朋友将双手合拢放在嘴旁当小鸡的尖嘴,做鸡走路的动作,这一动作也是他自己想出来的。接着又再请几个幼儿表演,有的是两人同时表演,对所表演的动作,看的幼儿都能懂得其含意。

(4) 最后老师示范性地表演了一遍。既采用了幼儿自己想出的一些新动作,也加了一些变化,增加了侧点步、转圈等复杂一点的动作给幼儿欣赏。

这次编舞蹈所用的时间为18分钟。

第二次,题目:假如你是一只小兔。

进行的过程与第一次大致相同,要求稍有提高。

(1) 老师简要说明题目与要求:"假如你是一只小兔子,早上从家里起来到树林里去,能干些什么事呢?后来情况变了,或许是老鹰来了,或许是打雷了,或许是下雨了,又怎么样呢?后来老鹰走了,雷停了,雨不下了,又能做什么呢?"

(2) 仍请幼儿先讲一下,假如自己是只小兔子,打算做些什么?

马库宁小朋友说:"我到树林里去,看看萝卜长大没有,想拔起来拿回家。情况变了,老狼来了,赶快跑回家,用木头把门顶起来,老狼走了,我又去拔萝卜。"由于有了上次的经验,这次仅请一人用语言描述自己所想像的内容,重点放在让幼儿用动作来表达,看他们是否能很好地运用想像,同时也观察其他的小朋友是否能看懂他们的表演。

(3) 请幼儿表演自己编的舞蹈。

一共请了五个小朋友表演:有的跳采花、拎水,有的跳抬水、洗菜、拔萝卜、吃萝卜等等,听见音乐变化时,能感觉到好像是刮风、下雨的情景于是赶紧蹲下,有的用手遮住脸,有的抱住头,风停后又继续做兔跳动作。幼儿表演的动作,其他孩子都看得懂,个别地方解释得与表演者张轶所想表达的意思不同时,张轶还给予了纠正。

这次编舞蹈所用的时间为20分钟。

在商业局幼儿园试验了两节课后,以类似的题目又在太平巷幼儿园重复了两次这一试验。第一次的题目为"假如我是一只鸡",小朋友们的想像也很丰富。王笑航说:"如果我是一只大公鸡,早上起来喔喔啼,老鹰来了我躲回家,等老鹰走了我再喔喔啼,叫大家早早起,把没有起来的人叫醒。"还有的说:"要与老鹰斗,把老鹰肚子戳个洞。"杨鹏还说:"假如我是一只老母鸡,我带着小鸡出来吃白米,老鹰来了,小鸡躲在我的翅膀底下,老鹰走了,我又带小鸡出来吃白米。"同样,幼儿对小朋友所表演的这些动作全能理解。在小朋友表演后,老师又以老母鸡的角色带启发性地表演了母鸡带了一群小鸡出来,母鸡亲切地带小鸡吃食。忽然老鹰来了,一只小鸡跑远了,母鸡赶快把它找回来,让小鸡都躲在自己的翅膀底下。等老鹰走了,看看小鸡都很安全,没有被抓去,母鸡很高兴,跳起舞来。对这一连串的情节,幼儿全能说出来,看的时候全神贯注,充满感情,兴趣浓厚。第二次用的题目为"假如我是一只小鸟",并提出小鸟还可以遇到各种情况变化,如遇到凶恶的老鹰、遇到雷雨等。在这次活动中,幼儿也想像出许多不同的内容。

虽然让幼儿自己根据题目想像出舞蹈内容,并表演出来,这种让幼儿自编舞蹈的活动我们在大班末期只进行了四次,但我们感到这样的活动有相当的意义,在培养幼儿的想像力、舞蹈表演能力上有一定的作用,同时也存在不少问题。

第一、这样的活动能激发想像,提高学习积极性。

当老师提出了题目与要求后,幼儿都积极地去思维、想像,不仅想出许多丰富的表演内容,而且还想出创新的动作,不少幼儿积极举手要求有机会表演。未被请出来表演的幼儿,在下面看得也非常认真,很感兴趣,情绪上很受感染。例如表演到小鸡吃米时,下面有的人就相应地发出"咄咄咄"的吃米声音；当表示老鹰的音乐出现时，下面的小朋友也立即显出着急的表情，甚至急忙用手势、语言提醒表演的人赶快躲起来。从孩子们的表情、动作、态度等各方面来看，都能让人感到，全班幼儿都被卷入了这一活动，兴趣极高，想像活跃，思维积极，情绪愉快，这种活动在教育上有一定的价值，对能力的培养起很大作用。

第二、要领导好这一活动，老师课前需认真备课，课上要及时指导。

上课之前，老师要仔细考虑应提出什么样的题目才有利于激发幼儿的想像，引起幼儿的兴趣，同时自己也要想像出带有示范性的表演动作，准备在课上表演给幼儿看，给幼儿以启发。

在课上对幼儿表演的内容与动作应充分注意，进行分析，在恰当时给予指导，帮助幼儿提高表达的能力和表演的水平。例如姚惠明小朋友表演公鸡时，走路动作与喝水动作间隔进行，每两小节做四个动作，很有规律，看起来也很对称、平衡、自然；而范千小朋友，想像的内容虽然很丰富，但表演起来却很乱，一会吃米，一会走路，有的动作做两下，有的做三下，与音乐的节拍不很吻合。在这种情况下，老师一方面要肯定范千会动脑筋想出公鸡要做的许多事情，另一方面也应加以指导，帮助他知道怎样表演才能更好看。

另外，老师平时还应多方面去丰富幼儿的生活经验，为其积极发挥想像提供材料。

第三、进行这样的活动需要有适用的音乐教材，目前这一点存在很大的问题与困难。由于缺乏教材，只好自己编一些，但限于水平，感到远远不能满足客观需要。

三年来，通过对幼儿音乐课的观察及对所进行的一些测验、试验的结果的分析，我们体会到在幼儿音乐教学中以下三点是值得注意的。

首先，音乐课应上得活泼愉快，富有教育意义。

幼儿天性喜爱音乐，音乐是幼儿获得快乐的源泉之一。因此，音乐课应该上得活泼生动，使幼儿感到愉快。音乐也是教育幼儿的有力手段,因此在选材上、活动过程中也应该注意运用这一有力手段对幼儿进行教育。

其次,重视能力的培养,进行多种多样的音乐活动。

能力是未来进一步学习所需要的基础,幼儿期更应注意打好基础,也应重视能力的培养。能力的发展脱离不了活动,要在多种多样的活动中注意唱歌能力、节奏感、音乐的感受力、记忆力及想像力等能力的培养。

再次,选用恰当的教材,考虑有效的方法。

能力的培养离不开活动,活动就要有教材、有方法。因此适当地选择教材、考虑方法是促进能力发展的重要前提,特别是教材,目前比较缺乏,尤其是较为系统的、顺序渐进的、幼儿感兴趣的、对幼儿音乐能力培养有特定作用的教材更是不多。

虽然三年来对幼儿园的音乐教学工作进行了一些调查、研究,但非常肤浅,问题很多,希望同志们批评、指正。

注:报告中所提到的一些歌曲、音乐游戏、听音动作、舞蹈等,在本书的下篇基本上都有。

南京市　幼儿音乐科研小组
　　　　　汪爱丽执笔
入编中国教育学会幼儿教育研究会
第二届年会(1983年)论文选

幼儿音乐能力测验初探

1979～1982年,1983～1986年我曾两次连续三年在幼儿园从小班跟踪到大班,观察、研究幼儿音乐教育的内容、教材与教法,并对幼儿音乐能力的测验方法也进行了初步的探索。

由于我国在这方面的工作,特别是幼儿音乐能力的测量方面进行得不多,故愿将自己的点滴经验总结出来,一方面可以得到批评与指正,另一方面也希望能起到抛砖引玉的作用,激起更多的人投入这一工作,更好地推动我国幼儿音乐教育事业的发展。

第一阶段　1979～1982年

一、时代背景与当时存在的主要问题

1979年,在当时社会气氛的影响下,幼儿音乐教育中成人化、小学化的现象仍相当严重。主要表现在:

幼儿音乐教育的目的:比较狭隘地侧重于作为思想品德教育的手段。

幼儿音乐教育的内容:较为单一,一般以唱歌、舞蹈为主。

幼儿音乐教育的教材:偏深、偏难。如歌曲,有的直接采用成人的歌曲(甚至戏曲)或少年儿童的歌曲。舞蹈,有些也是成人舞蹈的缩影,幼儿喜爱的律动、音乐游戏等极少。

幼儿音乐教育的方法:教师教,幼儿单纯模仿多,幼儿的主动性、创造性发挥得很少。

幼儿音乐教育的组织形式:强调所谓的课堂纪律,过于重视形式上的整齐划一。

二、我们在教学上所做的改进

虽然幼儿音乐教育中成人化、小学化的现象当时未能清除掉,但幼儿音乐教育应符合幼儿的年龄特点这一思想已在较多的幼教工作者头脑中逐步重新获得了应有的地位。加之心理学、教育学以及幼儿音乐教育中的一些新观点也慢慢介绍了进来。因此,从我们当时的认识水平出发,在试点班上,音乐教育在以下几方面作了改进。

幼儿音乐教育的目的:既然是音乐教育,培养与发展幼儿的音乐能力必然是音乐教育的一个重要目的。但幼儿期只是一启蒙时期,目的并不是培养专门音乐人才,因此,除培养最基本的音乐能力外,它也应是帮助幼儿获得愉快情绪,促进其智力发展,养成良好行为习惯的重要教育手段之一。

幼儿音乐教育的内容:多样化。除唱歌、舞蹈外,大量增加幼儿喜爱的、感兴趣的律动、音乐游戏、打击乐等,同时还进行拍歌曲节奏,重复出所给的节奏型及让幼儿自己创造性地想出节奏型等各种节奏活动,以引起幼儿对音乐活动的兴趣,培养节奏感,提高辨别音乐性质的能力及促进想像力、创造力的发展。

幼儿音乐教育的教材:尽量适合幼儿的发展水平,反映幼儿的生活经验。如歌曲的内容不空洞、不抽象,为幼儿所理解、体会,音域在幼儿声带发育允许的范围之内,旋律、节奏都不太复杂,长短适宜。音乐游戏的题材、玩法也都是幼儿所感兴趣、能有所感受及掌握的。

幼儿音乐教育的教学方法:对年龄小的幼儿采用各种简便的,能活动的直观教具以引起注意,激发兴趣,帮助理解所学的内容。高度重视动作在感受音乐中的作用,不论在唱歌、律动或欣赏等各种活动中都尽量让幼儿有机会运用动作来感受音乐中的高低、快慢、强弱等方面的变化以及整个音乐作品所表达的思想感情。在各项音乐活动中都注意发挥幼儿的主动性,积极性及创造性,例如唱歌中启发幼儿增编歌词,为歌曲编动作;在游戏中让幼儿充分发挥自己的想像;给幼儿机会随音乐自由舞蹈,等等。

幼儿音乐教育的组织形式:解除不必要的一些清规戒律,让幼儿在遵守集体活动中必需的秩序与规则的基础上，有一定的自由活动机会。例如玩《小朋友散步》这一游戏时就改变过去只能顺着圆圈走，必须保持一定队形的散步方式而让幼儿真正能四散开来，自由地散步。又如玩《找小猫》这一游戏时，也把过去要求在顺圆圈走时，就地蹲下表示找到了躲藏的地方而改变为允许幼儿在活动室一定范围内自己真正地去寻找一处能躲藏的地方。这样一些组织形式上的改变，能使幼儿摆脱过分的约束及呆板的队形，大大激发幼儿的想像活动，使游戏更富有情绪性。

三、测验题目的设计

在三年的连续观察、研究中，我们感到由于教学指导思想的改变，活动内容的丰富，适合于幼儿的教材、教法的选用，教学组织形式的变动等等，为幼儿创造了较为良好的发展音乐能力的条件，幼儿无论在唱歌上、节奏上、想像力、创造力的发展上，水平都有所提高。可是如何能科学地用数量化的方法来说明这一点呢？这确实是个问题。另外，我们在工作中也感到幼儿从小班到中班到大班，其唱歌能力、节奏能力又是如何发展的，也应该摸清。

由于研究工作的需要，在资料极为缺乏的情况下，我们摸索着设计了一些测验方法与题目。虽然还不够科学，但多少也能说明一些问题，今将主要的测验内容与题目介绍如下。

（一）唱歌方面

从幼儿入园到离园前，在这个为时三年的过程中我们进行了以下一些测查。

1. 音域的调查

曾进行两次：第一次在小班入园后不久进行的，第二次在中班。

调查方法：

用入园后不久所学的第一首歌《我上幼儿园》C 调 $\frac{2}{4}$ 拍中最后一句 $\underline{2}\ \underline{5}\ \underline{3}\ \underline{2}\ |\ 1\ -\ \|$ 为材料，用向上及向下移调（每次移半音）的方法，让幼儿唱，记录其音域。

采用这两个小节作测查材料的原因：
第一：这首歌是幼儿所熟悉的,幼儿会唱,容易领会要求。
第二：旋律中只包含五个音。第一个音既不高也不低,容易唱出。
第一次共测 105 人,第二次共测 94 人。
调查结果与简要分析：
从两次调查中可看出以下一些情况。
(1) 小班、中班幼儿的音域都比较窄

小班幼儿中,音域在 C 调的 1 到 5 这几个音之内的人数最多(见下表一)。测查时在唱到其中 2 5 3 2 这四个音时,使人听起来感到唱得最自然,最舒服。中班幼儿的音域比小班时有所扩大,但也很限,有的仅扩大一个半音。最多的扩大四个、五个音。扩大两个音的人数最多(见下表二)。音域在 C 调的, 7～#6 之间的人数也最多(见下表三)。中班幼儿音域虽有所扩大,但仍有不少幼儿唱到 C 调的 7 时就已表现出勉强、吃力的样子。唱 i 时就会有喊叫现象了。

(2) 小班、中班幼儿音域上的个体差异很大

在小班就已能明显看出,有的幼儿音域较广,能从 C 调的 1 唱到 i̇、2̇；有的却很窄,仅能唱三四个音,如从 C 调的 7̣ 到 3,或 1～4。到中班这种个体差异仍存在。

表一　小班幼儿音域情况

能唱到的高度(C调)	♭6̣	6̣	♭7̣	7̣	1	1#	2	#2	3	4	#4	5	#5	6	#6	i̇	#i̇	2̇
人　数	1	7	10	49	93	93	100	102	102	98	96	96	76	66	58	39	19	8	2

表二　与小班时期相比音域扩大情况

扩大的音数	$\frac{1}{2}$	1	$1\frac{1}{2}$	2	$2\frac{1}{2}$	3	$3\frac{1}{2}$	4	$4\frac{1}{2}$	无比较
人　数	4	11	10	24	14	9	12	9	2	4

注：无比较的 4 人是因小班时不肯测音域。

表三　中班幼儿音域情况

能唱到的高度(C调)	5̣	♭6̣	6̣	♭7̣	7̣	1	#1	2	#2	3	4	#4	5	#5	6	#6	7	1̇	#1̇	2̇	#2̇	3̇	4̇
人数	3	10	46	71	86	94	94	94	94	94	93	93	93	93	88	78	73	49	26	17	9	7	1

2. 唱歌能力发展的测验

曾采用过三种测验方法：

第一种：小班与中班时，学年初与学年末唱同一首歌进行比较，了解其进步情况。

第二种：设计出五条测验材料，每学年末测验一次，从三次测验的结果比较了解其进步情况。

第三种：设计出一首旋律，让幼儿用啦啦啦的方法模仿范唱。录下音来，将试点班幼儿与非试点班幼儿的情况进行比较。

现将三种测验方法一一简述于下：

（1）小班、中班一年中唱歌能力对比的测验

① 小班

测验材料与方法：

1979年10月份，学年初进行第一次测验，用歌曲《我上幼儿园》为测验材料，要求幼儿听老师弹完歌曲的最后一句后开始独自唱，无伴奏。

1980年6月份，学年末进行第二测验，方法同上，但增加了一项内容，即在不同程度走音的幼儿中再让他们跟琴声唱一次，了解在有琴声伴奏下是否音准上会有不同。

测验结果与简要分析：

小班幼儿一年中唱歌方面不仅音量上有明显的增大，各项唱歌技能也都有不同程度的提高。从测验结果中可以看出：对歌词的掌握最容易，节奏次之，速度第三，呼吸第四，音准最难。学年初测验中仅8％的人能唱准，一年后也只增加到22％。在不同程度走音的65人中，跟琴唱时也不过34％的人能唱准（详见表四）。

表四 小班幼儿唱歌能力发展情况

项目 人数与百分比 测验日期	歌词 唱全		吐字 清楚		节奏 基本对		速度				呼吸				音准						音色						总人数
							能保持		偏快偏慢有变化等		能一句一句唱		不同程度断续		用C调能唱准		不同程度走音		跟琴唱能准		好		一般		沙哑		
	人数	%	人数	%	人数	%	人数	%	人数	%	人数	%	人数	%	人数	%	人数	%	人数	%	人数	%	人数	%	人数	%	
1979年10月（学年初）	69	83	69	83	57	69	42	51	41	49	55	66	28	34	7	8	76	92			19	23	48	58	16	19	83
1980年6月（学年末）	76	92	79	95	76	92	68	82	15	18	65	78	18	22	18	22	65	78	22	34	22	27	42	51	19	22	

② 中班

测验材料与方法：

基本与小班相同，但歌曲为《春天》。1980年6月第一次测验，1981年6月第二次测验。

测验结果简要分析：

在第二次测验中，掌握歌词上几乎没有什么问题，节奏呼吸等方面有所改进的人数也较多。但音准能力的发展仍较慢，无伴奏单独唱时能很准确的人数占36.9%。（第二次测验的情况见表五）

(2) 小班至大班，逐年唱歌能力发展测验。

从小班这一年唱歌能力的发展中可以看出，音准能力的发展是各项唱歌技能中进步最慢的一种。因此，我们以测验音准能力为主要目的设计了五条测验材料，想通过它们来了解幼儿唱歌能力逐年发展的情况。

测验材料与方法：

用以下的五条材料：

$1=C\ \dfrac{2}{4}$

·1 2 3 4 | 5 - | 5 4 3 2 | 1 - ‖

·1　　3 | 5 - | 5　　3 | 1 - ‖

·1 5 5 5 | 1 | 1 5 5 5 | 1 ‖

·3·4 5 3 | 　 | 3·4 5 3 | 　 ‖

·1 1 1 1 | 　 | 3 3 3 3 | 　 ‖

表五 中班幼儿唱歌能力发展情况

测验日期	测验人数	节奏		呼吸		速度		音准								音色					
		较好		能一句一句唱		较平稳		D调单独唱能准		D调单独唱不准		D调跟琴能唱准		改调后能唱准		好		一般		沙哑	
		人数	%	人数	%	人数	%	人数	%	人数	%	人数	%	人数	%	人数	%	人数	%	人数	%
1981年6月	65	62	95.0	53	81.0	45	69.2	24	36.9	41	63.1	11	16.9	7	10.7	31	47.6	13	20.1	21	32.3

在这测验材料中有上行级进,下行级进,上行小跳进,下行小跳进,上行大跳,同音重复。

主试人用啦啦啦的方法唱两小节,要求幼儿用同样方法重复出来。共有44个音,唱对一个音得1分,满分为44分。每学年末测验一次,比较其进步情况(测验结果见表六与图一)。

表六 三年中音准进步情况

测验日期及总人数	成绩分数 人数	0~10		11~20		21~30		31~40		41~44	
		人数	%	人数	%	人数	%	人数	%	人数	%
1980年9月 小班63人		12	19.0	15	23.8	17	27.0	15	23.8	4	6.3
1981年6月 中班63人		5	8.0	5	8.0	13	20.6	23	36.4	17	27.0
1982年6月 大班63人		1	1.6	5	8.0	8	12.7	12	19.0	37	58.7

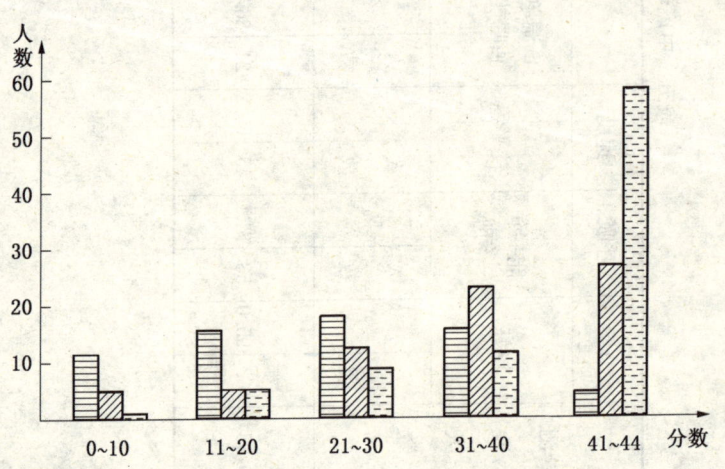

图一 三年中音准进步情况比较

测验结果简要分析：

从成绩中可以看出，小班音准较差，但逐年有所进步，特别是到大班时期，能唱准及唱得比较准的人数占半数以上。

在测验后感到第三条中 $\underline{1\ 5}\ \underline{5\ 5}\ |\ 1\ -\ \|$ 重复了一次。若最后两小节奏改为 $\underline{5\ 1}\ \underline{1\ 1}\ |\ 1\ -\ \|$ 这样既避免了重复，又可有 5 到 1 的下行大跳。

(3) 试点班与非试点班唱歌能力比较的测验

测验材料与方法：

在三年的观察中，感到试点班幼儿音准比较好，但如何能用比较客观、有效、可信、简便的方法进行测验，用数字来说明呢？若选用一首歌曲作测验材料那将会有许多因素影响测验结果，如：教师的水平、幼儿复习的次数等。而且也很难找到一首现成的幼儿歌曲，其中能包括各种旋律进行的方式如上行、下行、级进、小跳、大跳、同音重复等。因此我自己设计出下面这样一个简短曲调。

$1=C\ \dfrac{2}{4}$

$\underline{1\ 5}\ \underline{5\ 6}\ |\ 5\quad 1\ |\ \underline{1\ 2\ 3\ 4}\ \underline{5\ 6}\ |\ 5\ -\ |$

$\underline{2.\ 3}\ \underline{4\ 6}\ |\ 5\quad 3\ |\ \underline{5\ 5\ 4\ 3}\ 2\ |\ 1\ -\ \|$

在这曲调中有：

上行级进：$\underline{1\ 2\ 3\ 4}\ \underline{5\ 6}\ |\ 5\ -\ \|$

下行级进：$\underline{5\ 5\ 4\ 3}\ 2\ |\ 1\ -\ \|$

大跳：$\underline{1\ 5}\ \underline{5\ 6}\quad\quad \underline{5\ 1}\|$

小跳：$\underline{2.\ 3}\ \underline{4\ 6}\quad\quad 5\quad 3\ \|$

同音重复：$\underline{1\ 5}\ \underline{5\ 6}\ \|\underline{5\ 5\ 4\ 3\ 2}\ \|$

这一材料对所有的被试幼儿都是新的,主试人用啦啦啦的声音唱两小节,幼儿用同样方法重复出来,以检查其音准能力。

评分标准:唱对一个音得 1 分,满分为 22 分。

测验结果简要分析:

在大班学年结束前进行测验。试点班幼儿与非试点班幼儿都是连续三年在本园、本班上学的。从测验成绩来看,试点班幼儿无论与本园的非试点班幼儿相比或与本区条件相近的公办幼儿园中非试点班的幼儿相比都较好。在这三年中南京市公办幼儿园所采用的音乐教材与教法大致相同,而试点班却试用了不少新教材与教法。成绩上之所以有差异,这与试点班选用了一些新教材,改进了教学方法有很大关系(测验结果见表七、表八)。

表七　与本园同年龄班幼儿相比

园 名	组 别	人 数	音 准 成 绩	
			平均分	标准差
太平巷	试点班	19	19.5	5.68
	非试点班	24	12.5	8.09
商业局	试点班	22	17.8	7.25
	非试点班	19	14.5	6.44

表八　三个试点班幼儿与其他区公办幼儿园同年龄班幼儿相比

组 别	人 数	音 准 成 绩	
		平均分	标准差
试点班	55	18.2	6.21
鼓楼区非试点班	53	13.9	7.14
白下区非试点班	61	13.1	7.2
秦淮区非试点班	52	11.9	6.88

(二)节奏感方面

1. 小班一年中节奏能力发展的测验

测验材料与方法：

从平日观察中，幼儿节奏感的发展远比唱歌中音准能力的发展快。为了能证实这一点，我们曾采用一简单乐曲，让幼儿随琴声拍手，弹完最后一首停止拍手，从记录其合拍情况中看其节奏能力的发展情况（测验结果见表九，乐曲附后）。

表九 小班幼儿节奏能力的发展

测验日期	测验人数	完全合拍		不同程度不合拍		备 注
		人数	%	人数	%	
1979年9月	114	37	32.4	77	67.6	未记完全不合拍的人数
1979年10月	99	65	65.6	34	34.4	其中完全不合拍者有24人占24.3%
1979年12月	108	87	80.6	21	19.4	其中完全不合拍者有8人占7.4%
1980年6月	82	79	96.2	3	3.8	其中无完全不合拍者

乐曲：$1=C\ \frac{4}{4}$　　　　　　　　　　　　　鲍贤琨 曲

5 5 5 4 3 4 | 5 i 5 3 | 4 4 4 3 2 4 | 3 3 4 5 - |

5 5 5 4 3 4 | 5 i 3 i | 6 2 i 7 5 6 7 | i i i i - ‖

测验结果简要分析：

随音乐合拍地拍手这一要求虽然不高，只要合上拍子就行，不必分出每个音的长短，但这对初入园的小班幼儿来说也不是一件容易事。但若有正确、及时的教育,幼儿这方面的能力发展很快,在短短两三个月的时间内,合拍人数就能达到80.6%。相比之下,音准能力的发展就显得很慢了。一年后仅由8%提高到22%。

2. 小班到大班逐年节奏能力发展的测验

测验材料:

与唱歌能力发展的测验类似,设计出五条节奏材料:

(1) X X X | X X X ‖

(2) X　　　X | X X X ‖

(3) X X X X | X — ‖

(4) X · X | X X X ‖

(5) X X X | X — ‖

其中有八分、四分、二分、附点音符及切分节奏。

测验方法:

主试拍一条测验材料(从第一条到第五条)要求幼儿重复拍出。

评分标准:一小节算1分,错一小节扣1分,满分为10分。

测验结果与简要分析:

测验结果见表十A、表十B、图二。

从测验结果中可看出,小班时期节奏较差,但到中班,特别是大班时,发展很快。大部分幼儿对五条材料可以完全准确地拍出。

表十 A 小班到大班三年来节奏进步情况

成绩分数 测验日期及总人数	0 人数	0 %	1 人数	1 %	2 人数	2 %	3 人数	3 %	4 人数	4 %	5 人数	5 %	6 人数	6 %	7 人数	7 %	8 人数	8 %	9 人数	9 %	10 人数	10 %
1980年9月 小班 63人	4	6.3	3	4.7	2	3.1	7	11.1	5	7.9	3	4.7	8	12.6	3	4.7	15	23.8	7	11.1	6	9.3
1981年6月 中班 63人											1	1.5			1	1.5	4	6.3	14	22.2	43	68.2
1982年6月 大班 63人																	1	1.5	15	23.8	47	74.6

幼儿音乐能力测验初探

表十 B　成绩分布情况

成绩分数 班级人数	0~7		8~10	
	人数	%	人数	%
小班 63 人	35	56	28	44
中班 63 人	2	3	61	97
大班 63 人	0	0	63	100

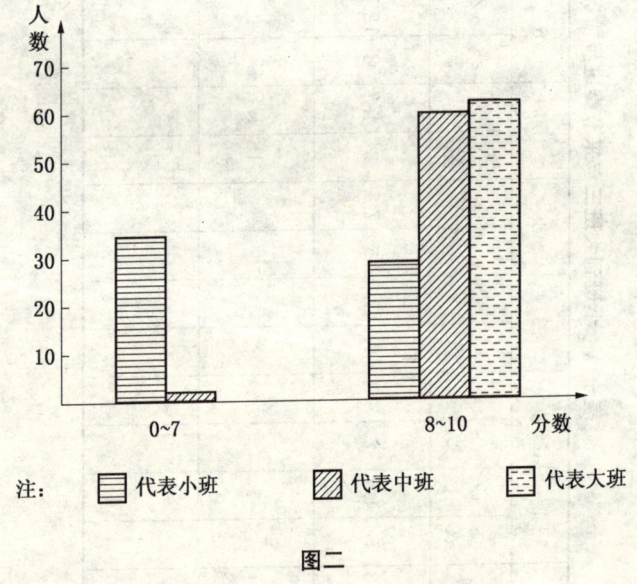

图二

3. 试点班与非试点班节奏能力比较的测验

与测验音准能力一样,试点班与非试点班都只测连续三年在本幼儿园本班的儿童。

测验材料与方法：

以测验音准时所用曲调的节奏为测验材料,主试人拍出两小节的

节奏后让幼儿重复拍出。共四条:

(1) X X X X | X　　X ‖
(2) XXXX X X | X　-　‖
(3) X· X X X | X　X ‖
(4) X X X X | X　-　‖

在这测验材料中包括有：二分、四分、八分、十六分、附点八分音符以及切分音。

评分标准：全部测验材料共十六拍，拍对一拍得1分。满分为16分。

测验结果简要分析：

在大班学年结束前进行测验。无论与同园其他非试点班幼儿相比，或与同区情况类似的其他公办幼儿园相比，试点班幼儿节奏成绩都较高。这与试点班三年来重视节奏感的培养，试用了一些加强节奏感的教材，改进了一些教学方法有密切关系。测验结果见表十一 A、表十一 B。

表十一 A　与本园同年龄班幼儿相比

园　名	组　别	人　数	节　奏　成　绩	
			平　均　分	标　准　差
太平巷	试点班	19	13.7	2.72
	非试点班	24	8.7	4.8
商业局	试点班	22	14.2	2.18
	非试点班	19	8.4	3.91

表十一 B　三个试点班幼儿与其他区非试点班幼儿节奏成绩比较

组　别	人数	节奏成绩	
		平均分	标准差
试点班	55	13.8	2.76
鼓楼区非试点班	53	8.75	4.26
白下区非试点班	61	9.9	3.94
秦淮区非试点班	52	9.8	4.09

(三)其他方面尝试的测验

在第一阶段的三年中,除重点地对上述唱歌能力、节奏能力的发展进行过测验外,对其他一些问题如肌肉活动(动作)在感受音乐中的作用,情节在记忆舞蹈动作中的作用,节奏感的发展对学习舞蹈的影响等也进行过一些小测验,这里也不妨介绍出来供参考。

1. 肌肉活动(动作)在感受音乐中的作用

音乐性质往往是通过旋律、节奏、力度、速度等各种不同的表现方法而体现出来,而这些差异与变化有许多是可以通过肌肉活动来感受的,幼儿年龄愈小,在感受音乐与辨别音乐性质时愈需要有肌肉活动参加。可以从听听动动到多听少动到以后只听不动,外部虽不动,但身体内部的肌肉活动还存在。在这三年中,我们经常让幼儿有随音乐活动的机会,就是在欣赏活动中我们也常常有意识地让幼儿随音乐做动作。这对帮助幼儿更好地感受音乐性质有一定好处。关于这个问题我们曾进行了一次测验。

测验材料与方法:在两个试点班——商业局幼儿园与五台山幼儿园之间进行比较。

第一次欣赏《大路歌》,第二次欣赏《伏尔加船夫曲》,两班所采用的教学步骤与方法基本一样。每次教师先介绍乐曲名称、弹奏乐曲（将原曲缩短了）、提问、解释，教师再随音乐做拉车、背东西等用力的动作。不同的地方是：五台山幼儿园试点班的幼儿在进行了这些步骤之后，幼儿有听着音乐自己随意动作的机会，而商业局幼儿园试点班的幼儿则无随音乐活动的机会，仅再听一遍音乐。

在两次欣赏之后，过一星期弹奏《打长江》一歌的曲调给幼儿听，看他们能否说出这音乐的性质。

测验结果简要分析：

从测验结果中可以看出，有过随音乐动作即有肌肉活动机会的一组幼儿中对《打长江》这首音乐能较快地、一听就能回答出来，不必启发而且较正确地说出其性质的人数较未能随音乐动作的一组幼儿为多。其中有的说是"搬砖头的"，"拉车子的"，"盖房子"等，也有的很概括地说是"劳动的"。这些感受与音乐所表达的感情是很接近的。可见动作在帮助幼儿认识音乐的性质上有很大作用。由于他们前两次欣赏《大路歌》《伏尔加船夫曲》时都有过身体动作，感受也就比较深刻，再听到与之类似的音乐作品时，很快就能识别出来（测验结果见表十二）。

表十二　动作在感受音乐性质中的作用

组别＼辨别情况＼人数	第一次听后能辨别出		启发后能辨别		辨别不出	
	人数	%	人数	%	人数	%
五台山幼儿园试点班25人	16	64.0	9	36.0	0	0
商业局幼儿园试点班24人	9	37.6	4	16.6	11	45.8

2. 情节对记忆舞蹈动作的作用

在大班的舞蹈教学中，我们教几个有关少数民族的舞蹈时，使舞蹈有一定的故事情节，舞蹈中的每个动作都有一定的意义，相互之间有所联系。这样一来，由于有一定的情节，就易于引导幼儿想像舞蹈中的情景，记住舞蹈动作,他们学起来也就很感兴趣,跳起来也就更有感情。

为了了解情节在幼儿记忆舞蹈动作中的作用,我们曾进行了一次简单的研究、测验。

测验材料与方法:

在太平巷大班试点班及五台山大班试点班中,将幼儿按年龄、能力、入园时间(有的是插班的)等,平均分为两组,然后抽签决定哪一组为有情节组,哪一组为无情节组,两组教学方法有所不同。

有情节组:教舞蹈前先介绍舞蹈的名称——"快乐的阿依古丽",解释舞蹈的故事、情节:"阿依古丽是一个新疆小朋友,有一天,她很早就起床了,梳好辫子,穿好衣服,再照照镜子,看看自己的衣服穿得整齐不整齐,然后就到葡萄园里去看看葡萄熟了没有。一看,葡萄都熟了,她摘了一粒葡萄尝了一下,甜极了。于是,拿起篮子摘起葡萄来,摘呀摘呀,摘了满满一篮子,就高高兴兴回家去了。"老师边哼唱音乐边示范两次,幼儿学习舞蹈中的动作并连贯起来跳一遍。老师再示范一次,同时用语言说明自己的动作,最后幼儿再跳一遍。

无情节组:教舞蹈前不介绍舞蹈的名称,也不讲有关舞蹈的故事、情节,只简单地告诉幼儿"今天老师教你们一个新疆舞,你们看是怎样跳的,要记住里面的动作"。下面的步骤则与有情节组完全一样。

在教过舞蹈后,隔一天,到第三天则对幼儿进行个别测验。先让幼儿讲讲前天所学的舞蹈里有些什么动作,然后听老师哼唱音乐让幼儿自己把动作跳出来。整个舞蹈共七个动作。

测验结果简要分析:

从测验结果中可以看出,有情节组中能回忆出并做出较多动作的人数比无情节组为多。其中有三人能做出全部动作,即七个动作,而无情节组中最多的只能做出五个动作。可见,情节不仅能引起幼儿兴趣,促进想像活动的积极开展,而且还能使幼儿了解自己做的是什么动作从而能更好地记住舞蹈中的动作(详细情况见表十三 A、表十三 B)。

表十三A 有情节组与无情节组做出动作数量的比较

组别	幼儿园总人数	能做出的动作数 人数	0 人数	0 %	1 人数	1 %	2 人数	2 %	3 人数	3 %	4 人数	4 %	5 人数	5 %	6 人数	6 %	7 人数	7 %
有情节组	太平巷15人		1	6.6	3	20.0	1	6.5	3	20	2	13.3	1	6.6	3	20	1	6.6
有情节组	五台山16人		2	12.5	1	6.2	0	0	4	25	1	6.2	5	31.2	1	6.2	2	12.5
有情节组	合计31人		3	9.7	4	13.0	1	3.2	7	22.6	3	9.7	6	13.4	4	12.9	3	9.7
无情节组	太平巷14人		4	28.6	7	50.0	1	7.1	1	7.1	1	7.1	2	14.2				
无情节组	五台山14人		2	14.2	4	28.4	1	7.1	4	28.4	1	7.1	0	0				
无情节组	合计28人		6	21.4	11	39.3	2	7.1	5	17.9	2	7.1	2	7.1				

幼儿音乐能力测验初探

表十三 B 有情节组、无情节组能用语言说出及做出各个动作的情况比较

动作	有情节组 32 人				无情节组 28 人			
	能用语言说出		能用动作做出		能用语言说出		能用动作做出	
	人数	%	人数	%	人数	%	人数	%
起　床	23	71.8	28	87.5	10	35.7	18	64.2
梳辫子	21	65.6	20	62.5	6	21.4	2	7.1
穿衣服	25	78.1	17	53.1	3	10.7	6	21.4
照镜子	17	53.1	12	37.5	10	35.7	9	32.1
看葡萄	26	81.2	15	46.8	1	3.5	0	0
高　兴	5	15.6	6	18.7	6	21.4	6	21.4
拿篮子	22	68.7	14	43.7	5	17.8	9	32.1

3. 节奏感对学习舞蹈的影响

在平日观察中感到试点班幼儿由于节奏感发展较好,学习舞蹈动作也较快。为了能用数字说明这一点,我们曾进行了下面的测验。

测验材料与方法:

在同一所幼儿园中的三个中班(包括试点班)中进行测验。由同一教师,用同样的步骤与方法将《采茶捕蝶》这一舞蹈分三次教给幼儿,每教完一部分就测验一次,第三次的测验是检查整个舞蹈动作的合拍情况。

测验时每次四个幼儿,随音乐舞蹈。整个舞蹈中主要动作有:小跑步、扑露水、采茶(单手采及双手采)、捕蝶。由两位教师分别各记录两名幼儿动作合拍情况。

测验结果简要分析:

从测验结果中可以看出试点班幼儿由于节奏较好各个动作中合拍的人数也就较多。可见,节奏感发展好能有助于舞蹈动作的掌握与取得较好的动作质量(详细情况见表十四)。

表十四　节奏感对学习舞蹈动作的影响

次数	日期	组别	人数	小跑步 不合拍 人数	%	小跑步 不协调 人数	%	扑蝶动作 手的动作 不合拍 人数	%	手的动作 不正确 人数	%	脚跟动作(侧点步) 不合拍 人数	%	脚跟动作 不正确 人数	%	手脚动作 不协调 人数	%	采茶动作 单手采 不合拍 人数	%	单手采 不正确 人数	%	双手采 方向错 人数	%	双手采 不合拍 人数	%	双手采 不正确 人数	%	捕蝶动作 方向错 人数	%	捕蝶动作 不合拍 人数	%	捕蝶动作 不正确 人数	%	全部动作合拍正确 人数	%
第一次	1981年6月12日	试点班	32	3	9.4							1	3.1																				
	同上	非试点班(一)	31	9	29.0	6	17.6	3	9.6			8	26.0																				
	同上	非试点班(二)	30	5	17.0							6	20.0																				
第二次	1981年6月16日	试点班	30															1	3.3			0	0	1	3.3	0		2	6.6	1	2.9				
	同上	非试点班(一)	29															6	20.6			4	13.7	2	6.8	1	3.4	3	10.3	11	37.9	1	2.9		
	同上	非试点班(二)	29															2	6.8			5	17.2	2	6.8	0	0	2	6.8	10	34.4	1	2.9		
第三次	1981年6月23日	试点班	34	3	8.8			2	5.8			7	20.5	3	8.8			2	5.8	1	2.9	10	29.4	5	14.7	0	0	1	2.9	14	41.1	1	2.9	5	14.7
	同上	非试点班(一)	29	13	44.8	14	48.2	12	41.3	0	0	19	65.5	4	13.7			7	24.1	0	0	13	44.8	7	24.1	1	3.4	3	10.3	18	62.0	0	0	1	3.4
	同上	非试点班(二)	26	15	57.6	7	26.9	8	30.7	3	11.5	11	42.3	6	23.0			3	11.5	5	19.2	11	42.3	6	23.0	6	23.0	6	23.0	21	80.7	2	7.6	1	3.8

第二阶段 1983～1986年

一、时代背景及我们的做法

这三年中,国外音乐教育思想的信息传入更多,传播也更广,创造力的培养益发受到重视,让幼儿探索问题,解决问题的教学方法也受到鼓励。我们在教学中采取了这样的做法:尽量领会各音乐教育思想体系的精神实质,结合我国的实际,与我国音乐教育经验结合在一起对幼儿进行音乐教育。在这三年中,我们增加了许多活动来帮助幼儿更好地分辨音的高低、快慢、强弱及不同音色,认识音乐的各种表现手段,形成初步的音乐概念,从而更好地发展其音乐能力。在此同时,我们继续注意在各项活动中培养幼儿的想像力、创造力,让他们有自己解决问题的机会。

二、测验题目的设计

在这一阶段中进行了三次主要的测验。

第一次:在小班第一学期结束时测验幼儿在接受了半年音乐教育后,在律动中创造能力的表现。

第二次:在小班一学年结束时测验幼儿在接受了一年的音乐教育后,在感受不同形象的音乐时,其想像力与创造力的表现情况。

第三次:在大班学年结束时测验幼儿在经过三年幼儿园的音乐教育后其综合性音乐能力的发展情况。

现分别将各次测验的情况介绍如下。

(一)小班幼儿接受半年音乐教育后在律动中创造能力表现情况的测验

在试验期间,为了给幼儿提供进行创造活动的机会,在律动教学中我们常常鼓励幼儿自己想出要做的动作。如:

● 教《拍手点头》这一律动时,教师先教四个动作——"拍拍小手点点头,拍拍小手叉叉腰,拍拍小手拍拍腿,拍拍小手抱娃娃",作为启发、示范,然后让幼儿自己想想小手还可做什么动作。三岁的幼儿能想出不少,如洗洗脸、刷刷牙、开汽车、开火车、搭积木、擦擦香、提篮子,等等。

● 教《猴子爬树》律动时,当幼儿随音乐做完向上爬的动作后,接着有四个小节音乐是猴子在树上活动,这时教师不硬性规定动作,而是让幼儿自己去想猴子在树上可以做些什么动作。有的幼儿做抓痒动作,有的想出做摘桃子、荡秋千、睡觉等各种动作,各人可随音乐做自己想做的动作。

● 教《日常生活》律动时,除按全国教材教会幼儿第一段早上起床、穿衣等动作作为启发、示范外,以后则让幼儿想想妈妈早上做些什么事。在大家谈论的基础上选出有代表性的动作,用这些妈妈早上所做的动作代替原来所教的起床、穿衣等动作。另外还可带幼儿去厨房参观炊事员叔叔阿姨做些什么事,或者参观解放军叔叔做些什么事,然后挑选其中的部分动作代替最初所教的动作。

律动教学经过这样的改变,幼儿在活动时就变得更主动、积极,思想活跃,不仅能想出许多内容,而且还能创造性地想出表达方法。如:"拍手点头"的律动中想出"吹泡泡"的内容后但如何表示呢?幼儿用把五个手指聚拢然后张开的办法形象地表现了吹出一个又一个的泡泡。

在第一学期末,我们对律动教学中创造力表现的问题进行了一次测验。

测验材料与方法:

以《拍手点头》这一律动为测验材料,问幼儿:"除老师所教的四个动作之外,小手还能做些什么事?"鼓励幼儿尽可能多地想出别的动作。不规定时间,但如果幼儿已有"想不出来"的迹象时,则再连问三次"还有没有啦",若仍想不出就停止测验。

测验地点尽量选单调的环境,如睡觉房、会议室等,以免环境中的物体能启发幼儿想出动作;逐个进行测验。

测验结果与简要分析:

三班幼儿共想出不同种类的动作 387 个,各班幼儿想出动作的情况见表十五。

表十五　小班幼儿接受一年音乐教育后在律动中创造能力表现情况

组　别	所想动作总数	个人想出的最少动作数	个人想出的最多动作数	平均每人想出的动作数	标准差
试点班(甲)	209	0	22	7.74	6.69
试点班(乙)	396	1	42	13.75	10.43
试点班(丙)	520	1	62	19.26	12.53

从测验中,从幼儿的心理活动中可看出他们在:

(1) 努力记忆。尽量避免重复说出已讲过的动作。

(2) 积极联想。不少幼儿能在短暂的时间内由一个动作联想到另一个动作,如想出穿鞋子后接着联想出穿袜子、穿裤子、穿衣裳等。

(3) 设法解决问题。尽管测验的环境单调,但不少幼儿仍能动脑筋,想方设法从环境中寻找启发以便想出动作。如在睡觉房测验的幼儿从床铺上得到启发而编出盖被子、叠被子等动作,即使在空荡荡的会议室中测验的幼儿也能从摆放的电风扇、花瓶及挂在墙上的奖状中获得解决问题的办法,编出开电风扇、拿奖状等动作。

从所编动作的内容上可以看出:幼儿日常生活的经验,幼儿园的教学、游戏、其他活动等对创造性地想出动作有极大影响。虽然若要将幼儿所编的动作进行严格的分类是比较困难的,但从大致的归类中可以看出,其中大约34%到43%与日常生活经验有关,如关于梳洗的、饮食的、穿着的、劳动的等,另外有大约42%到56%与幼儿园的教学内容、游戏及其他活动有密切联系。

从所编动作的数量上看:影响数量多少的原因固然很多,但练习的次数、测验时间的长短都有一定的影响。试点班甲,幼儿想出的动作数量少,与该班在这方面的活动进行的次数不及试点班乙、丙多有关;试点班丙幼儿想出的动作数量最多,与连问三次的时间相隔比较长有关。有时两次之间可达一分钟,这样幼儿又有时间想出新动作,而别的试点班有时三次的连问一个接一个,幼儿也就没有时间再去想。这也是由于缺少经验,事先考虑不周到所造成的。

从这次测验中我们感到:

(1) 三岁幼儿的律动教学中若鼓励幼儿自己动脑筋、想动作,幼儿的记忆、联想、思维、想像等心理活动都会处于积极状态。学习的积极性也会更为高涨。在这样的活动中,幼儿的创造能力以及音乐能力都能得到良好的发展。

(2) 创造能力是基于过去的经验的,丰富的生活经验、教学内容、游戏、其他活动等能给幼儿提供创造活动所需的素材。平日应注意积累。

(3) 创造能力的发展与练习有密切关系。越有机会练习,越能得到发展,因此,在音乐教育中应尽量多提供需要创造性活动的机会。

(二) 小班幼儿在接受了一年的音乐教育后,感受不同形象的音乐时想像力、创造力表现情况的测验

在小班的音乐教育中,为了更好地发展他们的想像力、创造力,我们着重抓了以下两方面的工作。

1. 丰富感性经验

表象是进行想像、创造所必不可少的。小班幼儿年龄小,知识经验少,更需要有亲身感受的机会。因此,在小班这一年的音乐教育中,无论在教律动、唱歌或音乐游戏,能让他们直接从生活中去感受的就让他们去亲身体验,无法直接感受的就设法运用直观教具、形象的语言等予以帮助。如教律动中的"打鼓、吹号"动作前,尽量让幼儿能亲眼看见少先队员们打鼓、吹号的活动;教唱《秋天》一歌前,先带幼儿郊游,感受秋天的景色,引导他们注意观看秋天的落叶,为体会歌词"树叶到处飞呀飞,树叶轻轻睡地上"等创造条件。在教《捉小鱼》的音乐游戏前,给幼儿有机会观察小鱼游水的动作,给幼儿能创造性地表现出小鱼游水打下基础。不能直接感受的则用直观教具进行教学,如教《摇啊摇》一歌时,用小床、小娃娃、小被子等形象地表现出歌曲内容等。

此外，在日常生活中和游戏时间里也尽量自然地利用各种机会丰富幼儿的感性经验，如刮风时引导幼儿观看天上的云如何被风吹走了，树枝在大风中怎样摇摆；下雨天组织幼儿观看屋檐上的水怎样淌下来的，用桶接雨水听听空桶时有什么声音，桶满了又有什么声音。这样使幼儿的感性经验在日积月累之中逐渐丰富起来，他们可以为想像、创造力的开展储备必要的素材。

2. 提供练习机会

创造能力也是需要在练习中才能有所发展的。因此，我们在丰富幼儿感性经验的基础上还尽量给幼儿有进行想像与创造的机会。我们一方面注意引导幼儿多听音乐——所教的歌曲，音乐游戏中的音乐及欣赏的音乐等，并鼓励、启发幼儿去想像歌曲讲了些什么，乐曲表达的是什么意思，给幼儿提供运用想像的机会，另一方面还注意给幼儿有创造性地用动作表达自己感受的机会。如让幼儿自己去想该用什么动作把歌词意思表达出来——为歌曲配动作；在游戏中自己有机会创造性地想出表现情节、角色的动作——如小鱼游，小老鼠跑来跑去、吃东西、睡觉等动作都由孩子自己去做，猴子在树上的动作也让孩子自己去想，有些日常生活的动作还可让幼儿讨论后，定下几个动作大家一起做等。在欣赏一些音乐作品后，也给幼儿机会随音乐动作——如随舞曲跳舞，随进行曲做适合这一音乐性质的动作，随摇篮曲做各种哄娃娃睡觉的动作，随表现不同动物形象的音乐如熊走、兔跳，让幼儿自己就当熊或兔子，随音乐自由表现所想做的动作。

为了了解这一年中由于选用了有利于幼儿想像力、创造力发展的教材与教法，幼儿这方面的能力是否会发展更好些呢，我们设计了以下的测验材料与方法。

测验材料与方法：

拟订出两组测验内容：

第一组：人物组。录下三首用钢琴弹奏的不同性质的乐曲，进行曲——《我是一个兵》，摇篮曲——《我的布娃娃》及新疆舞曲，逐首弹给幼儿听。听前对幼儿讲："小朋友都喜欢学解放军，喜欢哄娃娃睡觉,喜欢跳舞。你听听这首音乐能做什么动作?"给幼儿听一遍音乐,在幼儿回答上述的问题后随音乐做自己所想做的动作。如幼儿辨别不出音乐的性质,不知应做什么动作时,可将事先准备好的解放军帽、娃娃和小摇床、新疆帽子等给幼儿看,予以启发。在幼儿随音乐做自己想出的动作之后还可问问"除了刚才做过的动作外,还能做什么动作",让幼儿用语言回答,以了解幼儿想像的情况。

测验人数,试点班共 36 人(是在三个试点班中用抽签办法分别取男、女幼儿各六名,共 36 人而成的)。非试点班则用一所与试点班水平相当的幼儿园中的一个小班,共 27 名,都是逐个进行测验。

测验结果简要分析:

测验结果见表十六。

从测验结果中可以看出试点班幼儿在以下几方面比较好:

1. 音乐能力较强

识别音乐性质上:试点班幼儿除舞曲一项,第一次能认出的人数比非试点班少以外,其余五项都比非试点班好。

节奏感上:动作合拍的人数都比非试点班多。舞曲动作合拍率几乎高出一倍。

对音乐终止的感受上:试点班幼儿也比非试点班幼儿强。

2. 想像、创造能力较强

在测验中,试点班幼儿想像创造活动积极,想出的动作数量多,内容丰富,而且积极想像,创造的人数多,面广。非试点班中仅少数人思想活跃,大多数人随音乐动作时,动作单一,如听进行曲时自始至终只做一个走步动作,当启发他解放军还能打枪时,却回答说:"没有真的枪怎么打呀?"

3. 自信心较强

试点班中除个别幼儿不肯做熊走、鸟飞动作外,其余幼儿都能充满信心地去想像、思考创造表达的方法。但非试点班的幼儿却表现出自信心不足。有许多幼儿刚做完一个动作,甚至有的还没有动作,就说"我不会"、"我想不出来"、"不会做别的"、"不晓得了"、"老师没有教

表十六 小班末期感受不同音乐形象时想像力、创造力表现情况

音乐类别	组别	人数	辨别能力						动作合拍		知道终止		动作情况										
			第一次认出		启发后认出		未认出						总的动作数量				脚的动作数量				手臂动作数量			
			人数	%	人数	%	人数	%	人数	%	人数	%	动作总数	平均每人动作数	个人最多动作数	个人最少动作数	动作总数	平均每人动作数	个人最多动作数	个人最少动作数	动作总数	平均每人动作数	个人最多动作数	个人最少动作数
进行曲	试点班	35	31	88.57	1	2.86	3	8.57	31	88.57	34	97.14	131	3.74	7	2								
	非试点班	27	20	74.07	4	14.82	3	11.11	16	59.26	23	85.19	46	1.70	4	0								
摇篮曲	试点班	35	27	77.14	3	8.57	5	14.98	23	65.71	31	88.57	106	3.02	6	1								
	非试点班	27	16	59.26	4	14.82	7	25.92	13	48.15	21	77.78	75	2.77	4	0								
舞曲	试点班	35	22	12.86	6	17.14	7	20.0	27	77.14	33	94.29	207	5.91	12	0	57	1.62	8	0	150	4.28	12	0
	非试点班	27	19	70.07	2	7.14	6	22.22	9	33.33	16	59.26	128	4.74	10	0	29	1.07	3	0	99	3.66	10	0
兔跳	试点班	35	32	91.43	0	/	3	8.57	27	77.14	33	94.29	99	2.82										
	非试点班	27	18	66.67	3	11.11	6	22.22	16	59.26	22	81.48	55	2.03										
熊走	试点班	35	34	97.14	0	/	1	2.86	29	82.86	29	82.86	66	1.68										
	非试点班	27	26	95.35	0	/	1	3.70	16	59.26	22	81.48	41	1.58										
鸟飞	试点班	35	30	85.71	2	5.72	3	8.57	24	88.57	30	85.71	89	2.40										
	非试点班	27	10	37.04	3	11.11	14	51.65	13	48.15	22	81.48	66	1.88										

过我","不会表演,小一班没有教,中班教","老师教我们小一班一个本领,上中班也会学到本领,不像小一班,一个个本领",等等。

这些结果可以说明：试点班这一年的音乐教育对幼儿的想像、创造能力的培养的确起到了一定的影响。

（三）大班接受三年音乐教育后,音乐能力发展的测验

在1979年到1982年三年科研总结中我们是通过音准能力、节奏能力的测验来看幼儿音乐能力的发展的。在1983年到1986年,我们在试点班的音乐教育中增加了许多新的活动及教材、教法。为了了解这些活动、教材及教学方法在幼儿音乐能力发展中的作用,我们希望能有比前一次总结中更多一些的测验内容,以便能从多方面了解其音乐能力的发展水平。最后我们设计出以下的测验材料。

测验材料与方法：

测验材料共分六部分。测验时,测验材料及指导语全部用录音。每一项测验都有评分标准,总分为111分,现一一介绍于下。

1. 节奏

(1) 模仿录音中用手拍出的节奏

```
x x x x    x | x x x x - ‖
x. x x x | x. x  x - ‖
x xxxx x x | x xxxxx - ‖
x x o x   o x | x x x - ‖
```

指导语：

● 你听我是怎样拍手的。

● 再听一遍,我拍完了你拍,要跟我拍的一样。

● 我换一个新的。（指拍第二条）你听我是怎样拍的。

● 再听一遍,我拍完了你拍。

以下都按此讲法,直到拍完第四条。

评分标准：

第1、2条每条2分；第3、4条每条4分,共12分。

(2) 幼儿自己创造性拍出节奏

指导语：

● 现在请你拍手，拍得和我刚才拍的一样长，你拍完了我来跟你拍。

● 再想一个新的拍法。

以下讲法同上，直到幼儿想不出新的节奏。

评分标准：

每拍出一条得 4 分。

2. 对音的强弱、长短、高低等感受能力（全部听录音）

(1) 分辨强弱

$1=C \ \frac{4}{4}$

$\overset{ff}{5\ 3\ 5\ 3} \ | \ 5\ 5\ 5\ - \ | \ \overset{}{5\ 3\ 5\ 3} \ | \ \overset{pp}{5\ 5\ 5} \ - \ |$

(唱) 老 虎 打 鼓（琴声）　　（唱）蜜 蜂 打 鼓（琴声）

$5\ 3\ 5\ 3 \ | \ 5\ 5\ 5\ - \ | \ \overset{mf}{5\ \underline{6.}\ \underline{5\ 6}\ \underline{5\ 3}} \ | \ 5\ -\ -\ - \ \|$

(唱) 小 兔 打 鼓（琴声）　　（唱）你听 是谁在打 鼓

指导语：

● 有老虎、蜜蜂、小兔在打鼓，它们打鼓的轻重不同，你先听一听。

● 你再听一遍，等下我在钢琴上弹出它们打鼓的声音，你告诉我是谁在打鼓。

先后次序为：

$\overset{pp}{5\ \ 5\ \ 5\ -} \ \| \ \overset{ff}{5\ \ 5\ \ 5\ -} \ \| \ \overset{mf}{5\ \ 5\ \ 5\ -} \ \|$

$\overset{ff}{5\ \ 5\ \ 5\ -} \ | \ \overset{pp}{5\ \ 5\ \ 5\ -} \ \| \ \overset{mf}{5\ \ 5\ \ 5\ -} \ \|$

评分标准：每对一个得 1 分，共 6 分。

(2) 分辨长短

1=C 4/4

5 3 5 3 | 5 5 5 5 5 5 5 5 | 5 3 5 3 | 5 5 5 5 |
老鼠 走 路　（琴声）　　　　小羊 走 路　（琴声）

5 3 5 3 | 5 - 5 - | 5 6. 5 6 5 3 | 5 - - - ‖
大象 走 路　（琴声）　　　你听 是谁 在走 路

指导语：

● 有老鼠、小羊、大象在走路，它们走路步子的长短不同，你先听一听。

● 你再听一遍，等下我在钢琴上弹出它们走路的声音，你告诉我是谁在走路。

先后次序为：

5 5 5 5 5 5 5 5 ‖ 5 - 5 - | 5 5 5 5 ‖

5 - 5 - ‖

5 5 5 5 5 5 5 5 ‖ 5　5　5　5 ‖

评分标准：每对一个得1分，共6分。

(3) 分辨高低

1=C 4/4

5 3 5 3 | 1 1 1 - | 5 3 5 3 | 1 1 1 - |
(唱)小鸟唱歌（琴声）　（唱)小 熊 唱 歌（琴声）

5 3 5 3 | 5 5 5 - | 5 6. 5 6 5 3 | 5 - - - ‖
(唱)小狗唱歌（琴声）　（唱)你听 是谁 在唱 歌

指导语：

● 有小鸟、小熊、小狗在唱歌,它们唱歌声音的高低不同,你先听一听。

● 你再听一遍,等下我在钢琴上弹出它们唱歌的声音,你告诉我是谁在唱歌。

先后次序为:

‖ 1 1 1 - ‖ $\dot{1}\dot{1}\dot{1}$ - ‖ 5 5 5 - ‖ $\dot{1}\dot{1}\dot{1}$ - ‖ 5 5 5 - ‖ 1 1 1 - ‖

评分标准:每对一个2分,共12分。

(4) 分辨《青蛙合唱》钢琴中小青蛙、老青蛙及两只青蛙一道唱歌的不同声音及节拍(准备小青蛙、老青蛙图片各一张)。

青蛙合唱

$1=C \quad \dfrac{3}{4}$

| 1 2 3 4 5 | 5 4 3 2 1 | 2 3 2 5 | 3 - 1 | 1 2 3 4 5 |
| 小 青 蛙 | | | | 老 青 蛙 |

| 5 4 3 2 1 | 2 3 2 5 | 1 - - | 2 3 4 3 2 | 3 4 5 4 3 |
| | | | 小 青 蛙 | |

| 2 3 4 3 2 | 3 4 5 4 3 | 1 2 3 4 5 | 5 4 3 2 1 | 2 3 2 5 |
| 老 青 蛙 | | 小 青 蛙 | | |

| 1 - - | 3 4 5 4 3 | 3 4 5 4 3 | 3 4 5 3 1 |
| | 老 青 蛙 | | |

$\underset{合}{3}\ \underset{}{4}\ \underset{唱}{5}\ \underset{}{3}\ \underset{}{1}$

指导语:

● 我弹一首曲子,名字叫"青蛙合唱",有的地方是小青蛙在唱歌,有的地方是老青蛙在唱歌,有的地方是小青蛙与老青蛙一道唱歌,你先听一遍。

● 这里有两张图片,一张是小青蛙,一张是老青蛙,现在你一边听音乐一边指给我看,是小青蛙唱歌就指小青蛙,是老青蛙唱歌就指老青蛙,是两只青蛙唱歌就指两只青蛙,预备起。

● 现在你听听《青蛙合唱》是几拍子的?(只弹乐曲的前四小节)

● 我弹琴你跟音乐拍手,预备起。

评分标准:

每指对一次小青蛙或老青蛙独唱部分得一分,共6分;指对合唱部分则得4分,共10分。

说对三拍子得2分,按小节能全拍对得6分,共8分。

青蛙合唱部分总共18分。

3. 乐句与乐段

(1) 乐句

① 分辨四个乐句。

指导语:

● 现在我弹一首音乐给你听,这首音乐一共有四句,你听听看,能不能分得出是哪四句。

● 现在我再弹一遍给你听,你每一句打一下鼓(重复:你每一句打一下鼓)。预备起。

音乐:

$1=G \quad \frac{4}{4}$

3· 3	5· 5	3· 3	5· 5	4· 4	6· 6	6 —
2· 2	4· 4	2· 2	4· 4	3· 3	5· 5	5 —
1· 1	3· 3	1· 1	3· 3	2· 2	4· 4	6 —
1	1	7̣	7̣	1	—	— ‖

评分标准:每对一句得1分,共4分。

② 听出最后一句并能及时拍四下手。

音乐:跳舞歌

1=D $\frac{4}{4}$

$\underline{1\cdot\ \ 1}\ \ \underline{2\cdot\ \ 2}\ \ \underline{3\ \ 5}\ \underline{3\ \ 1}\ |\ 1\ \ 1\ \ 2\ \ 2\ \ 3\ \ 1\ |$
小　朋　友　们　来　跳　舞，大　　家　来　跳　舞。

$\underline{1\cdot\ \ 1}\ \ \underline{2\cdot\ \ 2}\ \ \underline{3\ \ 5}\ \underline{3\ \ 1}\ |\ 6\ \ 2\ \ 4\ \ 3\ \ 1\ \|$
小　朋　友　们　来　跳　舞，快　快　来　跳　舞。

指导语:

● 现在你听我唱一首跳舞歌,我弹完最后一句再唱。

● 你再听一遍,这次我唱到最后一句"快快来跳舞"的时候要加上拍手。

● 现在我再唱跳舞歌。唱到最后一句"快快来跳舞"的时候我不拍手了,你来拍手。(重复:唱到最后一句……)

● 现在我不唱了,光弹琴,到最后一句时你自己拍手。(重复:到最后一句……)

● 这一次我只弹前面的,最后一句不弹了,到时候你自己拍手。(重复:到时候你自己拍手)

评分标准:随歌声拍对得2分,随琴声拍对得2分,无歌声琴声自己到时候拍对得2分,共6分。

③ 能在最后一句时在鼓上打出一定的节奏。

音乐：

小 鼓 唱 歌

1=C 4/4

3 3 2 1 3 5 5 6 5 | 6 6 5 i 6 5 3 1 2 |
我是　一只　小小　鼓，唱起　歌来　真好　听

5. 5 3 5 6 i 6 5 6 | X X X X X X X X X |
请你　听我　唱一　　唱（鼓声）

指导语：
● 现在我唱一支小鼓的歌，唱到最后一句的时候要在鼓上把小鼓要唱的歌打出来，你先听一遍。
● 现在你来当小鼓，唱到最后一句的时候你就把小鼓要唱的歌在鼓上打出来，打的时候注意，要和前面的句子一样长，不要和我打的节奏一样（重复：打的时候注意……）。
● 再来一次。

评分标准：能及时打出并有一定节奏型得4分

(2) 乐段（进行曲、三段体）

指导语：
● 现在请你听一首音乐，你听听看有几段，哪两段是一样的。
● 再听一遍，听的时候一段音乐举一张卡片，音乐换了一段就换一种颜色的卡片，两段音乐是一样的就举一样颜色的卡片（重复一遍）。

评分标准：举对一段得4分，共12分。

进 行 曲

1=C 2/4

李重光

$\underline{5.\ \underline{5}}\ \underline{5\ 6}\ |\ 5\ -\ |\ \underline{3.\ \underline{3}}\ \underline{3\ 4}\ |\ 3\ -\ |\ \underline{1.\ \underline{1}}\ \underline{1\ 2}\ |$

$\underline{1.\ \underline{1}}\ \underline{1\ 2}\ |\ 3\quad 2\ |\ 3\ -\ |\ \underline{5.\ \underline{5}}\ \underline{5\ 6}\ |\ 5\ -\ |$

$\underline{3.\ \underline{3}}\ \underline{3\ 4}\ |\ 3\ -\ |\ \underline{1.\ \underline{1}}\ \underline{1\ 2}\ |\ \underline{1.\ \underline{1}}\ \underline{1\ 2}\ |\ 3\quad 2\ |$

$1\quad \underline{\dot{5}.\ \underline{\dot{5}}}\ |\ 1\ -\ |\ 5\quad 5\ |\ 5\quad 5\ |\ \underline{5\ \dot{1}}\ \underline{\dot{2}\ 6}\ |$

$5\quad 5\ |\ 3\quad 3\ |\ 3\quad 3\ |\ \underline{2\ 3}\ \underline{5\ 2}\ |\ 1\quad 1\ |$

$5\quad 5\ |\ 5\quad 5\ |\ \underline{5\ \dot{1}}\ \underline{\dot{2}\ 6}\ |\ 5\quad 5\ |\ 3\quad 3\ |$

$3\quad 3\ |\ \underline{2\ 3}\ \underline{5\ 2}\ |\ 1\quad 1\ |\ \underline{5.\ \underline{5}}\ \underline{5\ 6}\ |\ 5\ -\ |$

$\underline{3.\ \underline{3}}\ \underline{3\ 4}\ |\ 3\ -\ |\ \underline{1.\ \underline{1}}\ \underline{1\ 2}\ |\ \underline{1.\ \underline{1}}\ \underline{1\ 2}\ |\ 3\quad 2\ |$

$3\ -\ |\ \underline{5.\ \underline{5}}\ \underline{5\ 6}\ |\ 5\ -\ |\ \underline{3.\ \underline{3}}\ \underline{3\ 4}\ |\ 3\ -\ |$

$\underline{1.\ \underline{1}}\ \underline{1\ 2}\ |\ \underline{1.\ \underline{1}}\ \underline{1\ 2}\ |\ 1\quad \underline{\dot{5}\ \dot{5}}\ |\ 1\ -\ ‖$

4. 随音乐跳舞

指导语：

现在请你听一首音乐，等下你跟着音乐自己跳舞，动作要合拍，有新花样，音乐响的时候动作力量大，音乐轻的时候动作也要轻。

音乐：

声　音

幼儿英语歌曲和音乐游戏

```
3 3 3 3 | 3 2 1 5 - | 2 2 2 1 2 | 3 - - - |
3 3 3 3 | 3 2 1 5 - | 2 3 4 3 2 | 1 - - - ‖
```

注：基本曲调如上，但演奏时加电子琴伴奏，节奏分明共重复三遍最后延长了几小节。

评分标准：根据舞蹈动作的节奏、协调、对称、新颖、有变化，与音乐相适应等标准评分，满分为10分。

5. 辨别音乐的性质

（1）伏尔加船夫曲

用男声独唱歌曲《伏尔加船夫曲》中最后一部分。

伏尔加船夫曲

1=D 4/4

俄罗斯民歌

```
6 6 6 3 3 | 1 7 6 5 3 | 6 1 7 1 7 6 | 5 3 6 3 - | 3 - - - |
哎 嗒 哎，  哎 嗒 哎，  河 水 滔   滔 深  又 阔

      mf                          p
3 - - - | 3 3 2 3 2 1 | 7 5 6 3 0 | 5 3 6 3 0 | 5 3 6 3 0 |
         伏尔加，伏尔加，母  亲河，  哎 哟 嗬  哎 哟 嗬

               pp
5 1 7 1 7 6 | 5 3 6 3 0 | 5 3 6 3 0 | 5 3 6 3 0 | 5 1 7 1 7 6 |
齐 心 合   力 把 纤 拉   哎 哟 嗬   哎 哟    拉 完 一  把

  ppp 渐慢
5 3 6 3 0 | 5 3 6 3 0 | 5 3 6 3 0 | 5 3 6 3 - | 3 - - - ‖
又 一 把    哎 哟 嗬    哎 哟 嗬    哎 哟！     嗬
```

指导语：
- 你听听这段音乐像是讲一件什么事，音乐里的声音是怎样的，开头与后面有没有什么不同，是什么人唱的。
- 现在请你再听一遍，这段音乐像是讲一件什么事，音乐里的声音是怎样的，开头与后面有没有什么不同，是什么人唱的。

评分标准：能说出与音乐性质相符的答案及强弱、快慢可得5分。

（2）摇篮曲

用《摇篮曲》中最后好哼的部分。

$1=^{b}A \quad \dfrac{3}{4}$

$3 \quad 5 \quad \dot{3} \quad | \quad \dot{2} \quad - \quad - \quad | \quad \dot{1} \quad 3 \quad 5 \quad | \quad \dot{1} \quad 7 \quad - \quad |$

$5 \quad \dot{1} \quad \dot{4} \quad | \quad \dot{3} \quad - \quad - \quad | \quad \dot{2} \quad - \quad \dot{1} \quad | \quad 6 \quad 5 \quad - \quad |$

$3 \quad 5 \quad \dot{3} \quad | \quad \dot{2} \quad - \quad - \quad | \quad \dot{1} \quad 3 \quad 5 \quad | \quad \dot{1} \quad 7 \quad - \quad |$

$6 \quad 5 \quad \dot{1} \quad | \quad \dot{4} \quad \dot{3} \quad \dot{1} \quad | \quad 2 \quad 6 \quad \cdot \quad 7 \quad | \quad \dot{1} \quad - \quad - \quad \|$

指导语：
- 现在请你再听一段音乐，你听听这段音乐好像是在讲一件什么事，音乐里的声音是怎样的，是谁唱的。
- 重复提问一次。

评分标准：能说出与音乐性质相符的答案及强弱、快慢可得5分。

（3）舞曲

波尔卡舞曲手风琴演奏。

指导语：
- 现在还请你听一段音乐，你听听这段音乐好像是在讲一件什么事，音乐里的声音是怎样的，用的是什么琴。
- 重复提问一次。

评分标准：能说出与音乐性质相适合的答案及强弱、快慢可得5分。

6. 补充节奏测验

在测验过程中,发现幼儿模仿录音中所拍出的节奏难度大。因此又增加了由主试当面拍给幼儿看,让幼儿重复拍出的节奏测验共六条。

```
x x x x  x -  ‖
x x x x x   ‖
x x x  x x x -  ‖
x  x  x  x -  ‖
x x x x x x -  ‖
o x   o x x -  ‖
```

指导语:

我拍一个节奏,你注意听,我拍了以后你把它拍出来。

评分标准:每拍对一条得 1 分,共 6 分。

测验结果简要分析:

从表十七的测验成绩来看,除一两项测验的成绩非试点班与试点班一样或接近外,其余各项,试点班的成绩都优于非试点班。辨别音高是比较难的,试点班幼儿成绩明显较好。在分辨乐句与乐段的得分中,试点班高于非试点班一倍多。这与平日试点班幼儿曾进行过一些分辨乐句、乐段的活动有关。例如曾让幼儿边听歌曲边在每一乐句开始时举一下手或划弧线,做一个动作等。有时用游戏方式请一邀请者,在每一乐句开始时点一位小朋友,跟随其后走步或用其他舞步继续去点新小朋友,点完四人后(因只有四个乐句)再各人按乐句,一句一人回原座位。在分辨乐段上,也从感受具体形象的娃娃睡觉、娃娃跳舞到娃娃睡觉这样的三段体到倾听纯乐曲的三段体时用集体舞或其他身体动作来帮助识别。如第一段是各人自己随音乐跳舞,第二段则找一同伴两人协同舞蹈,第三段又与同伴分开回复到各自跳舞。

表十七 大班末期综合音乐能力测验成绩

组别	人数	节奏	辨别音的强弱长短高低			辨别乐曲中声音的变化与节拍		分出乐句			分出段	辨别出音乐性质及听出强弱快慢			随音乐跳舞	当面模仿所拍的节奏	总成绩			
			强弱	长短	高低	声音变化	变节拍	分出四个乐句	及时在第四乐句拍手	及时在第四乐句打数		劳动歌曲	摇篮曲	舞曲			个人最高分	个人最低分	平均分	标准差
		平均分	平均分	平均分	平均分	平均分	平均分	平均分	平均分	平均分	平均分	平均分	平均分	平均分	平均分	平均分				
试点班	30	2.6	5.3	4.3	8.5	8.2	6.7	3.2	3.16	1.7	7.2	3.9	2.3	3.1	6.5	5.0	94	49	71.8	
非试点班	30	1.5	4.1	4.1	5.3	5.8	5.3	1.2	3.06	1.1	3.4	2.4	2.3	2.9	4.3	4.3	77	22	51.5	

注：1. 试点班幼儿是从三个试点班中随机取样，各取10名，共30名。
非试点班幼儿是与试点班是同一幼儿园的同年龄班中的幼儿，也按随机取样的方法各取10名，共30名。
2. "辨别乐曲中声音的变化与节拍"中所讲的乐曲即《青蛙合唱》。

在分辨乐句这一大项中有及时在第四乐句拍手与及时在第四乐句打鼓,这两项的要求通过测验可看出是偏深了,大多数幼儿难以完成。

在随音乐跳舞这项测验中可以看出,音乐感强、有创造性的幼儿不仅节奏感强、动作合拍、协调,而且能与乐句的划分相适应,动作还有对称性、新颖性并常具有一定的意义。而音乐能力发展差的幼儿相比之下,动作不仅不合拍,而且比较单调,往往自始至终只有一个动作,有的虽更换动作,但与音乐结构很不适应。

总之,从同一幼儿园中同年龄班、同样接受三年音乐教育的幼儿所进行的综合音乐能力的测验成绩中可看出,平日注意采用幼儿所能理解的、感兴趣的教材与活动形式引导幼儿注意音乐的种种表现手段,有意识地帮助与促进幼儿形成音乐概念,在这样的教学思想与方法影响下,幼儿音乐能力发展就比较好。

1987 年 5 月

中篇

幼师教材

幼儿音乐教学法

幼儿音乐教育的作用与任务

音乐教育对幼儿身心发展的作用

"音乐"与"幼儿"几乎是同步的语汇,喜欢音乐可以说是孩子的天性,成人也经常运用音乐来抚慰、教育婴幼儿。在生活中我们可以看到多少妈妈为了哄孩子入睡,创造性地哼唱着不同的曲调;音乐大师们也为婴幼儿谱写过许多美好、难忘的摇篮曲,代代流传。教育家们更是重视音乐的教育作用。孔子提出的六艺中有音乐;中世纪欧洲所设的四项教育科目中有音乐;空想社会主义者欧文开办的第一所托幼教育机构"性格形成新学园"里,孩子需要学习唱歌、跳舞;称为幼儿园之父的德国福禄培尔在他所创办的幼儿园中,音乐成了有力的教育手段,他认为母亲教孩子唱歌、念诗歌能促使孩子身心获得发展,他曾为母亲及照料儿童的人们写了歌曲集,还举办讲座,强调并宣传这些观点。20世纪意大利伟大的儿童教育家蒙泰梭利主张发展儿童的听觉,认为要发展听觉就必须让儿童学会欣赏、学会安静,反对在混乱的噪音中生活,建议给儿童听声音好听的小铃及简单的弦乐器。

我国著名的教育家陶行知先生非常重视美育。刘海粟同志在《陶先生提倡美育》这篇短文中曾写道:"陶先生提倡美育,当初我也是一个,还有蔡元培先生。中华教育改进社里还有美育组。要我审查中小学校教育课程,我和陶先生都主张把美育作为一门主科(音乐、图画、工艺),我们写了好多文章,说明小孩子一方面要物质生活,一方面要精神生活,我们并不是要把小孩子都培养成画家、音乐家,主要是为了陶冶他们的精神情操和品德。"[1]

我国幼儿教育专家陈鹤琴先生在他所创办的鼓楼幼稚园中,音乐活动占有重要的位置,孩子们不仅学唱歌、玩游戏,还练习打击乐器,欣赏美好音乐。陈先生还带领几位富有教育经验的老师编写了《儿童歌曲》《世界儿童节奏集》(上下册),这些书籍深受幼儿教育界的欢迎,对开展幼儿音乐教育起了一定的促进作用。

随着科学技术的发展,人们对大脑的研究在逐步深化,对音乐教育在幼儿生理上、心理上所起的作用,进一步得出了令人心悦诚服的数据。这些新的认识还会随着历史不断前进、科学的不断发展而更加深刻和全面。

音乐在幼儿身心发展中的作用概括起来有以下几点。

一、音乐是美育的组成部分,是进行美育的重要手段

美育是培养人对自然界、社会生活、文艺作品的正确的审美观点,也是培养人感受美、鉴赏美和创造美的能力的一种教育活动。

人们认识世界除用科学的方法、逻辑思维外,艺术的方法、形象思维也是一个重要途径。通过艺术形象接受的教育往往是难忘的。音乐是门艺术,它正具有这样的作用。它能直接地影响人们,特别是影响儿童的感情,这对帮助儿童认识周围世界,产生道德与美的体验有着特殊的作用。

幼儿园的音乐教育包括唱歌、韵律活动、音乐游戏、打击乐及音乐欣赏等,这些都是美育的内容,也是进行美育的主要手段。通过各种音乐活动能培养幼儿对音乐的兴趣和爱好,提高他们对音乐的感受能力,可使他们学会简单的音乐技能,并能发展他们的音乐创造能力。幼儿在音乐的感染下能陶冶性情,对美好事物有良好感情,对生活无限热爱,并能逐步建立起健康的审美观点。

---

[1] 引自《文汇报》,1986年7月24日。

二、能促进大脑右半球活动,增进大脑功能

人类的大脑分左、右两个半球。通过科学家们进行的大量实验研究发现,大脑两半球的功能有高度的专业化分工,左半球主要掌管语言的学习,对数字的理解、概念的构成,对时间连续性的感受以及分析的能力等;右半球则侧重在音乐、图画和图形的感受,认识面孔的能力,空间知觉及距离的判断,综合的能力等。虽然语言能力属左半球掌管,但神经生理学教授斯佩里还发现,大脑右半球的潜力很大,也懂得很大一部分词汇,并能阅读,有许多高级功能。

大脑两半球的功能虽有所不同,但它们并非是互相割裂的,它们通过大约有四亿根神经纤维构成的胼胝体及其他连合纤维而密切联系,互相合作。整个大脑也只有在两半球共同活动中才能更好地发挥其功能。但有些传统的教育只重视读书、识字、做算术,忽视音乐、美术等艺术教育,无形中增加了左半球的负担,而右半球却未得到应有的发展。关于这个问题,美国托马斯·埃·里格尔斯基在《音乐教育与人的大脑——一定不要忽视大脑右半球的活动》[1]一文中指出:"大部分的传统教育曾经致力于左半球,使它过分地发展到损害'整个'人的程度,而且倾向于轻视右半球,甚至使右半球的思维能力衰退;这种右半球思维能力是负责音乐、音乐行为和音乐刺激输入的加工……"他还说:"这'次要'的大脑半球不能再长久地被忽视了……"在《爱因斯坦的音乐脑》[2]一文中讲到,最近美国脑科学家对爱因斯坦的脑细胞组织进行了切片观察,发现其"棘突触"比普通人多,这与他从小弹钢琴,拉小提琴有关,这些音乐活动发展了爱因斯坦的音乐脑即右脑,扩展了他右脑的能力。爱因斯坦的音乐脑给他创造了最佳的思维能力,增多了科学灵感,使他能勇于独创一格取得伟大成就。

幼儿若有机会经常进行音乐活动,大脑右半球就能处于积极状态,获得良好发展,从而使整个大脑左、右两半球能在互相沟通、互相

---

[1] 引自《音乐教育者》1977年5月刊。
[2] 引自《音乐爱好者》1985年3月刊。

联系、紧密合作的情况下增进其机能,为心理活动、智力开发提供良好的物质基础。

三、能促进心理的发展

心理发展离不开活动,在内容多样化的音乐活动中,可促进幼儿以下心理过程的发展。

(一)促进听觉的发展

人类的听觉器官在有声语言的影响下,有着高度的发展,成为高级的感觉器官之一。据说鹿的听觉灵敏性极高,可是还不及人的强。听觉不仅是进行口头语言交往所必需的器官,也是感受音乐的基础,儿童的听觉在一生的发展过程中处于最灵敏的阶段,随着年龄的增长,到老年时会逐渐衰退。听觉能力除受先天因素的影响外,后天的教育也起着重要作用。多进行各种音乐活动,多听音乐,儿童辨别声音的能力会得到提高。在训练、培养之下,有的儿童还能很快就具有绝对音高的能力。苏联心理学家列昂节夫在那些似乎缺乏音乐才能的儿童中应用特殊的方法,训练他们形成了音乐听觉。

(二)促进记忆的发展

幼儿进行音乐活动时不仅要听,而且要记。他们要记住所学歌曲的歌词、曲调;记住律动的动作,舞蹈动作的顺序,音乐游戏的要求,欣赏过的音乐作品和打击乐中的节奏型等等。幼儿的音乐记忆正是在这一系列的活动中得到发展的。如在一次对小班幼儿进行有关模仿动作的测验中,曾出现这样的现象:他们当听到弹出的模仿动作曲调的最后一句的头几个音,甚至仅听了一两个音时,就能立即辨别、再认出是哪个模仿动作,并马上做好准备动作。如听出是表示鸭走的音乐,就把手放到身后,当鸭翅膀;听到是兔跳音乐,就把手放在头上方当兔耳朵;听出是拍球的律动就把手平举在身前做出准备拍球的姿态等,当前奏一结束就能随音乐做相应的动作。在被测的77名幼儿中,对所测的鸭走、兔跳、猫走、拍球、鸡走及踮步六项内容,全体幼儿几乎没有什么困难就能一一分辨出来。可见音乐记忆在他们的身上有了较好的发展。

音乐记忆是进行音乐活动所不可少的,在具有音乐记忆的基础上,才有可能进行音乐想像。音乐活动也有利于一般记忆的发展,而记忆却是心理活动的一个重要组成部分,是学习、工作所必需的前提。

(三)促进语言的发展

唱歌对幼儿语言发展所起的作用是显而易见的。一首好的歌词往往是首好的儿歌,儿童在学习歌曲的同时就学习着一首首好的儿歌,无形中词汇量、艺术性语言就能有所增加。唱歌时要求吐字清楚,这对培养幼儿正确发音有很大帮助。曲调中有些强弱、快慢的变化就是来自于人们的语言,经常唱歌又能使幼儿对语言的重音、节奏、句子的结构等加强掌握与理解。在这方面有的专家认为,语言上有缺陷的儿童,在日常生活中需要音乐的刺激。音乐与语言二者都有句子、韵等、重音及重复律。他们还认为,音乐能使耳朵敏锐,帮助注意和倾听能力的发展,这些能力的发展又能促使儿童把话说得更好。同时还指出,学唱歌能在喉部形成一种肌肉活动的模式,这对说话会有一定的影响,但目前对这一问题的研究还很不够,理解还很不完全。学习音乐不仅有利于本国语言的学习,也有利于学习外语。如善于辨别外语的发音,掌握其重音、节奏、语句、语调等。

(四)促进想像及形象思维、创造性思维的发展

音乐离不开想像、形象思维与创造。

首先,作曲者在创作过程中必须有充分的想像才能将自己的思想感情、深切体验,通过运用音乐的各种表现手段、音乐的语言向人们倾诉、表达。其次,演唱、演奏者也必须充分运用自己的想像,深入体会作品的感情,经过一个再创作的过程,采用自己独特的处理方法,力求完美地表现、传达给听众。而听众、欣赏者,要真正能与创作者共鸣,领会作品的意境,还要运用想像。人们说,音乐离不开想像,不无道理。

对幼儿来说,音乐在促进想像、形象思维、创造性思维上更有其特殊的作用。这一年龄阶段正是形象思维占主要地位的时期,是由再造想像逐步向创造想像发展的时期。幼儿在进行内容丰富的音乐活动

时,有很多机会需要运用想像进行创造:他们在留神倾听、欣赏音乐时需要想像;他们在表演唱歌、舞蹈时也会有再创作的过程;他们甚至还会自己哼哼唱唱创作歌曲、手舞足蹈创作舞蹈。有人认为,音乐可成为幼儿想像力和幻想力的源泉。

在音乐活动中培养起来的想像力、形象思维、创造性思维的能力对学习科学理论、开展研究工作也是极为有利的。因为在这些方面也少不了想像。我国著名科学家钱学森同志就非常重视音乐,他认为搞科学的人应该懂得一点音乐,懂了音乐对科学研究有好处。

(五)促进情感的发展

谁都承认,音乐的力量是巨大的,之所以巨大是因为音乐能触动人们的感情。

一切美好的音乐作品都具有强大的感染力。列宁在欣赏贝多芬的《热情奏鸣曲》时,感情激动,认为这是人间奇迹。

感情虽是无形的、捉摸不到的,但它在人们的生活中却具有极大的作用。它是一种强大的动力。一个有深刻而灼热感情的人,会从各方面表现出来,他们对祖国、人民、家中亲人会有发自内心的爱,对未来能充满信心,愿奋发向上,当遭到失败、困难时会冷静对待,抱有乐观情绪。他们的生活会更丰富,更富有明显的目的,更有生气。感情在人的认识活动中也是一种有力的内驱力。

人类的情感是人类社会生活的产物,野生儿、狼孩与动物居住在一起,失去了在人类社会中生活的机会,虽然先天遗传有发展人类感情的生理机制,但由于缺乏后天的人类环境与教育,他们的情感与人类儿童的情感相比就显得极为贫乏,他们不会笑,不会哭,也没有羞耻,常常出现发怒和攻击行为。幼儿期正是情感由低级向高级逐步发展的阶段。在这一时期儿童的社会交往不断扩大,情感体验也比婴儿期丰富多样,调节能力也有所提高,高级的道德感、美感、理智感开始逐渐有所发展。富有情感性的音乐艺术能促进幼儿情感的发展,多参加各种情绪性的音乐活动,能使幼儿的积极情感深刻起来、丰富起来,懂得对美好的喜爱和对丑恶的憎恨,懂得同情心和自豪感。因此,以音乐为手段对幼儿进行情感的培养容易收到良好、长期的效果。有时这些强烈情感所留下来的痕迹能影响终身。

幼儿情感的发展和想像力的发展往往紧密联系着。想像力的活动能加强情感,使感情更强烈、更鲜明,而感情的发生又能加强想像力的活动。

培养幼儿积极的感情及积极对待世界的态度也是幼儿教育的目的之一。

(六)促进个性的发展

根据心理学的定义来看,个性就是具有一定倾向性的、比较经常、比较稳定的心理特征的总和。个性有着极大的个体差异,它表现在各个方面,如,在能力与兴趣爱好上,在对待周围世界的态度与行为方式的性格特征上,以及道德品质上等等。这些个性上的差异是受先天的生理条件及后天的生活、环境教育条件的影响所制约的。虽然个性特征有一定的稳定性,但也并不是一成不变的。

幼儿的个性正处于从婴儿的萌芽期进入到初步形成的阶段,对以后的发展有重要影响。经常进行音乐活动,能培养幼儿对音乐的兴趣爱好,发展音乐及其他方面的能力,陶冶情操,养成活泼开朗的性格等,为日后良好个性的发展打下坚实的基础。

四、能促进身体健康

音乐课是幼儿喜爱的课程之一。如果去观察一节好的音乐课,细心看看孩子们的表情,就会使你感到他们的确自始至终都处于愉快、欢乐的状态之中。

为什么幼儿在音乐活动中会感到愉快?可能与以下几个因素有关。

第一、幼儿天生的好动性可在音乐活动中得到满足,从而可获得快乐。

第二、在随音乐合拍的活动中,能给幼儿带来愉快。因为合拍的动作能够节省体内能量的消耗,使人感到轻松,精神振奋。一般都有过这样的体验:当走步时听见了雄壮有力的进行曲,就会立即感到步伐变得轻快、矫健起来,精神也格外抖擞。在练习基本舞步或舞蹈动作时,若配上合适的音乐,动作会更加轻松自如,心情也更为愉快、激动。有一次当一位教师在一所幼儿园里准备录《铃儿响叮当》的音乐,在钢琴上试弹时,这时值日生董宁小朋友,正在钢琴旁边收拾椅子,听见了音乐声,由原来走着搬放椅子,一下子改为满面笑容地用跑跳步来回搬着椅子,动作合拍、轻松、协调,精神十足,情绪顿时变得极其愉快。

第三、集体的音乐活动能使幼儿的社会性需求得到满足,从而产生愉快情绪。幼儿随着年龄的增长,社会性的需求也不断变化,拿游戏活动来说,也逐步由单独活动到并行活动到进入喜爱集体活动的阶段。他们喜欢和小朋友一道唱歌,喜欢一起玩一些有情节的音乐游戏,也会从集体舞中,共同打击的节奏乐中得到欢乐,并发出内心的笑声。

第四、在音乐活动中,可发挥幼儿的想像力,这对想像力丰富的幼儿来说,正如鱼儿得水,分外高兴。只要认识了这一点,再去观看幼儿的音乐活动,那些富有想像活力的生动感人的镜头就会层出不穷地映入眼帘。例如:小班幼儿边动作边唱《一只小小老鼠》,当唱到最后一句"一只老猫看见,一把抓住它"时,有的幼儿会双手做抓住老鼠的样子放到嘴边,口中还发出咂咂声,似乎正在津津有味地吃着老鼠呢!四岁的幼儿在玩音乐游戏《小朋友散步》时,当听到雨点声的音乐出现时,教师示范时是采用双手捂头往家里跑的动作来表示,但有个小朋友却别出心裁,把双手举在胸前跑,原来他是在打伞呢!他创造性地想出了这个动作,心里充满快乐,脸上堆满笑容。有一次,在音乐课里,鸭妈妈请小鸭子吃虾(塑料做的),小鸭子们拿着小虾放到嘴边,随音乐合拍地一下一下地动作着,表示在吃虾,其中有一个幼儿,他的手举得比别人高,到了头的上方,也是非常合拍地一下一下地动作着,原来他戴的一顶小鸭子的帽子,鸭子嘴是往上翘的,他正在往"真正"的鸭嘴里送食物呢!这是多么可爱的动作,多么有趣的想像。

第五、幼儿在音乐课上所学的内容,需要花费一定的努力才能掌握。这种通过克服困难而获得的"胜利喜悦",就是一种愉快情绪的表现。在幼儿园里常常可以看到这样的情景:教师初教一个有点难度的动作时,开始幼儿不太会,但通过反复练习,会跳了,立刻会流露出因征服了困难而产生的自豪和愉快,希望教师观看他做的动作并给予肯定。

音乐活动给幼儿带来的愉快情绪,是促进幼儿身心发展的重要因素。愉快情绪和不愉快情绪所引起的生理活动是完全不同的。科研资料表明,不愉快情绪会产生对神经组织、心血管组织等有副作用的一种物质,能引起各种溃疡病、癌症、心脏病等,是身体中的"定时炸弹";而愉快情绪则能使血液中增加一种有利于健康的化学物质,它是促进身体健康的无价之宝。日本曾有人研究音乐家的寿命,认为音乐家长寿与情绪有关。对19世纪以前诞生的作曲家95人、演奏家119人所做的寿命调查,得出一惊人的结果,他们几乎都一直活动到生命终止。演奏家中,指挥平均寿命76.2岁,最长寿;钢琴家73.6岁,提琴家70岁。分析其原因,认为音乐家比别人加倍使用音乐脑(指大脑右半球),这使情绪机能活泼,对健康有益。

音乐对促进健康的作用愈来愈被人们所认识,音乐的作用在医疗事业中、工农业生产上也日益显露出来。不少国家已开始运用音乐来治疗疾病,提高工厂的劳动生产力,增加动植物的产量。

但也必须指出,并不是所有的音乐都能引起愉快情绪,一些充满噪音、节奏古怪的音乐却不利于健康。德国心理学家富尔迈斯和埃卡特曾对三种不同交响乐队的208名队员做了分析:① 演奏古典音乐为主的乐队成员大都愉快、平稳。② 演奏古典音乐又演奏一定数量现代音乐的乐队成员,遭受了不同程度的精神痛苦。③ 演奏现代音乐的乐队成员情况更糟,70%以上有严重的神经过敏,60%以上急躁、爱吵,22%以上变得消沉或失眠、头疼、耳痛和腹泻。对爱好音乐的家庭也进行了调查,其结果是:① 经常欣赏古典音乐的家庭成员和睦、彬彬有礼。② 欣赏浪漫音乐的家庭性格热情、思想活跃。③ 热衷于嘈杂"现代"音乐的家庭成员经常争吵,互不相让。日本对120名哺乳妇女进行了"音乐"试验。结果表明,听了通过扬声器播放古典音乐的妇女,分泌乳汁量增加100%;收听爵士音乐和流行音乐的妇女分泌的乳汁量分别减少50%和20%。给幼儿倾听音乐应该注意防止噪音及奇特节奏,以免损害健康。

音乐对幼儿身心发展的作用在一些教育科学研究中也得到了证实。有些国家曾调查证明:进行过早期音乐教育的婴幼儿要比未受过音乐熏陶的婴幼儿智力发展早,语言表达能力强,对周围的兴趣广泛。

一个国家文化水平的高低,音乐、美术是重要标志。音乐本来就是人们生活中天然的一个组成部分。每个孩子也都具备发展音乐能力的条件,可是往往由于在感受力最强的年龄阶段,没有机会,缺少训练,因而丧失了音乐能力,以致有些人到了成年阶段头脑中不仅有"盲点"而且有"聋点"。儿童早期的几年正是音乐成长的关键时期。我们应不失时机地、充分利用这段时期对幼儿进行音乐教育,不仅仅为了提高音乐能力,更是为了促进全面发展。

幼儿音乐教育的任务

认识了音乐教育在幼儿身心发展中的重要作用,可加深理解为什么要对幼儿进行音乐教育,并能更好地领会幼儿园应完成的音乐教育任务。

对幼儿进行音乐教育的主要任务有下述四个方面。

一、应培养幼儿对音乐的兴趣和爱好

兴趣是学习的动力。尽管幼儿天性喜爱音乐,但对这种兴趣爱好仍要注意培养,并给予发展。这不仅是为了在幼儿园生活的短短的几年中,使幼儿能对音乐活动抱积极态度,而且要使这种兴趣得以巩固、保留,并成为一种终生的需要。

二、应重视音乐能力的培养

幼儿在唱歌、玩音乐游戏、欣赏音乐、跳舞等活动中,会自然而然地对声音的高低、强弱、长短及不同音色等特点,对音乐的旋律、节奏、

力度、速度、形式等基本表现手段有所感受；他们的音乐记忆也能得到一些锻炼，想像力和创造力也会加以运用，然而这一切往往带有局限性，有某种程度的偶然性。如果我们在进行这些活动的同时，有意识地引导幼儿去注意声音的特点和表达音乐形象所采用的表现方法，发展他们的节奏感，启发他们的想像力、创造力，或者再进一步组织一些侧重于培养某种能力的带有游戏性质的音乐活动，如分辨音的高低，认识不同的音色（男声、女声、童声、乐器声等），听听音乐的强弱变化，拍出各种节奏型，分分乐句和乐段，等等，这样在有目的、有计划的培养下，才能更为有效地提高幼儿对音乐的感受力，帮助他们形成初步的音乐概念，为他们进一步接受音乐教育打下坚实的基础。可以说，重视幼儿音乐能力的培养是幼儿音乐教育中的一个核心问题，不能忽视。

三、应教给幼儿简单的音乐技能

音乐艺术本身就包含着技能技巧的学习、运用问题。对幼儿进行音乐教育，要教给他们简单的唱歌、舞蹈的技能是理所当然应完成的任务。但应防止在技能技巧上提出过分的要求，不能将专业训练的要求或用对小学生甚至成人的要求来对待儿童，这是违背幼儿音乐教育的目的的，也不符合幼儿的年龄特点，会有损于幼儿身心发展的。

四、应注意发挥音乐的教育作用

幼儿园的整个教育目的在于促进幼儿的全面发展。根据幼儿年龄的特点，运用艺术形式对幼儿进行教育，最易于收到良好效果。因而在对幼儿进行音乐教育时，应注意不限于音乐能力培养的狭小圈子，要从幼儿教育的宏观上着眼，充分发挥音乐的教育作用，使幼儿从小对周围世界能有正确的认识和正确的态度，对同伴们有一定的社交能力，对自己有充分的信心，并有一定的独立能力，等等。

唱 歌

人类在漫长的历史过程中,随着语言的产生和发展而形成了一个精细而又复杂的发声器官,不仅能说话,而且会唱歌。这一发声器官成了人们与生俱有的一件天然乐器,唱歌在人们生活中也是一个不可缺少的组成部分。

文学家们曾用艺术的语言进行比喻性的描绘。有的说:歌声就是生活,没有歌声就没有生活,犹如地球没有了太阳一样。还有的说:只有美好的人才能唱得好,美的人就是爱生活的人,那些不会生活的人就会睡觉,而喜爱生活的人就唱歌。

对音乐有所研究的专家们则用大量调查研究的资料来论证歌声与人类发展之间的密切关系。比较音乐家克尔多·萨克斯认为:在人类生活着的地方不管其人种是什么,也不管其如何营生,那儿必定有歌。

唱歌是人类自然的愿望,是人类表达自己喜、怒、哀、乐各种复杂感情的有力手段。唱歌在幼儿生活中也同样有着极其重要的意义,也是幼小儿童表达自己感情的一种方法。在幼儿园经常可以看到孩子们在玩娃娃家、搭积木、拼胶粒时嘴里不时地哼哼唱唱,出外郊游时,一坐上汽车就情不自禁地放声歌唱。平时我们若细心观察马路旁、公共汽车中、公园里父母身边的孩子,只要他们是健康的、愉快的,那么你会出乎意料地发现,歌唱的声音常常会自发地出自他们口中。唱歌也是幼小儿童表达自己喜悦、兴奋、激动感情的一种手段,是他们愿意显露自己能力的心理状态的反映。可以说,歌声是幼儿的亲密伙伴,有幼儿的地方总能听见那欢乐、柔嫩、清脆的天真童声。

幼儿唱歌技能的培养

唱歌是一种需要学习的技能。在幼儿园应逐步教会幼儿以下一些最基本的、最简单的唱歌技能。

一、姿势

全身肌肉要放松,不僵化,但也要有所控制,有一定的警觉性。

(一)身体姿势

身体姿势正确与否直接影响着呼吸与发声。唱歌时若能有正确的姿势,饱满的精神,就能给人以愉快的感觉、良好的印象。

站着唱时身体重量要分配在两腿上,重心稍放前一点,挺胸,两肩稍向后,两手自然下垂在身体两侧,不必背在后面。

(二)头部姿势

保持正直,不过分上仰,不使颈部伸长、肌肉紧张,也不过分下俯,压迫发声器官。唱歌时头也不要过分两边摇晃。

(三)口型

口部形状能直接影响发声,应成垂直的长圆形,避免嘴部两角向两边延伸成扁圆形。嘴唇动作要自然,不要做作。有些大班女孩容易做作。

二、呼吸

平日呼吸几乎不被我们注意,因为它是一种先天性的反射活动。无论是醒着或入睡时,人们的呼吸从不间断。讲话时,呼吸也非常自然,但在唱歌中,呼吸却成了一个重要的技巧性问题。呼吸是唱歌的动力,讲话时,字是一个一个地讲出来的,而唱歌时,必须有气息的支持将一个个的字延长了唱出来。另外,讲话时一句话所占的时间比较短,一般幼儿都能讲完一句话后再吸气,而唱歌时,要唱出音乐上有一定意义的句读,所需的时间相对要长,要做到意思连贯不中断,在呼吸上就要有一定的要求,因此,呼吸时需要一次能吸入足够的气息并保持住,唱歌时要慢慢地有节制地消耗空气,同时还要注意在吸气时不抬头,不耸肩,也不要发出很大的吸气声。

三、发声

音质优美是唱歌的基本要求,应从小培养幼儿习惯于用自然的声音唱歌,也就是说能在讲话的基础上放松地唱出高高低低、长长短短不同的音。嘴要张开,可张大到能插入两个手指的程度,下巴必须放松地上下活动。

培养幼儿用自然的声音唱歌,要防止大声喊叫,也不可过分轻声。大声喊叫会损伤柔嫩的声带,破坏对音乐的感受。过分轻声也会造成幼儿拘谨、紧张,以致不能自然地表达自己的感情。

不同性质的歌曲,唱时应用不同的声音。如《学做解放军》这类进行曲性质的歌,就可以用比较雄壮、响亮的声音唱。《摇啊摇》这种安静的歌曲,可用轻柔的声音唱。《小青蛙》《在农场》这类比较活跃的歌曲,则可用轻快、活泼的声音唱。

四、吐字

歌曲是由歌词和音乐相结合而成的。歌曲由于有歌词容易为人们所理解。唱歌时若能清楚并富有感情地吐字,就能使听者听清歌词,能更好地领会歌曲的内容和思想感情,能欣赏歌曲的美并受到教育,吐字模糊不清会降低歌曲的感染力。

唱歌时,要吐字清楚比说话更为困难,因为它要受歌曲旋律及节奏的影响。

在汉语中有韵母与声母之分。一般歌声的延长主要靠韵母,声母发出音后就不存在了。因此,唱好韵母对唱好歌有很重要的作用,韵母能使歌声流畅并富有色彩变化。声母的发音也要依据歌曲的性质而有所不同:唱柔和、抒情、安静的歌曲时,声母不能过分强调,只要唱清楚就行,而唱雄壮、刚毅、英勇的歌曲时,声母的发音就要唱得有力。

唱歌时要吐字清楚,但也要防止夸张、做作,使人感到不自然。

五、音准

歌曲的曲调是由高低不同、长短不同的音所构成的,是表达感情的重要因素。幼儿唱出歌曲的节奏还比较容易,但要准确地唱出每个音的高度却是很难的,甚至升入小学后仍有一些儿童还唱不准音。教幼儿唱歌时应选用适合的教材,并采用各种方法培养幼儿掌握音准的能力。

六、协调一致

协调一致是指集体唱歌时能一致，不超前也不拖后，不要使自己的声音突出。

七、表情

人的声音本来就是一种天生的、特殊的表达交流感情的工具。人们情感上的喜怒哀乐都能从声音中感受到。唱歌是将日常生活中的声音艺术化，用来表达人们多种多样复杂的心情、体验，它是一种经过艺术加工的表达感情的方式。唱歌应有表情，这是最起码的要求，这种感情应出自于内心。

要做到真正有发自内心的表情，首先对歌词内容要理解，对曲调要喜爱。若让幼儿唱一些他们不懂的歌曲，他们往往只能机械地模仿，鹦鹉学舌地唱，不可能动情。其次，需要掌握一定的表情手段。正如口头语言要能讲得有感情，必须有抑扬顿挫一样，唱歌要能唱得有感情，也需要在声音的强弱、快慢及音色等方面有变化，要掌握一定的唱歌的表情手段。这些技能是需要逐步掌握的。

幼儿有表情的唱歌，主要表现在幼儿的歌声中，自然的面部表情中，以及随音乐而产生的轻微的身体动作中，而不是做作或外加的"假笑"以及过分的身体摇晃。

教幼儿唱歌的主要目的是使他们能在唱歌活动中得到身心健康的发展，能有良好的唱歌习惯，能掌握最简单的表达感情的方法。绝不能离开幼儿的实际水平，追求技能技巧的提高，进行枯燥无味的机械训练。

幼儿唱歌能力发展的特点

唱歌能力的发展是有一个过程的，可以说从出生的头一天就开始了。有人说新生儿的第一声啼哭，不仅是口头语言的前奏，也是唱歌的前奏，因为在这哭声中有着一定的音高、不同的长短及不同的力度。夏威夷大学格林柏格教授在他所著的《你的孩子需要音乐》一书中曾讲到，儿童唱歌能力的发展是与说话能力的发展平行的。婴儿最早的嗓音,如哇哇声、哭声等也都是音乐感觉方面的声音。在儿童语言发展进入到"咿呀学语期"时,唱歌能力的发展也出现"咿呀学唱期"。以后又逐渐从近似唱歌发展到能唱音域有限的及音域稍宽的歌曲。

我国对幼儿唱歌能力的观察、研究中也见到同样的情况。现将三岁及四、五岁幼儿唱歌能力发展的特点简述如下。

一、三岁幼儿唱歌能力发展的特点

(一)音域方面

幼儿的发声器官正处于生长发育阶段,他们的喉头比成人的小得多,声带柔嫩而且较短。变声期之前只有 11 毫米,变声期后男孩为 17.8 毫米,女孩为 12—13 毫米,故整个幼儿期的音域(指最低音到最高音的区域),比起少年儿童、成人来讲要狭窄得多。三至四岁的幼儿,一般可唱五至六个音 $c_1—a_1$(C 调的 1—6),其中听起来最舒服的声音是在 $d_1—g_1$(C 调的 2—5)之间。有个别三岁多的孩子音域较宽、偏高,能唱到 c_2,也有个别的幼儿音域很窄、偏低,仅能唱 $a—c_1$(C 调的 6—1)三个音。

(二)音量方面

三岁幼儿音量比较小,但到四岁时,音量有明显增加。

(三)音色方面

幼儿的音色比较清澈、透明,这与其体形、共鸣器官有关。幼儿的头部比例较大,头腔共鸣较多,特别三岁左右的幼儿,唱歌的声音非常甜美,即所谓的奶声奶气。但目前发现有些刚入幼儿园的三岁幼儿声音已经沙哑,这是一个值得注意的问题。保护幼儿的嗓音是一件不可忽视的重要任务,需从多方面加以注意。

(四)唱歌技能的发展方面

三岁幼儿在学习唱歌技能的过程中有以下一些特点。

1. 掌握歌词与吐字方面

三岁的幼儿语言已有相当的发展,能朗诵儿歌。幼儿歌曲的歌词往往就是一首顺口的儿歌,幼儿在学唱歌的过程中,最先学会的是歌词。有的幼儿,曲调虽唱得不准,但歌词却一点不错。但也有个别的三岁幼儿吐字还不够清楚,甚至有些字音发不出而用一些其他音代替。如"高"唱成"刀"、"快"唱成"泰"等。学唱歌的过程也有利于纠正发音。

2. 节奏与速度方面

三岁幼儿所唱的歌曲,节奏比较简单,多为四分、八分、二分音符所构成。这种节奏与幼儿自身的生理活动(心跳、呼吸等)和身体动作(走步、跑步等)相一致。同时,好的歌曲的节奏往往与该歌词朗诵的节奏相近似。因此,幼儿在学唱歌时,先掌握的是歌词,其次是歌曲的节奏,这是不无原因的。从调查材料看幼儿园的小班幼儿,在正确教育下,有90%的幼儿能唱得比较合拍。

幼儿掌握歌曲速度的能力,是要逐渐培养的。小班幼儿总的来讲,唱歌的速度不快,对歌曲的速度有时掌握不稳。

3. 呼吸方面

唱歌时要使声音能延长,必须要有较长气息,持续地冲击声带发音。三岁多的幼儿,肺活量小,呼吸比较短促,加上还不懂得节省地使用气息,因此有的幼儿常会唱上两三个字就换气,甚至有个别的幼儿一字一停顿地类似念儿歌或讲话似的唱歌。因此,在教幼儿唱歌时,应注意教会他们能用延长的声音唱。

4. 音准方面

幼儿唱歌技能中最难掌握的可以说是音准问题了。要幼儿能唱准音,除了要有良好的听觉外,还要求能对发声器官有精确的控制、支配与调整的能力,使它能发出所需的高度。三岁幼儿正是中枢神经系统迅速发展的时期,是由大动作向小动作发展的阶段,要能发出一定的音高,这比用手指做出细小的动作要精细、复杂得多。幼儿要能唱准音,在很大程度上有赖于中枢神经系统对发声器官的控制能力,当然练习也起着重要影响。

一份对小班幼儿唱歌能力发展的研究报告指出,学期初学唱的一首短小歌曲,无伴奏独自唱时,仅8%的幼儿能完全唱准音。学期末重复唱同一首歌,音准能力虽有所发展,但进展并不太大,仍仅有20%的幼儿能完全唱准音。可见音准是唱歌技能中的难点。

三岁幼儿独自、无伴奏唱时,走音现象比起跟随成人唱,或跟随简单的琴声伴奏唱要多得多,有的在每一句中都有唱不准的音,有的虽然一句句还能唱准,但句与句之间却走调。因此在教他们唱歌时,教师的歌声、弹奏的旋律起着重要作用。

教三岁幼儿唱歌时,如所选歌曲的音域超过幼儿的能力,定调不适合,曲调难度大,或幼儿精神不足,已出现疲劳现象、注意力不集中以及听觉有问题等,这一切都会影响到幼儿唱准音。因此,教师应从多方面予以注意。

5. 协调一致方面

在集体一道唱歌时,要使自己的声音能与周围人,如老师的歌声、小朋友的歌声,或琴声取得协调一致,就需要幼儿在唱歌时不仅能听自己的声音,而且还要听别人的声音或琴声,这对三岁多的幼儿来说并不是一件容易的事。因为这在注意力的分配上,调节自己唱歌速度上都有一定难度。如果我们到一个刚入园不久的小班去听他们集体唱歌,会发现有的唱得快,有的唱得慢,有的一首歌早唱完了,有的还在唱最后几个音,这是不足为奇的。但是在教师的提醒下,经过不到两个月的训练,有的幼儿就能做到使自己的歌声与别人取得一致,如有个别幼儿在唱《小汽车》一歌时,速度比别人快,他已唱完了"小朋友们快快来",可是别的幼儿刚刚开始唱这一句,他发现了这一情况,于是立即停了下来,等别人唱完这一句后,再和大家一道往下唱。另一个幼儿在唱《坐火车》一歌时,也发生了类似情况,他已先唱到"轰隆隆"了,可是别的小朋友还没有唱到这几个字,他采取再重复唱一遍"轰隆隆"的办法以取得与集体一致。

6. 表情方面

在培养教育下,小班幼儿也能知道要唱出歌曲中的强弱、快慢等变化,但由于他们年龄小,控制声音的能力差,对这些表情上的变化还不容易唱好。例如,若要求慢慢轻下来时,却会一下子轻得几乎听不见声音了。

二、四五岁幼儿唱歌能力发展的特点

(一) 音域方面

四五岁幼儿的音域比三岁幼儿有所扩展。向上可以到 b_1、c_2（C调的 7、$\dot{1}$），向下可到 b(C调的7)。不过如果 c_2 这个音是在强拍上,又有长时间的停留或多次出现,在这种情况下要唱好这个音对四五岁的多数幼儿来说还是比较吃力的,甚至是难以胜任的,他们会因唱不上这一高度而走音。另外,五六岁而走音的幼儿,向低的方面能唱出 c_1 或 b 的音,但若歌曲一开始就是这些音,如：$1=F\frac{4}{4}$ $\underline{5\dot{1}1\ 3}$ | 或 $1=E\frac{4}{4}$ $\underline{5\ 5}\ \underline{1\ 2}\ \underline{3\ 2}\ \dot{1}$ | 幼儿是较难唱好这开始的低音的。如果这音是在下行、经过的情况下出现就比较容易唱出来。如：$1=E\frac{4}{4}$ $3\ \underline{3\ 3}\ \underline{2\ \dot{1}}$ | 。

在中大班幼儿中,有个别幼儿的音域较宽,能唱出很高的音如 d_2 甚至 e_2（C调的 $\dot{2}$、$\dot{3}$）,特别是女孩,唱时并不显得很吃力。但也有个别幼儿音域很窄,或是偏低,连唱 a_1 都有点勉强,唱 b_1 就相当费劲了。

(二) 音量方面

四岁幼儿音量比三岁幼儿有大幅度增大,五岁幼儿又比四岁幼儿有所加大。幼儿有时唱歌会出现喊叫现象,这与发声器官的发育以及控制力度的能力有关。

(三) 音色方面

四五岁的幼儿仍有柔嫩、明亮的歌声,由于保护不当而出现声音沙哑的幼儿,人数也不少。

(四) 唱歌技能的发展方面

1. 掌握歌词与吐字方面

四五岁的幼儿掌握歌词基本上没有什么问题,吐字也有很大进步,发音基本上能正确。有时由于歌词幼儿不理解而唱错字、发错音的现象也常能见到。如《大肥猪》这首歌中的"支援国家工业化"这句歌词,有的幼儿不理解,唱成了"咯嗒咯嗒工业化";将"凯歌冲云霄"唱成"凯歌搓元霄";将《一粒米》这首歌中的"别把我看不起"唱成"劈里啪啦看不起"等等。

2. 节奏与速度方面

中大班幼儿的节奏感比小班幼儿有了很大发展。对歌曲中的四分、八分、二分音符基本上都能掌握,对切分音也能唱好,但对附点音符有的幼儿却掌握不好。在经常培养的情况下,对三拍子的歌曲并不感到困难。一些弱起小节的歌曲虽比较难唱,但大班幼儿也能学习。对前奏、间奏已能有所注意。

中大班幼儿已能唱速度较快的歌曲,但还不能过快。由于幼儿心跳、呼吸较快,兴奋胜于抑制等这样一些生理特点,他们唱歌时往往容易越唱越快,速度不稳,个别幼儿或在个别情况下也会出现愈唱愈慢,"拖"的现象。

3. 呼吸方面

四五岁的幼儿唱歌时一口气的时间比三岁幼儿要长一些,但有时仍掌握不好呼吸。他们往往不是根据乐句的需要换气,而是什么时候气息用完了就什么时候换气,从而破坏了乐句,打断了词义。从观察中可以看到,他们很容易在强拍上、时间较长的音上及附点音符上换气。现举例如下(打"×"处为换气的地方):

捉　鱼

1=D $\frac{2}{4}$　　　　　　　　　　　全国幼儿园音乐教材

| 1 1 2　3 4 | 5ˣ 5 6　5 3 | 4ˣ 4 5　4 2 | 3ˣ 3 4　3 ‖
| 许多　大鱼 游来 了, 游来 了, 游来 了。

幼儿园好事多

1=F 2/4　　　　　　　　　　　　　汪　玲　曲

| 1　1　1 | 6· | 1　4 ×| 5̂　6 | 5　－ ‖

一　排　排　手　绢　谁　　洗　　的？

我们的幼儿园多美好

1=E 3/4　　　　　　　　　　　　周致中　词
　　　　　　　　　　　　　　　　王履三　曲

| 5·　3　1 | 2　－　5 | 3·　×　5̂　6 | 5　－　－ |

青　青　的　杨　　柳　随　　风　　飘，

| 5·　3　1 | 2　－　6· | 7　×　6̂　7 | 5　－　－ ‖

小　小　的　燕　　子　飞　　来　　了。

4. 音准方面

四五岁的幼儿音准能力有很大进步。绝大部分幼儿在琴声伴奏下唱适合于他们音域范围的歌能唱准音,但要求独自、无伴奏唱时,则有相当一部分幼儿会出现不同程度的走音现象。可见,音准能力在整个幼儿期都需注意培养。

5. 协调一致方面

在教师经常培养、提醒之下,中班、大班幼儿在唱歌时协调一致方面的能力会有所提高,不仅能注意自己的声音也能注意别人的声音,能协调地进行分句唱、领唱、齐唱等。

6. 表情方面

四五岁的幼儿,特别是五岁多的幼儿,他们控制声音的能力有所发展,已能用不同速度、力度唱不同的歌曲,能唱出同一首歌中强弱、快慢的明显对比及逐渐变化,有的还能根据歌曲的感情需要而自然地改变音色。如果注意培养,他们在唱歌时可以唱得更富有表情。

上面所讲的是一般的发展特点,但由于幼儿先天遗传因素、后天环境教育的种种不同影响,在唱歌能力的发展上个体差异还是很大的。

幼儿唱歌教材的选择

歌曲有歌词易于为幼儿所理解。唱歌在技能上的要求比其他音乐活动简单,在说话的基础上,稍加变化就能唱起歌来。因此,唱歌在幼儿音乐教育中占有重要的地位。如何选择幼儿感兴趣的、美好的、富有教育作用、适合幼儿唱的歌曲呢?从广大幼儿教育工作者多年的实践经验,以及研究的材料来看,为幼儿选择唱歌教材时,应注意以下几点。

一、符合幼儿年龄特点,有利于促进幼儿身心发展

歌曲是由歌词与曲调组合而成的,要选择符合幼儿年龄特点,有利于促进幼儿身心发展的歌曲,就要注意歌词与曲调两个方面。

（一）从歌词方面看

1. 内容与文字应有趣并为幼儿所理解

歌曲的内容是向幼儿进行教育的手段之一,也是幼儿表达感情的工具。幼儿的生活经验还很有限,理解事物的能力还不高,歌曲使用的文字应生动形象、浅显易懂,为幼儿所理解,否则幼儿只会机械地发出它们的声音,并不知道其含义,也就难以引起相应的心理活动。有时还会由于发生误解而闹出笑话。如将歌词"敌人胆敢来侵犯"唱成"敌人胆敢来吃饭"。

从世界各国幼儿喜爱的歌曲的内容看,一般是讲述动植物、自然现象、交通工具、身体的各个部分、郊游活动、节日等,这些都是幼儿日常能接触到的、感兴趣的内容。另外,他们对一些押韵的句子、象声词,甚至一些无意义的音节(如咕嘟咕嘟,呜啊呜啊等)感兴趣。对一些滑稽、幽默的事情由于能理解而常常发笑。如对袜子套在耳朵上,鞋子戴在头顶上,公鸡会生蛋,母鸡喔喔啼等短歌觉得特别有趣。

为幼儿选择歌曲时,在内容、歌词上应注意不同年龄班幼儿的生活经验、兴趣爱好、理解能力及语言发展程度等,又要注意如何在他们

已有水平的基础上,稍向前发展一步。若歌词中适当地有几个新词汇、一两句艺术性语言,这对幼儿的语言、思维能力的发展也能起促进作用。

2. 歌词内容能用动作表现

婴幼儿在学习讲话的过程中,常会出现用动作帮助表达意思的现象。在唱歌时,歌曲又有一定的节奏,他们就更喜欢一边唱,一边用动作表示出歌词的含义。对三四岁的幼儿来说,这种边唱边动作对帮助他们记忆歌词、促进动作的协调及增强节奏感都有一定的好处。对五六岁幼儿来说,在感情的表达上则更有作用。如幼儿在唱《蝴蝶花》一歌时,可以通过自己的动作,把最初以为看见的是一只花蝴蝶,于是轻手轻脚走过去想捉住它,可是真奇怪,花蝴蝶怎么一动也不动,一点也不害怕呢?后来才发现啊,原来那不是花蝴蝶,而是一朵蝴蝶花!这种高兴、小心翼翼、惊奇、恍然大悟等各种情感能比较细致地表达出来。因此,为幼儿选择的歌曲最好能用动作来表达。至于如何表达,除了老师做某些必要的示范、启发外,可以让幼儿自己动脑筋,想想怎样动作,这对发展幼儿的想像力,培养其创造力都有一定好处。

3. 应多选用歌词为第一人称的歌曲

第一人称的歌词多半是以自己为主体来讲述某些内容。幼儿对这样的歌曲会感到亲切,好像就是自己在讲些或做些什么事。感情表达上也显得自然、真实。在唱这类歌曲时,幼儿也容易更有效地从中接受教育。如"我在马路边拾到一分钱,把它交给民警叔叔手里边……"许多幼儿在这首歌的影响下逐步做到了拾金不昧,无论捡到一粒小纽扣,还是捡到一条花手绢都会快快地交给老师。

另外,有些歌曲,如《小鸭、小鸡》《老母鸡》《春天》等,内容形象生动,容易理解,幼儿感兴趣,尽管不是第一人称,幼儿却很喜爱,也应列入选材范围。

4. 歌词要有重复、有发展余地

幼儿喜爱重复,歌词适当的重复,会使幼儿感到熟悉,也便于记忆。

重复可以是一节歌词中有几处相同的地方,如:"我有一个小娃娃,小娃娃,小娃娃,我有一个小娃娃,天天抱抱她。"这首歌中"小娃娃"就重复了多次。又如:"许多大鱼游来了,游来了,游来了,许多大鱼游来了,快快捉牢。"其中"许多大鱼游来了"重复两遍,"游来了"又有所重复。小班幼儿对这样的歌词既喜欢又学得快。重复也可表现在一首有几段歌词的歌曲,各段歌词间都有相同的地方。如《我爱我的动物》一歌,各段除动物名称和叫声不同以外,其余歌词完全一样。如第一段词为"我爱我的小狗,小狗怎样叫,汪汪汪,汪汪汪,汪汪汪汪汪",第二段仅需要改为小猫及喵喵喵的叫声。又如《在农场》一歌也是每段歌词只需改一动物名称及叫声。这样的歌,不仅有重复,而且还可以不断增加新的段数,有发展的余地,教师可启发幼儿自己想出要增添的歌词,这既能激发幼儿学唱歌的积极性,又能培养幼儿的创造性。

(二)从曲调上看

歌的曲调是由不同高低、不同长短、不同强弱的音组成的。为幼儿选择歌曲时,在曲调方面应注意以下几点。

1. 音域方面

拿到一首歌曲,首先要看看这首歌的最低音与最高音在哪里,这些高音或低音是些经过音还是有较长时间的停留、并在强拍上的音,它们所占的分量多不多。平日幼儿唱歌时,容易喊叫或走音,常与所选的歌曲音域不合适有密切关系。尽管有个别的幼儿音域较宽,但从整个幼儿期来说,不宜唱音域较宽的歌,一般来讲各年龄班歌曲的音域可参考下列要求:

小班:c_1—a_1

中班:c_1—b_1

大班:b、c_1—c_2 但要注意 c_2 高度的音最好不是长时间停留的音,也不宜过多,因有很大一部分五六岁的幼儿当唱到 c_2 这一高度音时均感吃力。

为保护幼儿的嗓音,使幼儿能用自然声音歌唱,选择唱歌教材时,音域要适合幼儿的音域范围,这一点必须引起高度重视。

2. 节奏与节拍方面

歌曲中高低不同的音都有一定的时值,有的长,有的短,并且是在一定强弱的规律中进行的,这就是通常所说的音乐的脉搏,即节拍与节奏。它们既是两个不同的概念,但又是有机结合、密不可分的。

节拍:有重音及无重音的同样时间片断,按一定规律反复出现,叫做节拍。常见的拍号有:$\frac{2}{4}$拍(一强、一弱),$\frac{4}{4}$拍(强、弱、次强、弱),$\frac{3}{4}$拍(强、弱、弱),$\frac{6}{8}$拍。$\frac{6}{8}$拍一般称为船歌的拍子,这种拍子的特点在于它既有三拍子的性质,因每小节有两个三拍子,又有两拍子的性质,因每小节有两个计拍单位。三拍性使之具有柔和、抒情、流畅的性质,而两拍性则表现出小船的均匀晃荡。有些摇篮曲、抒情歌曲也常用$\frac{6}{8}$拍。

音乐的节拍来自于生活。人类的生活中充满了强弱对比的、自然的节拍。人体本身的一些生理活动就是一强一弱有规律地进行的,如心跳、呼吸。婴幼儿最初学会的基本动作,走步、跑步也是一强一弱轮流出现的。人类在漫长历史过程中逐步产生的劳动技能,有许多也是用力与松弛依次发生的,如锄地、打铁、划船等。原始音乐中的节拍正是在这样一些自然的、生活节拍基础上产生的。就是到现在,若音乐与人类的活动愈有密切联系,它们的强弱对比也会愈明显,如劳动号子、进行曲等。而一些抒发内心复杂感情的歌曲,有些在节拍上,强弱上对比并不那么明显。

对幼儿来说,他出生到这样一个充满节奏的世界上来已有几年了,他体内的生理活动,日常生活中使用的基本动作,耳边常听见的一些有节奏的音响及音乐等等,这一切都使他对$\frac{2}{4}$拍、$\frac{4}{4}$拍这样一些强弱分明的音乐有一种自然易于接受的倾向,对这种节拍的歌曲也就容易掌握。小班幼儿掌握三拍子的歌曲比起$\frac{2}{4}$拍、$\frac{4}{4}$拍来要困难一些,

但如果注意培养,他们对难度不大、比较感兴趣、常听别人唱的三拍子歌曲还是能够学唱的。例如,有位小班老师,将全园都会唱的《新年好》1＝F $\frac{3}{4}$ $\underline{1\ 1}$ 1 $\underline{5}$ | $\underline{3\ 3}$ 3 1 | ……一歌教给班上的幼儿,孩子不但会唱而且还能"指挥"打拍子呢。所谓指挥,也就是能在每个强拍上双手挥动一下。小班幼儿对能够站到前面来"指挥"特别感兴趣。对中大班的幼儿,应有计划地选用一些三拍子歌曲($\frac{3}{4}$拍的,$\frac{6}{8}$拍的),提高他们对三拍子的感受能力。弱起小节的歌曲比从强拍开始的歌曲难度要大些,幼儿需要有一定的内在节奏感,有的还需要掌握一定的呼吸技能,小班幼儿这方面的能力较差,一般可不选这类歌曲。对中大班幼儿应有意识地选用一些弱起歌曲,以提高其音乐能力。

节奏:将长短相同或不同的音,按一定规律组织起来叫做节奏。一般歌曲中常用的有二分音符、四分音符、八分音符、十六分音符、附点四分音符及附点八分音符等。

幼儿歌曲,特别是小班的歌曲,四分与八分音符用得最多。因为这种时值对于正处在学唱歌阶段,唱歌技能还很差的幼儿来说比较合适,它们不像全音符或有连线的二分音符那样,唱时需要很长的气息,也不像一连串十六分音符那样短促,这种延长的或短促的音,对幼儿来说都是较难掌握的。另外,四分音符与八分音符在时值上是一种一比二的关系,这种时值用动作相配的话,正好可用走与跑来对应。通过动作来认识正是幼儿的特点,他们对这种音符易于接受是很自然的。

十六分音符虽然不及四分、八分音符容易掌握,但它也还是一比二的关系,相对来说还是容易学的。对大班幼儿来说,歌曲中有一些十六分音符也还是可以学会的,这对提高幼儿舌头的灵活性及唱速度稍快歌曲的能力有一定好处。

要准确地唱好附点音符,对幼儿来说是比较困难的。因为它不是一与二的比例关系,而是一个占 3/4 的时间,另一个只占 1/4 的时间,但附点音符在音乐中却有它特殊的作用。附点四分音符可使歌曲中主要的字显得突出,附点八分音符却能造成一种坚决、果断、勇往直前的印象。因此幼儿歌曲中也需要有这样的节奏。中大班幼儿通过学习含有附点音符的歌曲,既可感受歌曲的不同感情,也能逐步培养准确的节奏感。

歌曲中的休止符在表达感情上,划分乐句上都有一定的作用。应让幼儿有机会学唱一些有休止符的歌曲,以培养幼儿表情能力、呼吸能力以及对乐句的感受能力。

切分节奏可使歌曲显得生动、活泼。从观察及一些调查材料来看,幼儿掌握切分比掌握附点音符或十六分音符容易,中大班幼儿唱有切分音的歌曲是可以胜任的。

3. 速度方面

要能用快速唱歌,那么在呼吸技能、舌头的灵活性、头脑反应的敏捷性上相应都有一定要求。这对幼儿来说是会有困难的,但速度过慢对幼儿也不合适,一来他们还不善于用长的气息唱拖长的音,二来幼儿兴奋往往胜于抑制,他们倾向于喜欢活泼一些的歌曲。因此,幼儿歌曲一般来说用中速比较合适,特别是小班幼儿的歌曲不宜过快或过慢。中大班幼儿随着唱歌能力的提高,可选一些速度稍快一点的歌曲,他们已能唱出歌曲中速度的变化,如明显的快慢对比及渐快渐慢。

4. 旋律的进行方面

歌曲旋律中各音进行的方式主要有以下几种:

级进:二度音程的进行,音阶式的进行。

跳进:三度音程以及三度以上音程的进行。

同音重复:同一高度的音上进行。

在级进与跳进中有的是向上行,有的是向下行。对幼儿唱歌能力研究的材料指出,幼儿唱跳进音程不如唱级进音程容易准,特别是大跳。他们唱下行音程往往比唱上行音程容易。在为幼儿选择歌曲时旋律进行的方式也应予以注意,不宜有过多的上下跳进及大跳。

旋律中4音、7音对小的幼儿来说较难唱准,选歌时应注意这点。

旋律中若有适当的重复可便于记忆,也会受到孩子们的喜爱。如:《看星》《小青蛙》等。

5. 歌曲的长度方面

幼儿歌曲不宜太长,小班歌曲可以有两个或四个乐句,八小节左右,中大班可适当长一些,可到十六或二十小节。

二、有一定的艺术性

幼儿歌曲尽管比较简单、短小,同样有艺术性的问题。为幼儿挑选的歌曲应该是旋律动听、节奏明快、词曲结合自然、易于上口,内容与形式统一,有一定艺术性的歌曲。

除了唱我国的幼儿歌曲外,适当选择一些国外有名的幼儿歌曲,也是非常需要的。这对扩大幼儿的认识,使他们知道世界上还有许多国家,那些国家的小朋友也喜爱唱歌,对提高幼儿唱歌的兴趣,领会不同风格的歌曲等,都有一定作用。

三、题材、性质、形式应多样化

唱歌是用艺术手段来表达人们思想感情的,不同题材、性质的歌曲,表达着不同的情感,并能引起不同的情感上的共鸣。为幼儿选择歌曲应避免单一化,应广泛挑选各种题材、性质的歌曲,以丰富幼儿的感情,培养对各种风格歌曲的感受能力,并促进其认知的发展。在题材方面,可有关于动植物的、自然现象的、交通工具的、节日的、幼儿身体的各个部分及滑稽诙谐的等等。性质方面可有英勇雄壮、进行曲性质的,安静温柔摇篮曲性质的,活泼轻快反映生活情趣的等。另外还应有各种不同风格的歌曲。

在形式上也应多样化,除齐唱外,可有领唱、齐唱,对唱以及简单的轮唱歌曲。这样既可提高幼儿唱歌的兴趣,又能发展其唱歌的能力。在这些形式下唱歌,幼儿更加需要在倾听自己声音的同时,注意倾听别人的声音,保持应有的速度,记住什么地方该自己唱,什么地方必须及时停下听别人唱。担任领唱的幼儿更需要有一定的自信心和独立能力,在努力完成自己负责部分的同时还要与集体协调一致。

唱歌也是对幼儿进行教育的有力手段,所选的歌曲不应违背教育目的,应有利于促进幼儿的全面发展。

幼儿唱歌教学法

同样一首好歌,为什么有的教师教起来孩子感兴趣、能理解、学得快、记得牢、唱得好,而有的教师教起来却极其平淡,甚至效果很差,孩子不是弄错词就是唱走音,情绪不高,为以后再学习带来许多麻烦。

教学方法固然有好有差,但也不应有一成不变的固定模式。下面所推荐的唱歌教学中的一些步骤与方法是多年来人们在唱歌教学中所积累的宝贵经验。采用时,必须结合所教幼儿的实际情况,灵活运用,并应创造性地予以发展。

一、教新歌

准备教一首新歌,大致可有以下过程。

(一)熟悉教材

选定歌曲后,教师首先要进一步熟悉教材,反复练习,达到能熟练地背唱。在练习的过程中应很仔细地体会歌曲所表达的思想感情,采用的表现方法。琢磨什么地方该强,什么地方该弱,什么地方可快一点,什么地方最好慢下来,音色是否需要有些变化以增加气氛、情绪,歌曲中什么地方比较难唱,是歌词、曲调,还是节奏等等。

(二)设计教法

在熟悉教材的基础上应进一步考虑,用什么方法来教这首歌。下面提出一些可采用的方法。

1. 事先欣赏

有些歌在未正式教唱之前可以先唱给幼儿听,让幼儿在欣赏的过程中,脑子里有个初步印象,有的幼儿歌曲已录有磁带,这就可以在吃点心时或午饭前播放给幼儿听。

2. 在其他活动中做准备

有的歌曲可结合游戏先学会歌词,然后音乐课中再正式教唱。如《大皮球》一歌,先在早操或体育活动中学会"大皮球,圆又圆,拍一拍,跳一跳,拍得轻、跳得低,拍得重,跳得高,我的皮球接住了"这首歌词,这样在音乐课中学起来就会快得多。

《拔萝卜》这首歌,可先在讲故事时让幼儿了解歌词内容、人物顺序,等到学唱这歌时只要加上曲调就成了。同样,在教《猴子学样》一歌时,可先讲有关的故事或看幻灯片,了解了大致的歌词内容以后再学新歌。

在自然课上认识小白兔时,可将《我是小白兔》一歌结合着幼儿的观察唱给幼儿欣赏。以后,音乐课上教此歌时,由于幼儿印象深刻,无需再做多少解释。

3. 教唱前提供感性经验

创造条件让幼儿在未学歌之前先对歌曲内容有个初步的感性认识。如:

教《数高楼》《数汽车》的歌曲之前先带幼儿到大街上看看高耸的楼房,来往的汽车。

教《蚂蚁》或《小蜜蜂》歌曲前,让幼儿观察一下地上来回奔波忙于运输的小蚂蚁及花丛中飞来飞去忙于采蜜的小蜜蜂,认识它们的生活习性。

教《钟》一歌前,有的教师先请幼儿在家中仔细听听钟的嘀答声及报时声,等到音乐课上教这首歌时,请他们各人讲讲自己家中钟的响声,教师再将所录的嘀答声及"当当当"钟的打点声放给幼儿听。

4. 运用教具,引起兴趣教新歌

有许多歌曲可直接在音乐课上教。为了引起幼儿兴趣,调动学习的积极性以及帮助他们对歌词内容的理解,加强节奏感等,在教新歌时,根据年龄的不同而适当使用一些能活动的教具,恰当地讲述有关内容的短故事或谜语,以及要求儿童集中注意力准备回答教师的提问等方法,对教学也能收到良好效果。例如:

教《摇啊摇》一歌时,准备好小摇床一张(可用废旧物品制作),小娃娃一个及小花被一床。告诉幼儿要教他们唱《摇啊摇》这首歌,教师边唱边运用直观教具按歌词做抱着娃娃摇,将娃娃放入小床,盖好被,摇动小床使娃娃最后睡着了、进入梦乡等动作,这样,幼儿会很感兴趣,全神贯注地看老师的动作,听老师唱的歌词。

教《小鸭小鸡》一歌时,有的教师用拉线的教具,先让小鸭随鸭走路的音乐出来,然后小鸡随鸡走路的音乐出来,然后小鸭小鸡碰在一起,教师边唱歌词边拉动教具,幼儿在听歌词的同时还感受着歌曲的节奏。

运用木偶教新歌也是幼儿所喜爱的。在教《值日生》一歌时,教师用胶粒拼搭好桌、椅,上面放上小玩具,用木偶扮小朋友,边唱边表演动作:早上起床,来到幼儿园,抹桌子、椅子,并把玩具摆放整齐等。这样,不仅吸引了幼儿的注意,还能帮助他们记忆歌词的顺序和值日生劳动的内容。

有位教师在带幼儿观察了蚂蚁的活动后,又用桌面教具教《蚂蚁》歌。她将画好的单个蚂蚁及联在一起的几只蚂蚁分别钉在小积木上。用橡皮泥做一粒大豆子,随歌词用桌面教具演示动作,最后蚂蚁将豆子夹住往洞里搬运,动作合上音乐的节拍,形式生动,这种教学方法收到了良好效果。

有首叫《春天》的歌曲,歌词是这样的:"春天天气真正好,地上长出小青草,树上小鸟吱吱叫,花儿开得多么好。"教师事先在黑板上画好一棵小柳树,然后边唱边随歌词顺序画出一个红红的太阳,画出地上长的青青小草,再在柳树枝上画一只张嘴唱歌的小黄鸟,最后在青草中画五朵粉红色的圆形小花,将一幅春天的景象呈现在幼儿面前,帮助幼儿记忆新歌的歌词,教幼儿唱歌时就一边指着所画的内容一边带领幼儿唱,孩子学得有兴趣,接受得也快。

幼儿园常用的贴绒、磁性教具等在教唱歌时都可运用。在选用直观教具时应力求简便、易于操作、能活动,有利于节奏感的培养。如用画面,内容应简单有助于幼儿理解歌词,如画面内容过于复杂,会分散幼儿的注意。

直观教具在幼儿唱歌教学中虽具有一定的作用,但也不是每教一首新歌都必须用直观教具。随着幼儿年龄的增长,知识经验的丰富,唱歌能力的提高,还可采用其他一些方法引起幼儿学新歌的情趣。例如:教《春天》一歌时,教师告诉小朋友,今天要教他们一首新歌,名字叫《春天》,请他们仔细听老师唱了些什么,把所唱的内容画出来,以后老师再教他们唱。于是这位老师就一边唱,一边在幼儿当中走动,了解幼儿掌握歌词内容的情况。歌词内容为:"春天天气真好,花儿都开了,杨柳树枝对着我们弯弯腰。蝴蝶姑娘飞来了,蜜蜂嗡嗡叫,小白兔儿一跳一跳又一跳。"教师反复唱几次以后,这个中班的幼儿差不多都能把所唱的内容画出来,在画的过程中由于听的遍数多,不少幼儿已能跟着唱了,所以不需要再费多少时间,幼儿自然而然并极有兴趣地学会了这首歌曲。还有的教师在教《我是小白兔》这首十分具体形象的歌曲时,也采用了上面的方法。

我是小白兔

1=C 2/4

(3 3 5 5 | 3 3 1 1 |)

5 i 6 i | 5 3 | 2 5 2 5 | 2 - | 5 3 5 |
我是小　白　兔小　白　兔,　　我　的
我是小　白　兔小　白　兔,　　家里有

3 5 6 i | 6 - | 5 3 5 | 6 5 3 1 | 2 - | 3 5 3 |
眼睛是红　的,　我　的　毛儿是白的,　我　的
青菜和萝　卜,　吃　了　肚子不饿,　家里有

1 2 3 2 | 3 - | 3 5 3 | 2 1 2 3 | 1 - |
耳朵是长　的,　我　的　尾巴是短的。
小门小窗　户,　不　怕　风吹雨打。

教师边唱歌,边让幼儿将歌曲内容画出来。绘画水平较高的幼

儿,画面极其丰富,不仅有小白兔、青菜、萝卜,而且还画出了非常漂亮的小白兔的家:有门,有窗户,窗户上还挂着带花的窗帘;天花板上还悬挂着一盏电灯;透过窗户的玻璃可以看见户外正在下着雪(这歌是冬天教的),但室内却生着火。绘画水平差的幼儿,基本上也都能将歌曲中的主要内容画出来。用这种方法教幼儿唱歌不仅能提高幼儿唱歌的积极性,而且还有助于发展幼儿的记忆力、想像力,并能提高绘画能力。

在教中班幼儿唱《三只猫》一歌时,有位教师要求幼儿仔细听,等唱完了告诉老师这首歌里讲了哪三只猫,它们做了些什么事。幼儿能集中注意认真听。姜维小朋友说出了爱清洁的小白猫、懂礼貌的小花猫,但还漏了一只,他心里也很明白,知道还有一只爱劳动的猫,但忘了颜色(小黑猫)。这种提出一定任务,让幼儿注意倾听的教新歌的方法,对中大班幼儿来说是有一定价值的,它可以促进幼儿注意力、记忆力的发展。有时对所教的新歌,一个人是不容易全部记住的,但全班幼儿相互补充后,常常能把一首歌词全部讲出来,幼儿看见集体的力量,这也是很好的教育机会。

有的教师在教《粗心的小画家》时,编了一个故事讲给幼儿听,大班幼儿对于"讽刺"已能有所理解,对这样的内容感到非常风趣,唱起来也特别有味。

还有的教师在教新歌时,不是先从歌词入手,而先从曲调中音乐的节奏入手。如教《数汽车》一歌时,在让幼儿去马路上观看了川流不息的汽车长龙之后,在音乐课上不是接着学唱歌曲,而是先倾听一个曲调中像汽车开动及揿按喇叭的笛笛声的形象性的节奏,并让幼儿用身体动作、游戏方法熟悉这一节奏及曲调,然后再教歌词。

向幼儿介绍新歌的方法,虽已积累、总结了不少,但事物总是不断向前发展的,广大幼儿教育工作者在教学中仍在不断地探索幼儿的认知规律,创造性地尝试着使用更为科学的方法,以取得最佳的教学效果。

(三) 范唱

幼儿善于模仿，教师的范唱，不仅应有正确的唱歌技能，如正确的姿势与呼吸，清楚的吐字，准确的旋律与节奏，适当的表情等，给幼儿树立良好的榜样，更重要的还应有对幼儿的真挚感情，把幼儿当成亲切的听众。同时要从幼儿的心理发展水平出发，像他们一样怀着极大的兴趣富有感情地唱他们喜爱的歌曲，使幼儿真正受到情绪的感染。幼儿对听老师富有感情地唱自己所喜爱的歌曲，往往比听声乐技巧高超的歌唱家的演唱更加喜爱，倍感亲切。有一所幼儿园大班的老师，声音有些沙哑，在一次音乐课上，她范唱《卖报歌》给幼儿听，虽然起音较低，但唱得富有感情，全班幼儿鸦雀无声地聆听，情感上与老师产生着共鸣。富有感情的范唱能将老师对歌曲的感情，对幼儿的热爱直接传给幼儿，使其受到感染。

在范唱中还要有一定的教学艺术。例如，范唱前先暗示幼儿，引起他们的注意，知道老师要唱歌了，自己要好好听，心理上能有所准备。在唱的过程中要使每个孩子都在自己的视线之内，与他们能有视线的接触。范唱时最好不用伴奏，面对幼儿使他们能听清歌词，看清口形及面部表情并产生情感交流。有的教师范唱时，面对钢琴、背对幼儿，边弹边唱，这样效果并不好。

幼儿一般要听几遍之后才能跟着学唱，因此，范唱可以不止一次，如果最初是结合着使用教具唱的，那么一两次后也可停用教具清唱给幼儿听，使他们能更加集中注意倾听教师的歌声。

在范唱的过程中，有的幼儿特别是小班幼儿会自发地跟着唱个别容易唱的地方，如一些衬词、象声词、重复的短句以及句中的最后一个长音等。这都是正常现象，来自于他们好模仿的心理特点，也是学习积极性的一种表现，只要是轻声的、不影响大局的就不必严加禁止。

如果前面没有机会告诉幼儿歌曲的名称，因为打算先直接范唱给幼儿听，引起幼儿的新鲜感，那么在范唱后也要告诉他们，使幼儿知道自己所学歌曲的名称。

(四) 解释歌词

尽管幼儿有时对即将教的新歌已经欣赏过,或结合其他活动有过一些了解,或听过有关歌词内容的故事,但有的歌词中仍会有个别新词或难懂的句子,因此,必要的解释还是不可少的。何况有的歌事先并未做过任何铺垫工作,直接范唱后就让幼儿跟着学的。解释歌词这一环节应进行得生动、灵活、简短、有艺术性,而不是枯燥、呆板、冗长、机械化地照本宣科地讲解,或让幼儿左一遍、右一遍地反复背诵。

对小班幼儿,有时在范唱后通过极简单的提问,让幼儿用填充式的回答来加强记忆,帮助理解。如范唱《小鸭、小鸡》一歌后,教师可以这样问:小鸭、小鸡碰在一起了,小鸭怎样叫的?(嘎嘎嘎)小鸡怎样叫的呢?(叽叽叽)小鸭小鸡嘎嘎嘎、叽叽叽地叫,它们一同做什么?(唱歌)还一同做什么(游戏)。

中大班幼儿语言理解能力比小班强,解释歌词时,不必逐字逐句进行,可在范唱后让幼儿自己谈谈歌里讲的是什么事,对个别不易懂的词汇与句子可做重点解释。

也有的教师事先将每句歌词的内容画一图画,范唱后让幼儿回忆歌词,讲到哪一句则出示哪一张图片。幼儿可借助一张张图片来帮助记忆歌词。

按歌曲的节奏念歌词,虽是帮助幼儿记忆歌词的方法之一,但有时幼儿已念过好几遍,渴望着能快点"唱"了,可是这时还继续要求用耳朵听琴上弹奏的曲调,嘴里只能按节奏念歌词,不能随琴声唱歌,这样做就不可取了。不要让幼儿完全念会了歌词再学唱歌,而应该让他们在学习唱歌的过程中逐渐来记住歌词。

(五) 幼儿学唱新歌

唱歌教学中有两种方法:一为视唱教学法,一为听唱教学法。幼儿不识谱,故采用听唱教学法,教师唱,幼儿听,从模仿中逐步学会一首歌。

听唱教学法中又有整体教学法(或全曲教学法)与分句教学法之分。

整体教学法是指教师在范唱后,学唱者就跟着从头开始唱整首歌。用这种方法能使整首歌曲的意义、情绪都能保持完整,不割裂,在学唱的过程中能引起一定的情感、体验。因为是整首跟唱,幼儿必须自己动脑子去记忆,一句唱完了下一句该是什么,这可促进幼儿音乐记忆力的发展。同时,在此过程中,思维、想像等心理活动也势必会处于积极状态,从而使幼儿能以主动的态度学唱新歌。

分句教学法是指教歌时教师范唱一句,学唱者模仿一句。由于一句句地教,模仿起来比较容易,但也正因为这样,使得整首歌曲被分解成若干句,思想情感的表达受很大影响,而且学唱时一句跟着一句唱,难以激发幼儿的积极记忆和思维等活动。有些弱起小节的歌,分句教唱对幼儿会有困难。

幼儿歌曲本身就很短小,不必分句,另外,有的小班幼儿对分句唱法还不能理解,把跟唱前的信号如"预备——唱"、"一二——唱"等也当成歌曲的内容,一并唱了出来。因此,在幼儿园最好多用整体教唱法,但歌曲中难唱的句子也可单独抽出来重点练习。个别稍长的歌,开始时分句教唱一下,也不是绝对不可以。二者可结合使用,以整体教唱为主。

幼儿开始学唱新歌时,速度可以稍稍放慢,起音也可以降低半个音或一个音,因这时幼儿一方面要学新曲调,一方面要学新歌词,注意力的分配会照顾不过来,如果速度再快的话就不容易唱好,这不仅会影响学习的积极性,更重要的是可能唱错曲调或歌词,以后更正起来就要困难了。当幼儿逐步会唱之后,再回到原来的调子,采用应有的速度。

不要急于用伴奏。幼儿跟人声学唱比跟器乐声学唱容易,没有伴奏的情况下幼儿更容易听清歌词、曲调,注意教师的范唱,从而有利于他们学习。当幼儿有些会唱了,可加入单音弹奏的清晰旋律,以后再用简单的和声伴奏。

从开始教幼儿唱歌就应该注意对幼儿唱歌技能的培养,主要通过教师的榜样与示范进行。对年龄大些的幼儿也可适当地进行浅显易

懂的解释及语言的提醒。有些技能的培养,人们在多年的教学工作中也总结出一些比较有效的方法,值得采用。例如:

1. 呼吸方面

用"闻花"的动作来体会深吸气,用学火车的叫声练习使声音延长。

用手摸胸口,感觉换气时的起伏动作。

每唱一句,需要换一次气时,用手画一弧线。

2. 音准方面

前面已经讲过,幼儿要能唱准音是不容易的。而声音却又是看不见、摸不着的,如何能帮助幼儿感受它的高、低呢?从日常生活经验来看,高的东西一般在上方,低的、矮的东西一般在下方。音乐教育工作者从这里得到启发,试探着以动作的高低表示声音高低的这种办法,使幼儿对声音在视觉上有一形象性的感受,对掌握音高稍有帮助。这种借助动作的高低来感受音的高低,在幼儿唱歌时可适当地采用。如幼儿对某首歌曲中的某个音或某几个音唱不准,那就可以用手势动作来暗示要高一点或低一点或高低的不同变化。

此外,还可以专门创作一些短小而有趣的小歌,让幼儿边唱边用不同高低的动作来表示不同的音高,这对培养幼儿音准能力也有一定效果。下面举几例。

帮助感受 1-$\dot{1}$ 及 1 5 $\dot{1}$ 不同音高的歌。

青蛙和小鸟

见下篇"幼儿歌曲"部分。

唱到第一句最后一个音"1"时双手向下指,唱到第二句最后一个音"$\dot{1}$"时,双手向上指。借助向下、向上的不同动作感受 1-$\dot{1}$ 两个音的高度不同。

鸭子叫

见下篇"幼儿歌曲"部分。

唱到鸭子妈妈的嘎嘎叫时,双手向下指,唱到鸭子哥哥的叫声时,双手向前平伸,唱到小小鸭子的叫声时,双手向上指,手的高低不同的动作表示出 1、5、$\dot{1}$ 三个音的不同高度。

小 乐 器

见下篇"幼儿歌曲"部分。

唱到鼓声咚咚咚时,双手向下打鼓,唱到锣声哐哐哐时,双手在胸前方打锣,唱到小铃的铃铃声时,双手在头上方摇铃,同样以动作的不同高度表示声音的不同高度。

3. 表情方面

情感是音乐中的一个核心问题,唱歌若无表情只有技能是不完美的。要使歌曲唱得有表情,一方面靠唱者本身所有的感情体验,另一方面也要掌握一定的表情技能,如力度、速度、音色的变化等。要培养幼儿唱歌有表情,在教学过程中这两方面都应重视。

在教歌时,虽然教师在范唱中就已把自己的情感、处理方法表达了出来,但还可以进一步向幼儿讲讲为什么自己这么唱,同时还可根据幼儿的年龄、水平适当地让他们谈谈对这一首歌自己想怎样唱,特别是中大班的幼儿,他们已积累了一定的唱歌经验,又有一定的语言表达能力,会有自己的一些想法的。经常这样做自然而然会使幼儿在学唱的过程中,在情感的表达上既有模仿,也有创新。在表情技能上也应逐步教会他们怎样能有强弱或速度的明显对比及渐强渐弱、渐快渐慢的细微不同,以及音色上的某些变化,还应让他们体会这些变化与情感表达之间的密切关系。

动作不仅在帮助幼儿感受音的高低上有一定作用,在帮助幼儿体会力度、速度变化上也有一定效果。因此,也可以有意识地创编一些短小的、着重这方面能力培养的歌曲让幼儿学唱,以提高表情能力。现举几例。

一只小小老鼠

见下篇"幼儿歌曲"部分。

唱第一小节时双手在腹前合拍地轻微动着。唱到第二小节时动作的力度、幅度稍增大,双手的活动部位也随声音的提高而提高到胸前。唱到第三小节时动作力度、幅度再略加大,双手也提高到肩前。最后一小节双手握拳,想像着已抓用到了老鼠,并随音乐的下行将双手由头前方向下放到大腿上。在这一唱歌活动中,幼儿的动作与曲调中音的高低变化、力度和速度变化等密切结合在一起,这样幼儿通过身体动作对这样一些表情手段能有进一步的感性认识。

一只小铃铛

见下篇"幼儿歌曲"部分。

这首歌主要培养幼儿对强弱对比的感受,开始中强,双手食指以中等力度相触,然后变弱,手指轻轻相触,最后力度又加大,手指用力相触。

马 儿 跑

见下篇"幼儿歌曲"部分。

这首歌既有力度变化,又有速度变化,同时两句的最后一个音还有$\dot{1}$—1两个不同的高度。唱这首歌时,可让幼儿随音乐做拉马缰绳马跑动作,歌声与动作都由弱到强,速度也随之加快,唱到最强处发出"驾"声时,可将右手上举用力挥鞭,然后歌声又由强到弱,由快到慢,动作的力度也相应由强变弱,速度则由快到慢,最后双手在身前做收缰绳动作,口中发出"吁"声,慢慢终止。

当然,感情的表达需要一定的熟练程度为基础,但是我们不能等歌曲完全唱熟后才提表情问题,应在一开始就引起幼儿注意,随着熟练程度的增加而使感情的表达更为自如。

幼儿学会一首新歌不是听听范唱、跟唱几遍就会的,还需要进行练习、复习。因此,第一次教新歌的时间不宜太长,要适可而止,可先让幼儿头脑中留有初步印象,到下午或第二天再和幼儿一道唱唱,音乐课上再复习复习,这样慢慢就学会了。有位缺少经验的教师,在教小班一首新歌时,连续唱了十八遍,结果幼儿疲劳,学习积极性反而下降,效果并不好。

二、复习歌曲

一般来说,在教过新歌后的音乐课或音乐活动中,总要花一定时间复习刚学过的新歌。及时的复习可以巩固记忆,避免遗忘。

实际上复习歌曲与教新歌之间也没有不可逾越的严格界限,在教新歌的过程中有着反复练习的成分,在复习歌曲过程中也有继续学习、不断提高、增加新要求的因素,只不过教新歌时是第一次对新歌有所认识并学习它。

幼儿应在愉快、有兴趣的情境下进行复习,这样能熟练而有表情地唱会所学的歌曲。在复习过程中,应避免单调的重复练习,要多动脑筋、想办法采用各种吸引幼儿的方法,达到预期的目的。

(一)复习歌曲的组织形式

不要总是用全班一道唱的形式复习,可以有所变化。这种变化不要流于形式而应为一定的目的服务。现列举一些复习的组织形式,可灵活选用。

1. 全体唱

新学了一首歌,大家都还不太会唱,并都有学习的要求,在这种情况下可采用全体唱的形式。在大家一道唱的过程中,幼儿之间可互相提醒,逐渐大家就会唱了。有时对大家已能熟练唱出的歌,全体一道齐声欢唱也能造成一种欢乐气氛,增加唱歌的兴趣。

2. 部分幼儿唱

采取这种形式复习可有以下好处:

(1)教师容易发现幼儿唱歌中出现的问题。由于唱歌的人数少,教师可更仔细地倾听、观察孩子唱歌的情况。个别幼儿吐字不清、呼吸、音准等方面的问题容易被发现,有利于帮助纠正。

(2)幼儿能轮流得到休息。部分幼儿唱时,另外的幼儿可休息。

(3)幼儿彼此间能仔细倾听别人唱歌。在共同谈论、评价唱歌质量的过程中,既可提高幼儿的评价能力,又能使幼儿有机会模仿同伴的良好榜样,提高自己唱歌的质量。这种谈论、评价,在不同年龄班要求应有所不同。

(4) 能满足幼儿表达自己感情的愿望,以及愿在别人面前唱歌的心理要求。

(5) 能锻炼幼儿唱歌的能力。对唱歌能力较差、缺少自信心、不肯独自在大家面前唱歌的幼儿,一般可接受和部分幼儿一道唱歌,这样,可提高幼儿唱歌的勇气,逐步过渡到独自唱歌。

组织部分幼儿唱歌时,可利用班上原有的小组,也可按男女幼儿分组进行,或由教师临时指定几名幼儿唱。可在座位前带有练习性质地唱,也可面向全体幼儿带有表演性质地唱。请哪些幼儿唱、为什么请他们唱,教师应心中有数。有时可将音域偏低的幼儿请在一起唱,可适当降低一点音。

3. 单独唱

能独自一人大胆地在别人面前唱歌,这种能力也是需要培养的。教师应有意识地请幼儿单独唱,逐步使每个幼儿都具有这种能力。在领唱、齐唱的歌曲中,领唱的部分也含有单独唱的因素,学习这类歌曲时应让全班每个幼儿都有担任领唱的机会。开始可由一部分幼儿领唱,然后减少人数,逐步过渡到一人领唱。

(二) 提出复习歌曲的方式

1. 由教师提出

教师最了解幼儿学歌的情况,知道他们的兴趣爱好和唱歌能力发展的水平,所以,教师最清楚什么时候该复习什么歌,怎样复习为好。因此,在一般情况下,复习的歌曲往往由教师提出、决定,这是最常见的方式,但不应该成为唯一的方式,还可以用其他方法来提高幼儿兴趣,给幼儿有自己选择唱歌的机会。

2. 由幼儿提出

唱什么歌,有时可让幼儿自己提出。有的教师曾这样做过,取得了很好的教学效果。如某一幼儿提出想复习的歌曲名称后,教师可进一步问他:"是喜欢自己一人单独唱还是请别的小朋友和你一道唱,还是全班幼儿都唱?"孩子们会有自己的主张:有的是自己一人边唱边表演,有的是请自己的几个好朋友一道唱,也有的是请自己同一组的小朋友唱等等。有时,幼儿提出想复习的歌名后会出乎教师的意外,如有一个大班幼儿所提的歌曲竟是小班刚入园时所唱的《我上幼儿园》一歌。这样的方式确定复习的歌曲很受幼儿欢迎,他们能把自己特别喜爱唱的歌提出来重唱,情绪极其愉快,唱的过程既是享受又是欣赏,还能自我满足。这样的方式还能培养幼儿的能力,如自己独立想出要唱的歌,要立即决定是自己独唱或请哪些朋友一道唱等,可增进同伴间的感情并能使唱歌活动有新颖感。

3. 用抽摸歌曲图画的方式提出

中大班的幼儿绘画能力已有所发展(特别是大班幼儿),可以在图画活动中,让幼儿将自己唱过的某首歌用图画表示出来。许多幼儿能非常富有创造性地完成这一工作,如有的孩子画出两只面对面的象,它们的鼻子都高高翘起,互相碰着。象的旁边还有蓝色的水波,原来这就是表示《两只小象》歌词中"两只小象河边走,翘起鼻子钩一钩……"这首歌的。有的孩子画了一只鹿、一只鸭子、一只乌龟和一只小花猫,一个跟着一个向前走,一看就知道这描绘的是《走路》这首歌。还有的幼儿画了一片青草地,在草丛里有着几头雪白的绵羊和一位穿着蒙古服装的小朋友,人们一看就知道这描绘的是《小牧民》这首歌。还有的幼儿画了一个背影的孩子,抬头看着满天的星星,这幅画大家都能猜到是《看星》。孩子们能各显自己的才能,用教师甚至教师也没有想到的方法把一首歌曲用图画表示了出来。在音乐课上把幼儿所画的这些表示某首歌的图画集中起来,再以孩子感兴趣的"摸签"方法,抽到哪张图画就复习哪首歌曲。用这种方式来复习歌曲,幼儿非常感兴趣。因为这不是通常的用语言说出想唱的歌,而是用图画讲出希望唱的歌,再加上"摸签"的方式,这就更增加了神秘色彩,是在带有好奇心理的情况下才知道唱什么歌,当然会更有意思。另外,在这一活动中,儿童要动脑筋用别人能看懂的办法把歌曲内容画出来,又要充分运用想像,看出别人画面上所表示的是什么歌。这种方式提出要复习的歌曲,有一举两得的效果,既能提高唱歌的兴趣,又能促进绘画能力的发展。

4. 用放录音的方式提出

请幼儿事先在家中将自己爱唱的歌曲录下来。带到幼儿园后,在音乐活动时先放某个幼儿所唱的歌,然后大家共同复习。教师先不告诉播放谁唱的歌,让幼儿仔细听,这种方法还能培养幼儿辨别音色的能力。

(三) 复习歌曲的方法

复习歌曲的过程是学习、掌握、巩固、提高的过程,也是获得快乐的过程,因此不能用千篇一律、单一的方式复习,应根据歌曲的不同、幼儿年龄的不同采取多种多样的方法进行。下面提出几种方法,请灵活选用。

1. 边唱边表演

边唱边动作,这是幼儿学唱歌中常见的现象,也是年龄特点的一种表现。让幼儿边唱边表演,可以帮助幼儿记忆歌词,增强节奏感,促进动作的协调,提高表现的能力,并能引起复习的兴趣。不同年龄班幼儿边唱边做的动作难度可有所不同。小班幼儿可大家做同样的、简单的动作,中、大班幼儿可有互相不同的动作,难度也可稍大一些。

小班:

我上幼儿园

见下篇"幼儿歌曲"部分。

幼儿可随歌词做下述动作:

〔1〕～〔2〕小节　用右手合拍指点。

〔3〕～〔4〕小节　走步。

〔5〕～〔6〕小节　胸前摇手。

〔7〕～〔8〕小节　深深鞠一躬。

中班、大班:

唱《蝴蝶花》一歌时,可以请1/3的幼儿当蝴蝶花,2/3的幼儿当小朋友;三人一组,一人当花在中间,随音乐左右微微摇动,两人当小朋友随歌词面向蝴蝶花做自己想出的动作。

2. 边用教具边唱歌

用一些色彩鲜明、形象可爱又便于使用的教具让幼儿边使用教具边唱歌能激发幼儿唱歌的积极性。如复习《摇啊摇》这首歌时,可以用小椅子当小床,小手帕或小毛巾当被子,再给幼儿一个可爱的玩具娃娃,让他们一边使用教具一边唱三段歌词。第一段:抱着娃娃摇动。第二段:将娃娃放在小椅子上(床上),轻轻盖上小被。第三段:摇动小椅子,让娃娃入睡。小班幼儿非常喜欢用这种方法来复习这歌,唱时充分体现出了对娃娃的关心,盖被时有的幼儿动作准确性差,遮住了娃娃的脸,旁边的幼儿生怕闷死了娃娃,就急忙把被子拉下来,重新盖好。推动小椅子时,他们的动作都很小心,怕把娃娃吵醒,个个真像个好妈妈、好爸爸的样子。

3. 用游戏的方法

《蚂蚁》这首歌,幼儿很喜欢唱,除了可边唱边动作外,还可采用游戏的方法复习。如请一幼儿当"豆子",一幼儿当出来找食的蚂蚁,四至五个幼儿当在洞中的蚂蚁。第一段歌词由找食蚂蚁表演,到第二段歌词后半部分则将洞内其余蚂蚁都请来围着豆子。音乐再重复一遍时,蚂蚁就合着音乐的拍子抬着豆子回洞。为了使较多的幼儿能同时活动,教师可请两三组幼儿同时游戏。

又如复习《是谁在敲门》这首歌时,也可采用游戏的方法进行。甲当客人,乙当主人,当乙猜对后可与甲拉着双手用小跑步动作转一圈表示欢迎客人来玩。

是谁在敲门

见下篇"幼儿音乐游戏"部分。

4. 用接唱的方法

接唱是将一首歌分成若干句,由几组或几个人一句句接着唱。接唱的过程中幼儿必须高度注意使自己所唱的调子、速度等与前面的一样,并要求能及时接上。这对提高唱歌能力有一定帮助,也能引起幼儿的兴趣。

5. 用乐器为歌曲伴奏

当歌曲学到一定程度时可让幼儿为歌曲选用乐器伴奏。如《小鼓响咚咚》就可以请一两个幼儿随音乐打鼓。《春天》这首歌则可加上三角铁、小铃或铃鼓伴奏。有关马儿奔跑、蒙古风格的歌曲,适当地加上双响梆子打出踢哒踢哒的马蹄声,幼儿既感兴趣又能更好唱出歌曲的感情和增强节奏感。

6. 扮演歌曲中的角色,增加有节奏的说白

根据歌曲的特点,采用请幼儿扮演歌曲中人物并增加一些有节奏的讲话、说白的方法,能使复习活动变得新颖、有趣。如《粗心的小画家》一歌,复习时请一幼儿当"丁丁",开始由丁丁自我吹嘘地夸着口讲自己是个小画家,样样东西都会画……接着大家唱歌,每唱到画错的动物之后,就由一组幼儿紧接着指出他的错误,并告诉正确的画法。如,当唱完"画只螃蟹四条腿"后,第一组幼儿有节奏地说:"你错了,螃蟹不是四条腿,它有八条腿。"然后再接着唱"画只鸭子小尖嘴",第二组幼儿马上指出"不对,鸭子不是小尖嘴,鸭子是扁嘴巴……"这样幼儿在纠正丁丁画中错误的同时也就巩固了自己对这四种动物外形特征的认识。更重要的是,由于有一幼儿担任了丁丁这一角色,使歌中的人物呈现在眼前,既增加了现实感,又要求有一定的想像,加上唱的过程中又补充了有节奏的说说讲讲的活动,显得有所呼应,这就使复习歌曲的趣味大大提高。

7. 边唱歌边用手拍歌曲的节奏

歌曲的节奏一般是通过喉头的肌肉动作来感受并表现出来的。在复习歌曲时,还可让幼儿边唱边用双手拍出歌曲的节奏,要拍出每个音的不同长短,而不是通常的随音乐合拍地拍手。这种动作由于有上肢的运动觉参加,它对更准确地感受歌曲节奏能起重要作用。小班幼儿歌曲很多是一个字一个音,拍节奏时,可边唱歌词边拍,中大班幼儿的歌曲,有时一个字要唱两个音,若仍边唱歌词边拍节奏,那么有的节奏就拍不出来了,最好用口唱啦啦啦的方法同时拍出节奏,幼儿对这种方法常表现出一定的兴趣。有些幼儿园教师在教过幼儿拍歌曲节奏后,在复习歌曲前,先不讲歌曲的名称,而只拍其节奏,幼儿能听出是哪首歌曲,特别是有比较特殊节奏的歌曲,如某些重复的节奏型、切分音、附点音符等等,幼

最易分辨。有的幼儿在游戏时间里还自发地拍某些歌曲的节奏让别的幼儿猜是什么歌。

8. 边唱边画出歌曲的节奏

这是指在唱一些比较方整的、节奏也较简单的歌曲时,用不同长短的线条表示出歌曲中不同长短的音。在这一活动中,一方面从画线条时的肌肉动作中能感受到音的不同长短,另一方面,视觉上也能看出线条长短与音的长短之间的关系。

如:

小 鸭 子

$1=C\ \dfrac{4}{4}$

| 1 1 5 5 | 6 6 5 - | 4 4 3 3 | 2 2 1 - |
| - - - - | - - - - | - - - - | - - - - |

| 1 3 5 - | 6 6 5 - | 4 4 3 3 | 2 2 1 - ‖
| - - - - | - - - - | - - - - | - - - - ‖

看 星

$1=C\ \dfrac{4}{4}$

| 1 2 3 4 5 5 | 6 i 5 - | 6 6 6 6 5 i | 3 2 1 2 - |
| - - - - - - | - - - - | - - - - - - | - - - - - |

| 1 2 3 4 5 5 | 6 i 5 - | 6 6 6 6 5 i | 3 2 1 - ‖
| - - - - - - | - - - - | - - - - - - | - - - - ‖

开始时教师可以把幼儿所唱的、熟练的歌曲节奏画在黑板上,边唱边用手描画着,让幼儿也空手随着教师书空,以后可让幼儿自己画。初学时,所画的节奏要简单,逐步加深难度。

从上面介绍的情况来看,复习歌曲时不论在组织形式上,还是在方式、方法上,可以有多种多样的变化。但应注意不要为变化而变化,不能流于形式而要讲究实效,应使幼儿在各种变化的活动中有所受益。要做到这一点教师事先要有充分的准备,对每个幼儿的情况要有全面的了解,要有目的、有计划地采用不同方式,创造性地设计更为适合本班幼儿实际水平的方法。此外,在复习的过程中不能忘记要保护幼儿的嗓子,不使他们过度疲劳或因起音太高及其他原因而大喊大叫。还应注意各种简单唱歌技能的培养,以提高幼儿唱歌的能力。

在唱歌活动中对幼儿创造能力的培养

随着时代的发展,培养具有创造才能的人已成为教育中的一个重大问题,也是不少心理学家、教育学家所关心、感兴趣并积极探讨、研究的课题。瑞士心理学家皮亚杰认为:教育的主要目的是造就能创新的而不是简单重复前人所做过的事的人,这种人能有所创造、发明和发现。还有人主张,培养发明才能、创造能力和不断探索的精神应该是学前教育的一个特征。

正常、健康的人都有不同程度的创造能力,创造能力的发展与教育有着密切关系。如果在儿童出生的早期就注意创造能力的培养将会收到更好的效果。

音乐活动本身就需要丰富的想像及创造能力,如果教师能有意识地运用它来培养、扶植、激发、鼓励幼儿的想像、创造力,那么幼儿就能得益匪浅了。唱歌是音乐教育的一项重要内容,唱歌教学工作中在发展幼儿唱歌能力的同时,还应培养他们的创造能力。

唱歌活动中创造力的培养除表现在应尽量启发幼儿联系已有

的感性经验,随歌曲的歌词、曲调所表达的思想感情充分发挥自己的想像,进入歌曲的意境之外,还可以考虑从以下几方面进行培养。

一、让幼儿自己有机会为歌曲配动作

前面已经提到,边唱边动作是幼儿的特点。他们不但用歌声来表达感情,更喜欢用动作来加以补充。如果歌词是很具体的,并易于用动作来表现的话,三岁的孩子由于已有一定的生活经验,自己常能想出一些动作来表达自己对歌曲的理解。如《小汽车》一歌中的"笛笛笛",孩子很快就用生活中曾见到的揿喇叭动作来表示。一次,请一个小班的女孩唱自己所想唱的歌时,刚开始唱第一句"小星星亮晶晶"时,她马上就把手举到了头上方,五指一会合拢一会张开象征着星光闪烁的情景,谁也没有教她这样做过。中、大班的幼儿这方面的能力就更有所发展了,在为《吹泡泡》一歌配动作时,他们用手臂自下而上的动作表示泡泡正向上飞,同时还双脚起踵,尽力显得高些。对"咦,泡泡不见了"这句歌词所表达的惊讶感情更是深有体会,他们把日常生活中遇到了惊奇事时,会本能地把两臂往后斜伸,身体前倾,头向前探视保持不动的姿态,移植了过来,逼真地表现出对泡泡不见了所产生的好奇、怀疑、惊讶的复杂心情。在为《值日生》一歌中给"因为我是值日生"一句配动作时,他们没有用双手指胸口,或双手在胸前拍手及两边点头等常见的动作,而是吸取生活中亲身的体验,用右手指左臂值日生袖章的动作来表示,姿态自豪,动作优美。《小鸭子》一歌中"吵着要洗澡"这一句的心情该怎样动作好呢?有一大班幼儿用两手自然下垂在身体两旁,整个身体激烈地、不停地左右两边转动,这个人们常见的孩子们为达到某种目的所惯用的撒娇动作,维妙维肖地把"吵"字的意思形象地、突出地表达了出来。

幼儿对自己所想出的动作会特别有感情,下面的例子能充分证明这一点。一次小班幼儿在为《春天》一歌配动作时,樊容小朋友两手托在下巴底下,小心翼翼地把两个中指稍向下弯表示"花儿开得多么好",当她创造性地想出这一动作后,转过头问右边的同伴刘海山小朋友:"我的这朵花开得好看吗?"语气里充满感情,充满想像,也充分流露出对这一动作的欣赏。

可能,从成人或舞蹈家们的眼光来看,这些动作都非常简单、幼稚。可是,这些都是三五岁的幼儿自己想出来的,应从他们的年龄、知识经验、动作发展水平等方面去衡量和评价。何况有些动作竟能那样逼真、恰到好处地表现出特定的情感,恐怕还是一些成人所不能及的呢!三岁能有这样的水平,将来十三岁、三十岁时将会有更高的水平。因此,在让幼儿为歌曲配动作时,一方面教师可多让幼儿直接观察自然、生活中的各种现象,从中得到启发;另一方面教师也可给幼儿示范一些动作,也可让幼儿观看哥哥姐姐或同伴的优美动作;还可让幼儿欣赏有关舞蹈的图片等,教会幼儿一些表达方法。在唱歌活动的过程中,应给幼儿自己创造性地想出表达方法的机会,不必把每个动作都设计得好好的,让幼儿跟着做。

二、为歌曲增编歌词

让幼儿给熟悉的歌曲增编新的歌词或改变部分歌词,这既能提高幼儿唱歌的兴趣,发展唱歌能力,也有利于对幼儿创造能力的培养。如《我爱我的动物》《在农场》等歌,在教会幼儿几段歌词后可让幼儿自己想出新的动物名称及叫声。又如"谁饿了"这首歌,在学唱一两段后,可以让幼儿自己想出某个动物饿了,它爱吃什么东西,吃时发出什么声音等。幼儿会想出许多,如大象看见甜甘蔗,咔喳咔喳吃完了,小熊猫看见嫩箭竹,喳喳喳喳吃完了。还有的幼儿把在电视中看见的"蛇鹰"吃蛇的内容也编了进来。

谁 饿 了

见下篇"幼儿歌曲"部分。

唱这首歌时还可根据不同动物的习性而改变音色、力度、速度。

幼儿非常喜欢玩打电话的游戏,《打电话》这首歌,孩子也很爱唱,这首歌两段歌词中有一部分内容为:"你在哪里啊?"答:"我在幼儿园。"及"你在做什么?"答:"我在学唱歌。"当幼儿会唱这首歌后,教师启发幼儿想一想在幼儿园里除了唱歌外还可以做些什么呢?大家踊跃地说,可以弹钢琴,可以画图画,可以抹桌子……于是让幼儿在唱《打电话》一歌时可以改变这句歌词,用自己所想出来的活动代替。这样一来,在复习歌曲时,气氛十分活跃,既有利于创造能力的培养,又促进幼儿敢于独自一人在大家面前唱歌。

《山谷回音真好听》一歌,主要是让幼儿练习强弱的控制能力,其中有两句是用"啊——"字来唱的,前面一句音强,表示面对山谷发出的声音,后面一句音弱,表示山谷的回音。幼儿学会这首歌后,教师启发幼儿可以将"啊——"的部分改为一句话来对着山谷讲。由于这一小节正好有五个音,开始就要求幼儿编一句含有五个字的话。幼儿能开动脑筋运用自己生活中的感受来编。有的因为刚刚去过动物园,孔雀开屏的印象记忆犹新,很快想出一句:"孔雀开屏了。"有的看看自己幼儿园里正在盖的大礼堂已将近完工,即兴地想出"房子盖好了"。幼儿把自己所想的句子用到歌曲中,会感到格外新鲜、有趣。在学会编出五个字一句话的基础上,教师又提高要求,让幼儿试试想两句相互有联系的句子,教师先作示范,讲了两句:"春天来到了,花儿多么好。"幼儿领会了之后,能想出许多有关联的句子。如:"夏天来到了,小鸟吱吱叫"、"小兔吃青草,小兔蹦蹦跳"、"太阳咪咪笑,小朋友起得早"等等。

《颠倒歌》是首风趣的歌,讲的都是一些颠倒的事情,五六岁的幼儿对颠倒的事,完全能有所理解,也正因为如此,才感到好笑、有趣。当他们唱会了这首歌后,教师启发幼儿自己想一些令人发笑的颠倒的事情时,有的孩子能想出"夏天穿棉袄,冬天穿裙子"、"白天出月亮,晚上出太阳",还有的说"小狗喵喵叫,小猫汪汪叫"等等。教师将孩子们所想的内容加以整理,代替原有的歌词让他们唱,引起了幼儿欢乐的笑声。

有所幼儿园由于常常让小朋友增编歌词,他们对这一活动很感兴趣。一次去玄武湖游玩,走到动物园的时候,有一个幼儿忽然唱起：“小朋友，想一想，什么动物眼睛亮。”大家认为小猫的眼睛最亮，于是回答着唱"眼睛亮是小猫，小猫眼睛最最亮"。接着又有人问起什么动物嘴巴大，大家一致认为"河马嘴巴最最大"。再接着又有人问什么动物尾巴长？这时就发生了争论，有的说"老鼠尾巴最最长"，有的说"狐狸尾巴最最长"，有的还说"孔雀尾巴最最长"，可是这一说法立即遭到否定，因为孔雀尾巴最美丽，不能算最长。对谁的尾巴最长一时未得到结论。这时又有一幼儿问，什么动物会看家？这不大费事就找到了答案，大家唱着："会看家是小狗，小狗小狗会看家。"从这个例子中可以看出，只要进行了这方面的工作，就容易激起孩子对这方面的兴趣。教师并没有带领幼儿为上述这首歌增编过歌词，可是幼儿却自发地触景生情，忽然回忆起以前唱过的："小朋友，想一想，什么动物鼻子长……"而且迅速地能把培养起来的为歌曲增编歌词的能力迁移过来，从而随口唱出"什么动物眼睛亮……"另一所幼儿园也有同样的情况。幼儿学过《猴子学样》这首歌，讲的是张老汉挑担草帽过山冈遇到猴子时发生的事。一天，幼儿在参观绘画展览时，杨晨小朋友看见一幅画，上面有一位老翁坐在一条木船上正在钓鱼，他立即联想到《猴子学样》中的张老汉，于是即兴地将歌词改变为：

张老汉，喜洋洋，背起鱼竿到河边呀，
划上小木船，拿起鱼竿来钓鱼呀，
鱼竿一动，往上拉，钓起一条大鲤鱼，
老汉乐得胡子翘呀，划起小船回了家。

注："老汉乐得胡子翘"是后来教师用手做了摸胡子的动作予以暗示后，幼儿自己想出的。

幼儿增编、改编歌词不仅有助于创造能力的培养，同时对增强幼儿信心，发展幼儿语言也起重要作用。

三、自编歌曲

无论在家庭里，在幼儿园里或在公共汽车上、马路旁边，我们常常能够看到,一个健康、活泼、开朗的幼儿,在做什么事或高兴的时候嘴里就哼哼唱唱起来。有的唱的是幼儿园里学的歌,有时唱的是从家里、电视里、社会上听来的歌曲,也有很多时候他们唱的是自己"创作"的歌曲。当然,对这种小小年龄的孩子不可能期望他们创作出多么完美的歌,很可能他们所编的歌曲中有几个音似乎与某首熟悉的歌相同,某些节奏又和另一首大家都听过的歌类似,但不管怎样,这些创作的歌曲毕竟是他们自己重新组织加工而成的,是他们用来表达自己感情的一种方式,这一活动不能不说是创造性活动的表现之一。对这样一件在教育上极有价值的活动,有些家长、教师却未能给予应有的注意与重视,失去了许多培养与发展幼儿创造能力、表达能力的良机。

爱因斯坦曾说过:"你能不能观察眼前的现象取决于你运用什么样的理论。理论决定着你到底能观察到什么。"一位年轻的母亲,有一个三岁的女孩子,平时这位母亲似乎常听见孩子嘴里哼哼唱唱,但却未注意她哼些什么,因为她根本没有想到这么小年龄的孩子会自己编着歌唱。可是当她认识到幼儿是会自己编唱一些曲调,这是一种创造性的表现,应予以鼓励、支持后,当天晚上在给孩子洗澡时就发现自己的孩子真是左一句、右一句唱出许多她意料不到的歌曲,而且每首歌在发展了一段时间后总会回到一个比较长的主音上来表示唱完了、结束了。这位年轻妈妈惊奇万分,也非常激动、兴奋,她准备以后要把孩子所唱的这些自编歌曲录下来重放给孩子听,全家也可一道欣赏,共享天伦之乐,也使孩子得到良好的反馈与强化。

有人在初入幼儿园的几个幼儿中进行唱歌能力调查时,也遇到不少幼儿唱自己所编歌曲的情况,下面举几个例子。如:

有的唱"树林里有个大老虎"、"小鸟飞走啦",用的是自己想出来的曲调,但不易记谱。

有的能唱出一首短歌,其中的歌词、旋律、节奏都能听清,如:

| 1 3 5 | 6 5 3 | 2 1 6 | 1 1. |
|小 红 花|真 美 丽|拿 一 朵|红 花,|

| 3 5 5 | 3 5 5 | 3 2 1 | 6 2 2 ‖
|我 妈 妈|戴 红 花|我 蹲 到|地 下 来。

还有的孩子在唱《小红花》一歌时,将中间"啦啦啦"的部分加以发展,她是这样唱的:

| 3 3 3 3 1 1 | 3 3 3 3 1 1 | 1 1 6 3 5 | 1 1 6 3 5 ‖
|啦啦啦啦啦啦,啦啦啦啦啦啦,啦啦啦啦啦,啦啦啦啦啦

也有的孩子用"的的达"的声音重复唱一节奏型,并无声音高低的变化,如:

‖: X X X X X X | X X X X X X :‖
  的 的 的 的 达 达   达 达 达 达 的 的

至于入园一段时间的四五岁的幼儿,在有了更多的音乐经验的基础上,这类活动就会更为多见了。这里举两个例子。这是一个五岁的中班女孩所创作的歌曲。

第一首:

拾 贝 壳

1=♭E 4/4

| 3 5 5 - | 6 6 5 - | 6 5 3 1 | 2 3 2 - |
|小朋 友|快 快 来,|快 来 跟 我|拾 贝 壳,

| 3 5 5 - | 6 6 5 - | 6 5 3 1 | 2 3 1 - ‖
|贝 壳 好,|贝 壳 美,|快 来 跟 我|拾 贝 壳。

这首歌的词、曲虽都是女孩自己想的,但听起来节奏、旋律都与

《小汽车》一歌有相似之处。

第二首：

小白鸽

1=E 4/4

```
5̣ 1 3 - | 2 1 2 - | 5̣ 5̣5̣ 1 3 | 2 1 2 - |
小 白 鸽    真 美 丽，  红红的 嘴 巴 白 肚 皮，

3. 2 3 2 | 2 1 6̣ - | 5̣ 3 2 1 | 6̣ 1̇ 6̣ 5̣ - |
飞 到 东 来 飞 到 西，  成 群 结 队 在 一 起，

5 5 5 5 | 2 3 2 1 - | X X X - ‖
咕 咕 咕 咕 叫 不 停， 咕 咕 咕。
```

这首歌中，虽个别句子有似曾相识之感，但总的来说，显然孩子是动了脑筋，经过重新组织、加工，有自己表达的特点。

自编歌曲对激发幼儿的想像、创造的热情，让幼儿学会用歌曲来表达自己的感情，及发展音乐的能力等方面都有极为重要的作用。教师应重视这一活动，不仅要赞扬和鼓励幼儿自编歌曲，还应为幼儿创造条件，及时将他们所创作的歌曲录下来、记下来，在适当的时候放给或让他们唱给大家听，用这种方法不但可以起到交流的作用，还可进一步调动、提高幼儿对唱歌和自编歌曲的积极性、主动性，使他们愿意更多地开展这项在促进创造力发展上具有特殊作用的活动。

韵 律 活 动

幼儿园音乐教育中的韵律活动是指随音乐而进行的各种有节奏的身体动作。一般包括以下几种。

律动：多年来在幼儿园中把随音乐而做的一些模仿动作，如打鼓、吹喇叭、鸟飞、熊走、摘果子、缝衣服等称之为律动。

舞蹈：主要指一些基本舞步，如踏跳步、跑跳步、跑马步、秧歌步等，以及简单的舞蹈动作。

其他节奏活动：主要指运用身体的某些部分，如头、手、脚等随音乐做出点头、拍手、踏脚等有节奏的动作，或用嘴发出有节奏的声音（如马蹄声等）。

幼儿节奏感的发展

人类天生有感受节奏的本能，自己机体的生理活动中有的就具有一定的节奏，如心跳、呼吸等。在胎儿期就习惯了母亲心跳的节奏，出生后来到的这个世界也是一个节奏的王国。自然现象、动植物的生活、人类的劳动中都充满了节奏。新生儿一来到这个节奏王国就受到周围世界中各种节奏的包围。平时，妈妈对他讲的话里有长音有短音；抱着他摇动，哄他入睡时，动作有一定的节拍；用发响的玩具和他玩时，能摇出不同的节奏。"拨浪鼓"这个婴儿玩具之所以在全世界各民族中都能见到，正因为它能发出有节奏的音响，能吸引婴儿的注意并使他们感到高兴。逐渐地他们对成人的脚步声、自行车的铃铛声和收音机、电视机中节奏鲜明的歌声、乐器声能有所注意，并作出反应。在成人的教育下与婴幼儿自身的活动中，其节奏感可以有很大的发展。这种发展从目前来讲虽无严格的阶段划分，但从总的发展趋势上看有以下一些过程：

● 无意地敲打。

● 有意地敲打并弄出一些无规律的节奏。

- 注意使自己的动作,如拍手、走步等符合音乐的节拍。
- 比较自如地随音乐做简单的模仿动作、舞蹈动作等。
- 能重复别人的或自己创造出简单的节奏型。

下面着重讲讲幼儿节奏感发展的一般情况。

三岁初入幼儿园的孩子在教师的培养教育下,逐步能注意使自己的动作符合音乐的节拍。这里也有一个发展过程,并非教师一教就能做到的。拿听音乐拍手这一动作来看,往往会经历以下三个发展阶段。

第一阶段,不合拍,音乐仅起背景作用。

当教师要求幼儿听琴声拍手时,他们并不能真正听着音乐的节拍来动作,往往将音乐当成要求做出拍手动作的"信号"。正如用语言说出"拍手"这一词的作用差不多,这时音乐只不过起着一种背景的作用。幼儿听见了琴声就知道该拍手了,于是连续不断地、比较快速地拍了起来,动作既不合拍也不均匀,有如来了客人表示欢迎,看了表演节目后表示感谢,或对某个小朋友的行为表示赞赏时所做的拍手动作一样。这时虽然大家听的是同一首曲调,但各人拍手的速度却不一样,听起来此起彼落,相当混乱,其中也会有个别幼儿由于在家中或托儿所中接受过音乐教育,节奏感较好,有时能有合拍的动作。

第二阶段,懂得注意听音乐,尽量使自己的动作合拍。

在教师经常提醒下,幼儿逐渐知道要听着音乐拍手,要控制动作速度,使动作能合上音乐的节拍。有的幼儿会一拍做一次拍手动作,如 $\frac{4}{4}$ 拍的音乐,一小节会拍上 4 下,也有的幼儿每两拍拍手一次。有时有的乐曲在结束时有连续的两个八分音符如 1 <u>1 1</u> 1 - |,有的幼儿会相应地增加拍手的次数,将八分音符 <u>1 1</u> 的地方变成半拍拍一下,拍成 X <u>X X</u> X - |。在这一阶段中,虽然幼儿开始注意使自己的动作合拍,但还不能自始至终稳定地合着节拍拍手。常常可以看到这样的情况,开始时比较合拍,但到了中途却变得不合拍了。另外,这一阶段中幼儿拍手的动作也比较僵硬,态度、神情也显得有些

紧张,需要有高度的注意力。

第三阶段,动作自如、合拍。

步入这一阶段时,幼儿已逐步能从需要高度集中注意中解脱出来,动作的协调性也有所发展,不再那么僵硬,能比较有弹性、自如,表情也显得轻松多了。有的孩子还能在拍手的过程中停止拍手动作去进行一些其他的活动,如因鼻子忽然发痒而去摸摸鼻子,或是因自己的衣服翘了起来而去理理衣角,或是发现手绢没有塞好,伸手去把它塞入口袋等等,当他们做完这些事再回过头来拍手时,仍能合上拍子。一般来讲,入园三四个月后,多数幼儿能进入到这一阶段,在随音乐拍手时已能比较轻松地合上拍子了。但有个别幼儿还要有相当一段时间才能达到这一步。即使是拍手能合拍的幼儿,若要他们听音乐合拍地做一些需要手脚协调的动作还是有一定困难的。就拿最简单的走步来说,这就是一个需要手脚配合、协调活动的动作。要能走得合拍,关键在于脚落地时要能合拍。要做到这一点,每走一步的时间就要相等,这就意味着双脚在空间的移动必须均匀,身体保持稳定、平衡的能力也相应要高,否则会出现大一步、小一步、快一步、慢一步的现象,致使动作难以合拍。有时让三四岁的幼儿做兔跳动作,也会出现类似情况。尽管他们听着兔跳音乐拍手时能很准确,可是随兔跳音乐跳跃时常因"身不由己",控制身体的能力差而不易合拍。从这些事实中可以看出,要能较自如、合拍地随音乐上下肢协调地动作,必须在大脑对肌肉动作的控制能力、平衡能力有一定发展的情况下才能产生。动作的发展对节奏感的发展是有一定影响的。另外,对小一些的幼儿来说,乐曲的速度也是影响他们动作能否合拍的一大因素。乐曲速度过快或过慢常会使原来能够动作合拍的幼儿也难以适应。这一现象的发生除因幼儿音乐经验不多之外,与幼儿控制、调节动作的能力还不够完善有关。

随着年龄的增长,特别是在四至五岁之间,幼儿由于中枢神经系统对动作的控制能力显著增强,动作协调性大大发展,因而在随音乐走步或做各种模仿动作、舞步时,能排除动作协调性这一因素的影响和干扰,节奏更加准确。这时我们常常可以看到这样的现象:当幼儿随音乐走步时,虽然乐曲的速度较慢,不适合他们动作的速度,可是他们却能有意识地放慢走步的速度,拉长每一步的距离,甚至有时还会将脚半悬在空中,延长一定的时间,直等到音乐的强拍出现才落到地上,尽力使自己的每一步都合上音乐的节拍。若是音乐速度合适,那么走起步来会更显得轻松自如,精神百倍。

四至五岁的幼儿也能逐步地由易到难地学会一些简单的 $\frac{4}{4}$ 或 $\frac{2}{4}$ 拍的舞步,如踮步、踏跳步、踵趾步、跑跳步、跑马步、秧歌步等。对速度不太快的三拍子的华尔兹步也能接受。不过仍有一些幼儿尽管到达这一年龄,但要将上述动作做得合拍、协调还是有一定困难的。

教师拍一简单的节奏型如:X　　X ｜X X X ‖; X X X X ｜X - ‖; X X X ｜X X X ｜X X X ｜X - ‖; X · X ｜X X X ｜X · X ｜X - ‖等,要幼儿模仿拍出,这一活动要求幼儿注意倾听,能分辨出不同音的长短,同时还要有一定的音乐记忆,将所听的节奏型保持在头脑中,并能再现出来,这是只有具有一定的节奏能力的幼儿才能完成的。一般来说,若节奏极其简单,四岁幼儿可能完成,至于五六岁的幼儿,如果教师经常带他们进行这方面的活动是完全可以做到的。尽管这类活动并无多少形象性,但五六岁的幼儿却会喜欢,因为他们的节奏感已发展到一定水平,对节奏本身已表现出有一定的兴趣,他们会因能准确地把教师所给的节奏拍打出来的成功,而感到自我满足。有时他们还能自己创造一定的节奏型。

总之,随着幼儿年龄的增长,大脑控制动作能力的发展,经常随音乐进行活动,他们的节奏感也会随之发展,不过幼儿之间个体差异还是很大的。在幼儿音乐教育中节奏感的发展极为重要,从入园开始就应予以高度重视。

韵律活动在幼儿音乐教育中的作用

"动作"是婴幼儿认识周围世界的重要工具之一。在音乐活动中,要感受音乐的节奏,提高辨别音乐性质的能力,更好地发挥想像力、创造力,更是离不开动作,也就是各种有节奏的身体动作,这正是幼儿感受、认识、表达音乐的重要工具。它在幼儿音乐教育中的重要作用,概括地说,有以下几点。

一、增强节奏感

要培养、发展、增强幼儿的节奏感离不开身体动作。韵律活动是增强节奏感的一条重要途径。

节奏一词,追其源来自希腊文,意思是"流动",这就意味着有一种连续性,是指一种有规律的速度,平稳地流动着向前的运动。讲到音乐中的节奏,也就自然含有流动、起伏的意思。音乐中的节奏总是和节拍并存,密不可分的。音乐中正因为有节拍,声音才有强弱之分,正由于有节奏,声音才有长短之分。因此,一般讲到音乐的节奏也就是指音乐的声音是在强弱轮流交替中平稳而又有起伏地向前流动。讲到音乐的节奏感,也就不是指一般的感觉,正如有人总结出的,这就是指对音乐中声音的动与静、长与短、强与弱等抑扬缓急的音乐表现手段的感受能力与表达能力。

节奏是音乐的三大要素(节奏、旋律、和声)之一。人类最原始的一些音乐活动就是从节奏活动开始的。人们拍手、踏脚或用棍子打击木头弄出一些有规律的声音使跳舞的人动作协调、情绪更高。以后棍子与木头由打击乐器所代替。在原始氏族的乐器中,不约而同地都有各种的打击乐器,其主要作用就在于打出各种的节奏。一些祭祀、舞蹈中都要用这种能打出节奏的打击乐器。随着旋律的不断发展、复杂,才逐渐出现了管乐器、弦乐器,以及和声的理论。有人形象地比喻说:"节奏是音乐的骨骼,旋律是音乐的灵魂。"也有人说:"如果旋律是音乐生命的血液,节奏则是心脏的跳动或是脉搏,它推动着血液的运转。"可见节奏在音乐中的重要作用,可以说它是音乐的核心,没有节奏也就不可能有音乐。对幼儿进行音乐教育，节奏感的培养应放在重要地位。节奏感强的幼儿无论学唱歌、舞蹈、打击乐或倾听音乐都会更为有利。

如何能比较有效地培养与发展幼儿的节奏感呢？通过身体动作是一条极其重要的途径。

在我们的生活中经常会看到这样的现象：音乐会上，无论是听众或是演唱者，都会有一些外部动作，如点头、摇动身体、轻叩手指、脚打拍子等，显示出他正在感受着音乐的节奏，即使在一些极其安静严肃的场合中欣赏音乐，不宜作出有节奏的外部动作时，但是内部的肌肉活动仍然存在，只不过隐蔽起来，内化了。

国外有人曾做过这样的调查：让一些女大学生回忆最早是在什么情况下意识到节奏的。在所收到的答案中，有3/4都是在与身体动作有关的情况下感觉到节奏的，特别是在与摇动、摆动、转动、敲打、走、跑等有关的动作时感受到的。

"体态律动学"的创始人，瑞士的音乐教育家达尔克洛兹认为：对音乐的感受不仅反映在心理上，同时也反映在身体上。当人们听见好的音乐时，会自然而然地、情不自禁地摇头晃脑，甚至手舞足蹈。因此，音乐教育也应当同时从身心两方面着手，应让学生从小就从身心两方面去感受音乐，不仅心理上内心对音乐有所感受，而且生理上整个肌体也能感受音乐节奏，理解音乐的精髓和神韵。身体的动作决不是机械的动作，而是充满活力的。身体的动作本身就是音乐的化身，身体的动作产生自音乐，反过来音乐也体现在身体动作之中。这样的身体动作是一种充满生命律动的体态，所以叫"体态律动学"。

卡尔·奥尔夫（1895—1982）是德国当代著名的作曲家、音乐戏剧家、儿童音乐教育家。在他所建立的儿童音乐教育体系中提出了"节奏第一"，他认为"音乐构成的第一要素是节奏，不是旋律"。节奏可以脱离旋律而存在，旋律则不可脱离节奏而存在，任何旋律如果丧失了节奏（试把它的每一个音改成一样长短），就会面目全非，甚至不成其为旋律。应当说，节奏是音乐的生命，是音乐的生命力的源泉。因此，奥尔夫特别强调从节奏入手进行音乐教育,而且,他强调要结合语言的节奏、动作的节奏来训练和培养儿童的节奏感。

美国詹姆斯·L.默塞尔教授在他所著的《音乐教育原理》与《学校音乐教育心理学》等书中曾反复强调肌肉活动在感受音乐中的作用。他曾说:"节奏是依赖于肌肉动作的反应。""我们在听音乐时,听觉及肌肉活动两种因素都参加活动。例如一个旋律是一系列的音符,在一定的音程中一个接着一个,这是一方面。另外,这旋律中还包含着节奏的因素——那些强拍和短句,我们除非对节奏及听这两个因素都很敏感,否则我们对旋律的感受是有缺陷的,这一点是很清楚的。因此,只说听音乐这是不正确的,因为我们在用耳朵听的同时,同样也用肌肉在感受它。"在他看来,人们的音乐经验,无论是听音乐的人也好,演奏的人也好,都远远不只是清楚地听出曲调,必然要有肌肉反应,以及对肌肉反应的感觉。为了强调这一点,在书中他还写道:"再一次我们说明,节奏不是什么用眼睛看的,不是用耳朵听的,也不是用脑子想的,而是用我们身体感觉的。"

随着科学的发达,各种测定人体生理活动仪器的出现,有人曾进行过这样的实验,当人们倾听音乐时,用仪器同时记录出其心跳、呼吸、血压、肌肉活动等情况,发现人体内部的种种活动与音乐的进行有着密切的关系。

从上面列举的日常生活中所见的现象、专门性的调查、音乐教育的实践以及科学实验的结果中可以清楚地看出:肌肉活动、身体动作在感受音乐特别是音乐的节奏中所起的作用是巨大的,它是感受音乐节奏的生理基础。因此,要培养与发展幼儿的节奏感必须通过肌肉活动、身体动作。韵律活动正是有节奏的身体动作,它对幼儿节奏感的发展起着极其重要的作用。幼儿期正是节奏发展的重要时期。有的科学研究报告指出:用轻轻敲打来保持持续稳定的节拍的能力会根据年龄有所发展,但九岁以后却似乎变化不大。我们应自婴儿诞生之日起就注意节奏感的培养,在幼儿园中更是应该创设条件让幼儿通过各种身体动作来感受音乐,增强其节奏感。

二、提高辨别音乐性质的能力

音乐的不同特点、不同性质主要通过音乐的种种表现手段,如音的高低、速度的快慢、力度的大小、不同的节奏、不同的音色等等表现出来。熊的身体庞大、笨重,行动也较迟缓,运用音乐来表现熊的形象时,自然而然会选用较低沉的、有一定强度的声音及缓慢的速度。小鸟的身体小巧轻盈,能在天空欢乐轻快地自由飞翔,要用音乐来表现一只快乐的小鸟时,也会自然而然地选用高音区柔和的声音,稍快的速度。同样,不同体裁的摇篮曲、进行曲、舞曲或不同风格的乐曲,它们所采用的表现手段也会不同。

如何使幼儿能更好地感受这些不同特点、不同性质的音乐并能很快地、正确地辨别出它们呢?同样,少不了要借助身体动作。如果幼儿在倾听熊走音乐的同时能有机会随着音乐做熊走的动作,这时他会想像着自己是一只胖乎乎的大熊,迈着沉重的步伐,一步一步缓慢地向前移动着身体。他们可以从随音乐所做出的慢速、用力的动作中更好地感受音乐中的速度、力度等表现手段。这些通过动作所获得的亲身体验,为以后倾听类似的音乐能提供感受、辨别的基础。同样,如果幼儿在听表现欢乐、愉快的舞曲或英勇向前的进行曲,或亲切温柔的摇篮曲及其他各种不同情感的乐曲时也能有机会随音乐做出相应的动作,那么在他们积累起一定的经验后,他们对感受与辨别不同性质、特点的音乐能力也将会大大提高。

三、发展想像力、创造力

幼儿的想像、思维、创造力往往要在积极进行活动的过程中才能产生、发展。韵律活动在促进幼儿想像力、创造能力的发展上也起着重要的作用。

幼儿在随音乐做各种动物的活动如熊走、兔跳;人物的活动如解放军走路、哄娃娃睡觉;植物的生长如树长大,花开放;机器的运转如飞机的发动机、火车的轮子等等,他们在动作的同时,头脑中就充满了有关这类活动的想像。有的孩子在做兔跳动作时,身体向两边转动,因为他正在寻找萝卜;有的孩子在做解放军钻铁丝网动作时,神情严肃,动作谨慎;有的孩子在哄娃娃睡觉时表现出一片温情;有的孩子在做树长大,树枝在风中微微摆动时,有一次音乐的时间太长了,但他却能一直坚持到音乐结束,事后才说"树枝要断了"(因为手臂上举时间太长,发酸了);有的孩子做飞机在空中飞行时,口中还发出发动机的嗡嗡声加以补充。在这些有节奏的动作中,幼儿的想像可以展翅飞翔,可以自由驰骋。

对五六岁的幼儿,当要求他们用各种不同的方法拍出某个节奏型或某首小歌的节奏时,他们能开动脑筋想出各种不同的拍手、拍肩、拍腿、踏脚、摆动手臂、走步等动作,很有创造性。经常进行有节奏的身体动作能大大促进幼儿想像力与创造力的发展。

四、促进动作的协调性

幼儿期正是动作发展的重要时期,幼儿在进行有节奏的身体动作时,通过学习各种模仿动作、基本舞步等,使大脑神经控制动作的能力和保持平衡的能力都有所发展,他们不仅逐渐能合拍地做简单的上肢动作,如拍手、开枪、轰炮、打鼓、吹喇叭等,而且还能合拍地走、跑及完成各种需要手脚协调、眼手配合的比较复杂的动作。如果注意培养,他们还能有控制地随音乐速度、力度的变化而相应地改变自己动作的速度与力度,能渐快渐慢、渐强渐弱地动作,并达到比较灵活、自如的程度。幼儿能协调、灵活、自如地做出各种模仿动作、基本舞步,这就为他能用动作来表达音乐所要述说的意思及抒发自己的感情提供了条件。一个人的动作能协调、灵活、自如,生活上也会感到更为轻松、方便。

五、获得愉快的情绪

节奏也是一种重要的快乐源泉。我们在生活中,可能多少都有过这种感受与体验:走步的时候忽然听见了轻快的音乐声,自己的步履也随之变得矫健起来;劳动时有人喊起了劳动号子,大家的劳动就会轻松了不少;当围着圆圈跳集体舞时,会因动作的一致、合拍而感到集体的力量与欢乐。为什么会产生上述的种种感觉,这里面最重要的一点是因为人们的动作是在有节奏的音乐声中进行的,动作与音乐的节拍同步了,如果在上述的活动中,谁的动作不合拍,就会使人感到别扭、难受。幼儿通过有节奏的身体动作,增强了节奏感,经常能合上音乐的节奏,与同伴们合拍地同步动作,这就会给他们带来愉快的感情,觉得生活中充满快乐。

韵律活动教学法

一、律动方面

（一）幼儿律动的内容

1. 动物的动作

兔跳、猫走、鸟飞、鸭走、熊走等。

2. 人们的劳动

采果子、锄地、缝衣服、划船、开火车、开飞机等。

3. 自然界的现象

风吹树摇、植物生长、下雨、水波等。

4. 日常生活及游戏中的动作

洗脸、刷牙、梳辫子、穿衣服、拍球、玩跷跷板等。

小班幼儿动作发展差,节奏感不强,形象思维占主导地位,音乐经验还比较少,根据这些特点,小班在韵律活动方面可以律动为主。中、大班幼儿可逐渐减少律动的分量,应多学习一些基本舞步和各种节奏活动,律动方面的要求应有所提高。

下面讲讲律动教材的选择和具体的教学方法。

（二）律动教材的选择

律动不是一般地做做模仿动作,是要随着音乐合拍地动作,因此,在为不同年龄幼儿选用律动教材时,既要考虑幼儿动作发展的水平,又要考虑律动的音乐是否合适,也就是说要从动作、音乐两方面来考虑。

1. 动作方面

动作的发展往往是从大的整体动作到小的精细动作。如开始是躯干的、上肢的、下肢的大动作,逐步发展到手腕的、手指的小动作;从不移动的到移动的,再到移动与不移动二者联合的动作。最后一种动作是比较复杂的,幼儿既要顾到下肢、脚的动作,又要顾到上肢、手的动作,而且上、下肢还要协同活动、合上音乐的拍子。如果动作发展不到一定的水平,是难以完成的。

三岁多的小班幼儿,小肌肉动作、联合性动作发展得还不太好,因此,开始可选用一些坐着不移动上肢的大动作,如打鼓、吹喇叭、擦玻璃、打气、拖地板、洗脸、梳头、拍球等动作,以及做一些只是移动的动作,如走步、小碎步、小跑步等。在上述动作熟练的基础上再做移动与不移动的联合动作。如边走边拍手,边走边打鼓,边走边吹喇叭,直到做像鸡走路似的边叉腰向前走边点头,以及需要四肢协调活动的猫走路、熊走路等。除了走着做动作外,还可跑着做,如边小跑步边平举两臂做开飞机动作,也可边踏脚边绕动手臂做开火车动作。跳跃动作对三岁多的幼儿来说还是比较难掌握的,要边跳边合上音乐的拍子很不容易,故小兔跳、青蛙跳等虽主要是移动的动作,但最好不在开始时教,要稍迟一些时候再教。

四五岁的幼儿,其控制动作的能力与节奏感都有所发展,因而可选择一些小肌肉的、细小的动作,如需要手腕转动的摘苹果动作、柔软精细的缝衣动作等。在做这类动作时,还可有速度、力度的变化,如有明显的快慢,强弱的对比或渐快渐慢、渐强渐弱等,以便进一步培养幼儿对音乐的感受能力及动作的协调性。

2. 音乐方面

所选用的音乐应该节奏鲜明、形象性强,能引起幼儿活动的愿望。幼儿很喜欢一边哼唱一边做模仿动作,因此,一些简单的律动曲调最好是便于幼儿哼唱的。当然也不排斥有时为了更形象地表现某个动物、现象等而采用一些有特殊效果却不宜哼唱的乐曲。

对小的幼儿来说,音乐的速度不宜太快,因为他们还缺乏快速动作的能力。有时幼儿的动作不易合拍是因为音乐的速度不合适。有人在研究儿童节奏感的发展中发现,儿童的体重、身高、气质等因素对他们的节奏有一定的影响。一个轻巧的、有生气的孩子和一个身体较重的、没有什么生气的孩子,节奏不同。在教学中,特别是对幼小的儿童,开始我们可以让音乐尽量去适合他们的节奏,逐步使他们有所感受、理解,慢慢转为能主动地使自己的动作合上音乐的节拍。

为某个律动选用音乐时,不能固定只用一首乐曲。如做鸟飞动作时,固定只用某支乐曲,这样幼儿更多地是通过记忆知道这一音乐可以做鸟飞动作的,如果我们经常更换使用各种适合做鸟飞动作的乐曲,这样幼儿能通过对音乐的感受而知道某种性质的乐曲是可以做鸟飞动作的。这对音乐感受力的发展能起一定作用。

有的教师有时采用"一曲多用"的方法来提高幼儿的音乐感受能力,这一方法也是值得试试的。所谓一曲多用,乃是指曲调不变,但音区、节奏、力度、速度却加以改变以表达不同的形象。如原来是普通走步的音乐,但提高几度音并加上许多跳音就适合于做兔跳了;若降低音区、放慢速度、增强力度,又可变成熊走的音乐;若再改为三拍子、移到高音区、用轻柔的力度弹奏,似乎又可用作鸟飞了。

(三)律动的教学方法

1. 丰富生活经验

动作是人们表达思想感情的一个重要手段。幼儿的律动要能做得生动、富有想像、表达出一定的感情而不流于机械模仿或枯燥的练习,必须有亲身感受,可以说生活经验是幼儿有感情动作的基础。因为有了丰富的感性认识幼儿头脑中才可能有足够的表象,这样,他们在进行律动时也就能够在身体活动的同时,使记忆、想像、形象思维等心理活动也处于积极状态,从而达到音乐教育所预期的效果。

许多有经验的教师充分认识到这一环节的重要作用,在进行律动教学时,采取各种方法来丰富幼儿的感性经验。下面介绍一些实例。

(1)带领幼儿进入实际的生活情景中去亲身感受

在一所小学附属幼儿园中,教刚入园不久的三岁幼儿学习"打鼓、吹号"这一模仿动作之前,教师先带他们到操场上观看本校哥哥姐姐、少先队员们为庆祝国庆而练习打鼓、吹号的活动,幼儿对哥哥姐姐的这一活动感到极大的兴趣,看得非常认真、仔细,留下了深刻的印象。在这之后,当教师教他们做打鼓、吹号的动作时,有的孩子模仿着少先队员打小鼓的姿态,将双手的食指相对,手臂横在身前;有的在吹号时用大拇指对着嘴巴,说:"这是号嘴。"有的幼儿一只手放在嘴边,一只手离得远远的,表示自己吹的是像哥哥姐姐那样的长号。这些孩子由于进入了生活的情景,观看了现实生活中真实的打鼓吹号的活动,头脑中留下了鲜明、深刻的印象,因此在随音乐做这些动作时就能创造性地用各种方式富有感情地表现出来。另一所幼儿园采取了请几位少先队员到幼儿园来表演打鼓、吹号给幼儿看的办法,也取得了类似的好效果。从这一实例中可以看出,如果教师只是简单地示范一下打鼓动作,让幼儿跟着做,固然幼儿也会有一定的兴趣,但头脑里面的活动就会很贫乏,仅仅是模仿而已,如果引导幼儿深入生活,实地观看后再学这一动作,那么,在动作时幼儿头脑里面的活动就大不相同,他们的记忆、想像、思维、情感都会积极投入。这种现象正是我们在进行音乐教育中所希望见到的。

(2) 观察实物的动作

一位小班教师在未教小鱼游的动作之前,先让幼儿观察活动室的鱼缸里金鱼是怎样游的,幼儿仔细观察后,有的说:"鱼用翅膀在游。"(将鱼鳍当成了翅膀)有的说:"鱼游水没有声音。"到了音乐课上,教师说:"一会儿我当捉鱼的人,你们当小鱼,可别让我用鱼网捉住。"接着让幼儿先听音乐,然后自己随音乐做小鱼。这时85%以上的幼儿都自发地把手放在身体两侧,或垂在下面,两手前后摆动。有一个小朋友用游泳动作表示鱼在水中游,另一个小朋友用小碎步轻轻地跑动,还特地跑到教师面前说:"小鱼游是轻轻的。"鱼要游得快,所以他们用的都是小小的跑动的步子,没有一个孩子是跳跃前进的,也没有人用沉重缓慢的步伐或大步的奔跑动作,因所观察的金鱼都是轻轻地无声地自由自在游动的。这一观察活动对他们进行小鱼游这一模仿动作起了极大的影响,并使他们在身体活动的同时头脑里也有着丰富的心理活动。

(3) 用实物演示动作

教师在教"敲锣、打鼓、放鞭炮"这一模仿动作时,除了事先给幼儿观看及倾听鞭炮及天地响的声音外,在教这一模仿动作的当天,还有意识地左手提着一面锣,左臂夹着一个小鼓,一边慢速地敲着锣、咚咚咚咚快速地打着鼓,一边走到活动室,以引起幼儿的注意,也造成热闹的气氛。等到上音乐课时,弹着"敲锣、打鼓、放鞭炮"这一模仿动作的曲调,眼睛看着钢琴上放着的锣与鼓,提问幼儿这音乐像是在讲什么事,经过教师的暗示,幼儿很快联想到刚才教师敲锣、打鼓的情景。在有这样一些感性经验的基础上做模仿动作时,幼儿脑子里的表象就会起积极的作用。有的幼儿在做完最后一小节"嘭啪"象征炮仗的声音时,会高兴地说:"这是天地响。"

同样,在教中、大班做"缝衣"动作时,有的教师带了针、线、布,在幼儿面前演示了缝衣动作,幼儿在做这一模仿动作时就显得更为逼真。

(4) 给幼儿实践的机会以获得亲身体会

幼儿对摘苹果的模仿动作很感兴趣,为了让幼儿能更好地做出手腕转动、摘下果子的动作,有的教师组织幼儿亲自摘园内成熟的水果,使他们有亲身体会。为了让幼儿能手指张开,用张大的手做摘苹果的动作,也有的教师就把大苹果依次放到每个孩子的手中,给他们机会尝试要摘大苹果的话,手指要张大到什么程度。

2. 设法引起兴趣

兴趣是学习的内驱力,在丰富幼儿生活经验的基础上,在教某个律动时,还应考虑采用哪些方法来引起幼儿的注意、兴趣,调动他们学习的积极性。

下面介绍有经验的教师常用的一些方法。

(1) 运用教具引起兴趣

运用教具引起兴趣,对小班幼儿来说特别有用。如教日常生活中洗脸、刷牙、梳头这几个模仿动作时,教师事先准备好教具:剪一小块布当作毛巾,用较硬的纸做好一把小牙刷和一把小梳子,再挑选一个大一点的娃娃。教学时教师边哼唱律动的音乐边用娃娃的手拿着上述教具逐个做出洗脸、刷牙、梳头的动作(可用透明胶纸将教具粘在娃娃手上),这样不仅能引起幼儿的兴趣,还能使他们看出怎样动作,并感受动作与音乐的节奏。

教青蛙跳的动作时,可用硬纸片及铅丝做个大腿可活动的青蛙,随音乐拉动青蛙表示出蛙跳动作。在幼儿学习这一动作时,大青蛙(由教师拿着)可和孩子们一道跳(实际上是教师边跳边拉动青蛙双腿),幼儿会感到特别高兴。

教兔跳动作时,教师事先用一小兔的木偶,演示小兔随音乐跳动的情景,然后带领幼儿一道学习兔跳动作。

也可用拉线教具表演小鸟展开翅膀一上一下的飞动,以引起幼儿学鸟飞的兴趣。

(2) 用儿歌故事等引路

教师可以念一首有关某个模仿动作的儿歌、谜语或讲一个短小的故事,以激发幼儿学习新动作的兴趣。

(3) 教师的表演

在教鸡走路前,教师戴上鸡的头饰,装扮成一只鸡,一步步走出来,捉捉虫、喝喝水、抖抖翅膀,幼儿看得入神,自己也会迫切地想模仿着老师那样做一只鸡。

3. 提供创造机会

给幼儿有发挥创造性的机会,激发其创造热情,培养其创造能力应贯穿在全部幼儿音乐教育工作之中,不仅在唱歌教学中应这样做,在韵律活动、倾听音乐及进行各种音乐游戏、打击乐的活动中都应有所体现。

幼儿年龄小,特别是小班幼儿,通过模仿来学习是使他们增长知识、掌握技能的一条重要途径,但还应给他们有发挥创造性的机会。模仿是为创造做准备,通过模仿学会了一些动作也就能为发挥创造性打下必要的基础,如果教师能启发性地教,让幼儿创造性地学,这样收益可能更大。下面举几个例子说明。

(1)"拍手点头"(见全国幼儿园小班音乐教材)

教这个律动时有的教师开始启发性地教四个动作：拍手点头，拍手叉腰，拍手拍腿，拍手抱娃娃。在幼儿熟练之后，启发幼儿想想，我们的小手还能做什么事？在幼儿讲出具体内容后，大家就做他们自己所提出的动作。别小看三岁多的幼儿，他们能想出许多事：如幼儿园游戏中的活动，像"搭积木"，"开汽车"；家庭生活中的事，如"擦擦香"(指脸上擦雪花膏)。有的孩子经常和妈妈上街买菜，他还想出了"提篮子"等。他们不仅想出内容，而且还能想出表达的方法，如有个小朋友想出可以"吹泡泡"，但如何动作才能表示吹泡泡呢？她创造性地把五个手指并拢再张开来象征吹出了一个个泡泡。另一个幼儿想出可以做"大老虎"。但怎么做呢？他将两手放在头的两侧表示是老虎凶猛的爪子，嘴里随音乐唱出 3 5 1 - ‖ （啊呜啊）表示老虎吃东西的声音，非常形象，全班幼儿对他所想的这一内容，及表达的方法特别感兴趣。做这一动作时，从他们的歌声中还能听见发自内心的笑声。

在这种情况下学习，幼儿就不会只限于机械模仿，他们有许多机会去发挥自己的想像及创造才能。另外，教师在挑选内容时还可以在不知不觉中教会幼儿认识事物的关系、先后顺序等，为幼儿未来逻辑思维的发展准备条件。如做完"洗洗脸"的动作后做"擦擦香"的动作；做完"画图画"的动作后做"收蜡笔"的动作。还有的教师将幼儿提出的"开汽车"、"开火车"、"开飞机"、"发火箭"四件事联在一起进行，音乐的速度也随动作的内容有所变化，第一遍音乐做"开汽车"、"开火车"时不是太快，在第二遍音乐声中做"开飞机"与"发火箭"时，音乐的速度加快，最后做完发火箭动作后，儿童一块发出"嗖"的声音，同时两臂上举表示火箭飞快地上了天，心里特别高兴。幼儿在这一有趣的活动中，对音乐速度的感受能力也得到大大的提高。

(2) 日常生活模仿动作(见全国幼儿园音乐教材)

在这套日常生活模仿动作中有睡觉、起床、穿衣等。有位教师在教会幼儿这些动作后有意识地启发幼儿讲讲自己的妈妈早上起来做些什么事,有的说叠被,有的说买油条,有的说炒饭,有的说骑自行车上班等等。教师再和幼儿一块想想,如何用动作把这些内容表示出来,然后按生活中的顺序挑选几个动作,仍用原来的音乐让幼儿一块随音乐做"妈妈早上做的事情",有的教师还带领幼儿参观厨房炊事员叔叔、阿姨的劳动,然后让幼儿讲讲炊事员叔叔、阿姨做了些什么事,并将这些内容编成一组模仿动作让幼儿随音乐动作。另外,还有一所幼儿园在教这套日常生活的模仿动作时,正巧附近工学院的大学生们来幼儿园为孩子做好事,给园里栽树。他们挖洞、种树、盖土、浇水、清理园地等忙了不少时间,小班幼儿亲眼看见大学生们的这一劳动过程,印象很深。教师充分利用了这一机会,启发幼儿想想怎样用自己的动作表示出大学生所做的这些事,幼儿由于亲眼看到这一劳动过程,而且非常感兴趣,他们能做出许多动作如:铲土(表示挖洞),铲起土后还往两边堆放,用手做取树及放入洞中的动作表示种树,种完树后还用双手轻轻向下按两下,表示盖土动作,有的在盖完土后还再用力压一下呢,然后做浇水动作,最后还做一个抬东西的动作,象征着将地上的砖头、泥土清理后抬走。教师在幼儿富有想像、创造性地想出这些动作的基础上,挑选出有代表性的动作,仍用原来的曲调带着幼儿一道做起"大学生劳动"的模仿动作。做时,幼儿兴高采烈、富有感情,因为这些劳动他们都亲眼看到、亲身感受到当时的热烈场面,又是自己想出了表现的方法,因而感到特别亲切。用幼儿所想的动作替代原先设计好的动作同样能增强幼儿的节奏感,促进动作的协调性,幼儿做起来会格外有趣。

(3)《猴子爬树》

幼儿很喜爱猴子,他们对这一律动很感兴趣。在做这个模仿动作时,不仅节奏感能得到发展,而且对音高——上行与下行,速度——慢与快的感受力也能得到培养。

猴子爬树

见下篇"节奏活动、基本舞步"部分。

〔1〕~〔8〕小节音乐由低到高,幼儿可双手握拳于身前一拍一下交替向上移动,表示猴子正在爬树,从下面一点一点往上面爬。声音由低到高,动作也是由低到高。〔9〕~〔16〕小节却不硬性规定动作,幼儿可以把自己当成猴子,在树上想做什么动作就做什么动作,做时不要求统一,不过动作一定要合拍。他们能想出各种不同的动作,如:抓痒、摘果子、吃东西、荡秋千、睡觉等等。〔17〕~〔18〕小节音乐下行,幼儿双手绕动着自上而下表示猴子快速地从树上下来了。

用这种方法,幼儿在学习过程中思想活跃、情绪高涨,主动去想出猴子喜欢做的动作。有一次,一个小朋友做出双手拍头的动作,这的确是他自己创造性想出的,与一般的抓痒、摘果子都不相同,在重复做一遍时,他发现另外一个幼儿也做了他刚才所做的双手拍头的动作,于是在活动正在进行的过程中,忽然大声说"某某和我做的一样"。因为平时老师经常鼓励他们自己想出新动作,在他小小的头脑中对什么是"创造"(想出新的、与别人不一样的动作),已有所意识,当别人不是创造而是"模仿"他所创造的动作时,他非常敏感,一下就发现了。如果我们能有多一些的这类活动,让幼儿有机会尽量发挥自己的创造性,他们的创造能力必将有所发展,而且在这类活动中,他们的积极性也会更高。

4. 逐步提高要求

同是模仿动作,不同的年龄班可有不同的要求。如摘苹果动作,小班做时,只要求能摘一下,放一下,动作合拍就行了,中班做时在动作上要求手腕能灵活地转动、眼手配合,在音乐感上要求能随音乐的渐快渐慢或渐强渐弱相应改变摘苹果的速度和力度。

能感受音乐的强拍也是培养幼儿节奏感的一个重要部分。在进行模仿动作练习的过程中可逐步提出这方面的要求,采用一些能引起幼儿兴趣的方法培养他们对强拍的感受。如:中班幼儿在会做摘苹果动作后,可进一步培养他们对强拍的感受能力,能在强拍时手上举稍用力地做摘苹果的动作，弱拍时手放下，将苹果轻轻放入篮中。有的幼儿有时动作虽然合拍，但却在弱拍上摘苹果，强拍上放苹果，强弱倒置，看起来很不舒服。要使幼儿能领会这一要求，除了用语言简单地解释外，还可用一些方法让幼儿自己去感受出音乐的强弱，自行调整动作。如：教师准备一些纸做的、有一个把子的小篮子（可在幼儿纸工活动中制作），在音乐连续不断弹奏的情况下，将篮子逐个发给幼儿（以后也可请一个小朋友来发），拿到篮子的幼儿就要自己跟上音乐做摘苹果的动作，这对幼儿就是一种考验。节奏感强的幼儿会自然而然等到强拍出现时才做摘的动作，节奏感差的幼儿却只顾合上音乐的拍子，不注意强弱。教师可根据情况予以个别指导。另外，还可以采取这样的方法：即在弹奏的过程中有意弹错，或重复一拍，使强弱有了改变，这时幼儿需重新调正自己的动作，使之与音乐的强弱关系仍能协调一致。在经常培养下，不少幼儿能敏感地觉察出强弱的改变，并用各种不同的方法来调整自己的动作。如有的幼儿用重复做一次"摘"的动作，使摘苹果动作仍在强拍时做出；有的幼儿则把手停在空中不动，等到强拍出现时才再开始做摘苹果的动作，但仍有个别幼儿不能及时调整，对他们要注意多给机会并从多方面去培养。

同样，在做划船的模仿动作时，也可逐步提高要求，增加力度、速度的变化，也可用一些方法使幼儿能对强拍有所感受，如准备一些短木棍（或短竹竿甚至用筷子也可以）代替桨，发给谁，谁就拿着木棍做划船动作，可以一个接着一个划，也可自由地在一定范围内划，划时要求在强拍时双手向前划、脚向前迈。这种方法也可以培养幼儿对强拍的感受。

二、舞蹈方面

幼儿的舞蹈主要由一些基本舞步如：踏步、小跑步、踏点步、踏跳步、后踢步、进退步、跑跳步、跑马步、华尔兹步、秧歌步、滑步等；简单的上肢舞蹈动作如：两臂的摆动、手腕的转动等以及很简单的队形变化所构成。

(一) 幼儿舞蹈的形式

1. 集体舞

大家跳同样的动作，跳完一遍后可更换舞伴。

2. 邀请舞

先有一部分人为邀请者，在与被邀请的人一道跳完一遍后，被邀请者转变为邀请者。

3. 小歌舞或童话歌舞

有一定情节、角色，可以说说、唱唱、跳跳，如《小兔乖乖》《蜜蜂和熊》等。

4. 幼儿自己创造的舞蹈

幼儿随音乐自己创造性地想出各种舞蹈动作以表达自己的感受。

5. 表演舞

人数有限，一般六至十人，可有简单的队形变化。这类舞蹈可在平日所学的歌表演或简单舞蹈的基础上加工而成，在节日或家长会等活动中表演。

(二) 幼儿舞蹈教材的选择

在为中、大班幼儿选择基本舞步及舞蹈教材时，应遵循由易到难，由简到繁，循序渐进的原则。例如，可先学踏点步再学踏跳步，因踏点步在平衡能力的要求上比较低，大多数的时间双脚都在地面上易于保持平衡，而踏跳步则有相当一部分时间是一条腿支撑身体，而且还需要做一个单脚跳的动作，踏与跳的时间又必须均匀，这是很不容易做好的。又如跑马步这一动作，虽然有的三岁左右的孩子在活动时会自发地、轻而易举地做出来，但如果要求合上音乐的节拍来动作却并不容易，如果再加上手腕拉缰绳的动作那就更复杂了，许多幼儿腕关节的动作不易做好，因此，这样的动作可迟一点教。

为基本舞步选用音乐时，与律动一样，最好避免一个舞步总是用某首音乐，可以同一舞步轮换着用性质相同的不同乐曲。

进行基本舞步练习时，一般是随一首音乐自始至终单纯练习一种舞步,如跑跳步、踏跳步等。但为了培养与发展幼儿对音乐的感受力,以及能恰当地用动作来表现音乐的能力,也可选用或创作一些其中需要更换动作的乐曲,这样,幼儿必须更加注意倾听音乐,并及时更换动作,以便与音乐的性质相适应。如:

$1=C \quad \frac{2}{4}$　　　　　　　　　　　　　　　　汪爱丽 曲

```
3     3 | 3     3 | 1 7 6  5 4 3 | 2 1 7  1 2 3 |
走      步         跑 跳 步
                             (三连音)

4     4 | 4     4 | 7 6 5  4 3 2 | 1 7 1  2 3 4 |
走      步         跑 跳 步

5     5 | 1     3 | 5 4 3  2 1 7 | 1 1 3  1 1 3 |
走      步         跑 跳 步

1  -  | 1  -  ‖
原 地 踏 步
```

(三)幼儿舞蹈的教学方法

在教幼儿集体舞、邀请舞或童话歌舞时,以下步骤与方法可供参考。

1. 熟悉音乐

舞蹈活动中音乐是极为重要的,音乐可告诉你该怎样动作。教学中教师应首先引导幼儿去倾听音乐,准备好根据音乐的节奏、情绪去动作。

2. 学不同舞步可选用不同队形

如学习侧点步或西藏舞中需左右走动的甩袖动作时,因牵涉到方向问题,可让幼儿站成直行学习,大家方向一致,谁错了也容易发现。踏跳步、跑跳步、秧歌步等需要持续向前移动的舞步则可排成圆圈,一个跟着一个动作。不过若学习秧歌十字步则应改用直行。在安排幼儿位置时,可适当注意让动作有困难的幼儿站在动作比较好的幼儿的后面或旁边,以便模仿。有的集体舞蹈需站成双圈进行,学习时可让幼儿排成双圈。

3. 分解动作

有的基本舞步是由两个动作组成的,如踏跳步是由踏步与单脚向上跳两个动作所构成;侧点步则由侧跨一步及前脚掌点地两个动作所组成。为了使幼儿有较清晰的印象,可将动作进行分解然后教给幼儿。

有些简单的舞蹈动作需要手脚配合着活动,教时也可进行分解,先教脚的动作,后教手的动作,然后结合起来练习。

另外,要注意并不是所有的基本舞步都要进行分解,有的动作若过分强调分解有时反而会使幼儿糊涂。如跑跳步、跑马步等,这类动作可让幼儿在跟着教师和同伴一道活动的过程中通过自己的观察、模仿逐渐领会、掌握。

4. 直观示范

模仿在幼儿学习舞蹈中占有一定的地位,教师的动作应成为幼儿的范例,要做得合拍、自如、正确。示范时,应站在能使每个幼儿都看得见的位置上,可面向幼儿用照镜子的方法,也可背向幼儿与幼儿同方向演示。

集体舞中更换舞伴这一环节极为重要,掌握不好会造成混乱;邀请舞中如何邀请、被邀请者怎样改变为邀请者也是一关键问题,对这些难点,教师最好边讲边示范,不要空讲。可以由两位教师共同示范,也可由一位教师及一位幼儿两人示范,也可请出几个小朋友,教师用慢速度教他们,对这几个幼儿来说是在学习如何换舞伴、如何邀请,而对班上别的幼儿来说,则是一次直观的示范。

表演舞中的简单队形变换,应在全班幼儿学会该舞的各种动作后,先教一组幼儿学习队形变换,使这个教学过程成为对全班幼儿的示范过程,但时间不能太长,应使全班幼儿都有练习的机会,防止只是培养几个幼儿或突击练习。选用的舞蹈内容应符合幼儿年龄特点,应是他们感兴趣的、生活中有所体验的,最好是有一定情节的舞蹈。要防止让幼儿跳一些所谓"美"的但却是远远脱离幼儿生活实际的成人舞。这些成人舞,虽然幼儿也能模仿得很像,甚至可做出一些面部表情,但很难是发自内心的真实情感的流露,这与幼儿音乐教育的最终目的是不相符的。

5. 语言指导

在示范的同时应结合适当的讲解,因为有时幼儿的视觉感受并不精细,对教师的示范动作不能完全看清,如果及时有适当的语言加以指明,幼儿的注意力可集中于细节部分。语言有时也能起提示作用,及时提醒幼儿下面该做什么。如教新的基本舞步踏跳步时,在示范的基础上幼儿随音乐练习时,教师适当用语言提醒,如"踏、跳、踏、跳",教踵趾小跑步时则讲"脚跟脚尖跑跑跑"等,这种语言的提示有助于幼儿较快地掌握动作。但是,舞蹈是由音乐指挥着动作,要让幼儿尽快习惯于倾听音乐,感受音乐,随音乐脉搏的强弱、快慢,按音乐的情绪而动作。语言只是辅助手段,不能靠口令或数拍子来跳舞。

6. 具体帮助

有时幼儿虽看了示范、听了讲解,但所做的动作却仍不正确。如翻手腕时手向里翻而不是向外翻,甩手动作中的两手绕动总做不对。这时教师应给予具体帮助,手把手地教一教,使幼儿从"被动"的感受中获得体会,从而能主动地做出正确动作。这种具体帮助应及时,否则幼儿会在复习中总是做着错误的动作,以后改正起来就更加困难。

7. 经常复习

要使幼儿的舞蹈动作能富有节奏、轻松自如,那是需要经常复习的。复习的形式可多种多样,除了单纯的基本舞步练习外,还可有意识地将这些舞步编在集体舞、邀请舞中,让幼儿在愉快的活动中熟练地掌握各种简单的舞蹈动作。

至于幼儿感兴趣的童话歌舞,如《小兔乖乖》或《蜜蜂和熊》《小马过河》等,可先用讲故事的方法介绍内容,引起兴趣,然后面向全班幼儿进行教学,如《小兔乖乖》中兔妈妈、大灰狼及小兔子各个角色所唱的歌曲、做的动作和说白,应让全班幼儿都学,都能唱、能跳、会说,然后先请一组幼儿表演,最后可在活动室中三四个角落里用小椅子围成小兔子家,幼儿分成三至四组,同时练习《小兔乖乖》的童话歌舞剧,幼儿对这样的活动会非常感兴趣,人人都会积极参加。

另外,应给幼儿随音乐自己想像,用不同舞蹈动作来表达自己的感受,抒发自己感情的机会。目前这一活动形式还是比较薄弱的。

三、其他节奏活动方面

(一) 拍唱过的简单歌曲的节奏(这个活动小班即可进行)

(二) 发出、拍出或用动作表现出各种形象的声音

1. 交通工具声

汽车: X X. ‖ ;火车: X — | X — ‖。
         笛 笛   呜   呜!

2. 动物叫声

公鸡: X X | X — ‖ 母鸡: X X X | X X X ‖
        喔 喔 喔   咯咯达 咯咯达

小鸡: X X X X X X X X ‖。
       叽叽叽叽 叽叽叽叽

3. 乐器声

锣声: X — | X — ‖ ;鼓声: X X | X X ‖,
       哐   哐   咚 咚 咚 咚

小铃声: X X X X | X X X X ‖
         叮叮叮叮   叮叮叮叮

4. 自然界的声音

雷声: X X. | X X. ‖ ,雨点声: X X X X | X X X X ‖,
       轰 隆   轰 隆   滴滴答答   滴滴答答

风声： X - | X - ‖
　　　呼！　　呼！

（三）拍语言的节奏

音乐的节奏与语言的节奏有密切联系，可让幼儿讲一些词、短语、简单句并拍出其节奏。如：

1. 大象，小白兔

　　X　　X | X X X ‖

2. 小小鸭子嘎嘎叫

　　X X X X | X X X ‖

3. 小鱼游来游去

　　X　　X | X X X X ‖

4. 孔雀的尾巴真美

　　X X. X X X | X - X - ‖

（四）拍节奏型

可采用以下一些方法。

（1）教师用手拍一个简单节奏型，让幼儿重复拍出来。如：

X X X X ‖ ; X X X X X X ‖

（2）教师用乐器敲出一个简单节奏型，让幼儿用手拍出。

（3）教师拍一个节奏型，让幼儿用乐器敲出。

（4）教师拍两小节稍复杂的节奏型如：

X. X X X | X. X X - ‖ ; X X X X X | X X X X - ‖

让幼儿重复拍出。

（5）请一个幼儿自己想出一个简单节奏型，别的幼儿重复拍出。

（6）教师拍一个简单节奏型，让幼儿用长短线表示出来。如：X X X - | X X X - ‖

（7）拍稍复杂的歌曲或乐曲的节奏。如：《卖报歌》可用拍手动作拍出其节奏，也可用与歌词意义相接近的动作表示出其节奏。如：

卖 报 歌

安娥 词
聂耳 曲

1=F 2/4

〔1〕
5 5 5 | 5 5 5 | 〔3〕 3 5 6 5 3 | 2 3 5 |
啦 啦 啦 啦 啦 啦 我 是 卖报的 小 行 家，

〔5〕
5 3 5 3 2 | 1 3 2 | 〔7〕 3 3 2 | 6 1 2 |
不 等 天明去 等 派 报， 一 面 走， 一 面 叫，

〔9〕
6 6 5 | 〔10〕 3 6 5 | 〔11〕 5 3 2 3 | 5 — |
今 天 的 新 闻 真 正 好，

〔13〕
5 3 2 3 | 5 3 2 3 | 〔15〕 6 1 2 3 | 1 — ‖
七 个铜板 就 买 两 份 报。

动作设计：

〔1〕小节：右手叉腰，左手放嘴边，向左侧做三下呼唤动作。

〔2〕小节：动作同〔1〕小节，方向相反。

〔3〕～〔4〕小节：双手拍出 X X X X | X X X | 的节奏。

〔5〕～〔6〕小节：双手轮流拍腿，节奏同曲调中的节奏一样 X X X X | X X X | 。

〔7〕小节：第一拍左右脚各踏地一下（半拍踏一次），第二拍左脚跟在左前方着地。

〔8〕小节同〔7〕小节。

〔9〕～〔12〕小节：左手叉腰，右手斜上举，做握报纸挥动的动作，按曲调节奏挥动：X X X | X X X | X X X X | X — | 。

〔13〕～〔14〕小节：右手食指轮流点左手手指，节奏为：X X X X | X X X X | 。

〔15〕小节：左右手轮流拍腿，节奏为 X X   X X ｜。

〔16〕小节：两手摊开，做看报纸动作。

也可选一些旋律动听、节奏简单的乐曲让幼儿拍音乐的节奏。

(8) 自己创造性地想出各种动作表示出短小歌曲或乐曲的节奏。如：

一只小小老鼠

见下篇"幼儿歌曲"部分。

幼儿也可用与歌词的内容有联系的动作来表现。如：

〔1〕小节：用手按节奏指点（共六下），表示指着一只小老鼠。

〔2〕小节：双手成爪形在胸前轮流动作（共六下），表示老鼠跑出来偷食。

〔3〕小节：双手指眼睛（共六下），表示老猫看见了。

〔4〕小节：前两拍踏脚（共四下），表示老猫走近老鼠，最后两拍双脚并拢一跳，表示用力扑向老鼠并抓住它。

也可单纯用拍手、拍腿、拍肩、跺脚、走步等各种动作来表现。如：

〔1〕小节：双手交叉于肩上，左右手轮流拍肩。

〔2〕小节：拍手。

〔3〕小节：左右手轮流拍大腿。

〔4〕小节：踏脚。

除了上述按节奏（音的长短）进行的活动外，还可进行一些上下肢或上下肢结合的随音乐合拍的动作。例如，选一首四个乐句的歌曲或乐曲做上肢动作。

$1=C \quad \dfrac{4}{4}$

〔1〕
1 1 5̣ 5 ｜1 5 1 3 5 - ｜〔3〕3 3 1 1 ｜2 1 2 3 2 - ｜

〔5〕
1 1 5̣ 5 ｜1 5 1 3 5 - ｜〔7〕3 3 1 1 ｜2 1 2 3 1 - ‖

〔1〕小节：拍四下手(一拍一下)。

〔2〕小节：左手拍左腿两下,右手拍右腿两下。

〔3〕小节：同〔1〕小节。

〔4〕小节：左手拍右肩两下,右手拍左肩两下。

〔5〕小节同〔1〕小节。

〔6〕小节：前两拍左手斜上举,后两拍右手斜上举。

〔7〕小节同〔1〕小节。

〔8〕小节：起立再坐下。

在熟练的基础上可逐渐加快速度,或愈做愈快,这样既可提高兴趣又可锻炼灵敏性。除做上面的动作外,还可更换其他动作。

再如,还可随音乐做下肢的动作。

$1=C \dfrac{4}{4}$

〔1〕
1 3 3 2 1 | 1 3 5 - | 〔3〕 6 i 7 6 | 6i 7 6 5 - |

〔5〕
1 3 3 2 1 | 1 3 5 - | 〔7〕 6i 7 6 5 4 3 2 | 1 1 1 - ‖

幼儿坐在位子上做以下动作：

〔1〕小节：第一拍左脚向前伸,脚跟着地。第二拍左脚收回。第三、四拍动作同一、二拍,但换右脚做。

〔2〕小节：双脚并拢,用前脚掌踏地两下(两拍一下)。

〔3〕小节：第一拍左脚向左侧伸出,脚尖着地。第二拍左脚收回。第三、四拍动作同一、二拍,但换右脚做。

〔4〕小节同〔2〕小节。

〔5〕小节：第一、二拍左脚用脚尖向前、向左划一弧形还原。第三、四拍动作与一、二拍相同,但换右脚做。

〔6〕小节同〔2〕小节。

〔7〕小节：第一拍两脚交叉,脚尖着地。第二拍两脚分开,脚尖着

地。第三、四拍动作同一、二拍。

〔8〕小节同〔2〕小节。

同样,在熟练的基础上可加快速度,也可更换脚的动作。

另外还可以做上下肢结合的动作可以坐着做,也可走动着做。如:

一只小铃铛

见下篇"幼儿歌曲"部分。

〔1〕小节:前三拍左右脚轮流踏地共五下(也可向前走动,共走五小步,以下踏地动作都可改用走步动作),第四拍拍手一下。

〔2〕小节同〔1〕小节。

〔3〕小节:左右脚轮流踏地,共八下。

〔4〕小节:前三拍左右脚轮流踏地,共三下,第四拍拍手一下。

在 农 场

1=C 4/4

外国幼儿歌曲

〔1〕
1 1. 2 3 1 | 2 0 2 0 | 〔3〕 2 2. 3 4 2 | 3 0 3 0 |

〔5〕
5 5. 6 5 3 | 4 4 6 - | 〔7〕 5 5 4 2 | 1 - - - ‖

〔1〕小节:双脚按节奏轮流踏地,共五下。

〔2〕小节:第一拍踏脚,第二拍拍手,第三拍踏脚,第四拍拍手。

〔3〕小节同〔1〕小节。

〔4〕小节同〔2〕小节。

〔5〕小节同〔1〕小节。

〔6〕小节:前三拍左右脚轮流踏地,第四拍拍手。

〔7〕小节:左右脚轮流踏地,一拍一下。

〔8〕小节:第一拍踏脚,第二、三、四拍拍手。

幼儿的节奏活动可有多种多样,教师在教学中应尽量发挥自己的创造性，想出各种幼儿感兴趣的节奏活动让他们练习，同时还可启发幼儿创造性地一道来想动作、变花样。

总之，韵律活动在幼儿音乐教育中占有很大比例，也具有极为重要的作用，应充分运用这一强有力的教学手段，提高幼儿的音乐能力，发展他们的想像力和创造性。

音乐游戏

　　幼儿非常喜爱游戏,运用游戏的方式,对幼儿进行教学能取得特别良好的效果。音乐游戏是以发展音乐能力为主要目的的游戏。幼儿在听听、唱唱、动动、玩玩当中能增强节奏感,培养唱歌的兴趣,改进唱歌的技能,提高辨别音乐性质的能力,促进动作的协调,还能发展想像力、创造能力,获得愉快情绪。音乐游戏无论在发展幼儿音乐能力上,还是全面发展教育上都有着综合性的作用。

　　幼儿音乐游戏多种多样。有纯粹在歌声中活动的,如《拉拉手》《爸爸逛公园》《卷炮仗》等;有既有歌声也有乐曲的,如《捉小鱼》,先唱歌,后听乐曲做小鱼游、小鱼吃食及逃跑等动作;还有纯粹在乐曲声中活动的,如《小鸭子》,完全听音乐做小鸭子走路、游水、回家休息等动作。

　　有些有情节、有角色的音乐游戏,幼儿玩起来注意力集中、富有想像,情绪愉快,很感兴趣,在玩游戏的过程中或结束时还会发出笑声,常常是玩了还想玩。这类游戏"玩"的成分比较大,但幼儿的音乐能力同样会得到发展。另外还有一些游戏,"学习"的成分比较大,趣味性稍差。如,《听啊听啊什么在响了》的游戏是培养幼儿对音色的辨别能力;《快乐的小鸟》的游戏是培养幼儿对音高的辨别能力;《种蚕豆》的游戏是培养幼儿对音的强弱的辨别能力等等。采用这种游戏来培养幼儿的音乐能力比单调地、呆板地让幼儿去辨别音色、音高、音强等有效得多。但这类游戏学习成分较多,游戏时间不能持续太长,否则容易引起幼儿疲劳。

幼儿音乐游戏的选材

　　幼儿音乐游戏有难有易,选材时应根据教学目的,结合本班幼儿的实际水平进行挑选或改编。选择音乐游戏教材时,应从以下几方面挑选。

一、情节、角色方面

游戏的情节应为幼儿所理解,角色的活动应为幼儿所熟悉,这样,玩起来幼儿的想像才能活跃,感情才能逼真。如小班幼儿喜欢玩捉迷藏的游戏,藏的时候只要自己看不见别人就以为藏好了。藏好后,不少三岁多的孩子还喜欢被别人找到。根据这一年龄班幼儿的特点,如选用《找小猫》的游戏他们会非常喜欢。经常可以见到他们在玩这一游戏时,有的趴在小椅子上,背对圆心;有的藏在风琴旁边;有的自己蹲着用手把脸捂起来;有的三五成群挤在一起就算是藏好了……等猫妈妈找到了几只小猫以后,问"我的小猫在哪里"时,那些没有被猫妈妈摸到的、仍然藏着的小猫会高兴地跳起来回答:"我在这里!"由于这一游戏的情节,角色的活动都是小班幼儿所理解和熟悉的,所以,他们非常喜欢玩。有时,在玩创造性游戏或自由活动时还自发地玩它。

中大班的幼儿对《穿斗篷的小孩》这一游戏非常感兴趣。他们曾听过不少关于"小红帽"、"狼外婆"的故事,对树林、斗篷等都有所了解,对树林中远远站着一个穿斗篷的孩子这一情景能想像得出,还会有极大的好奇心想弄清她是谁。因而,当他们玩这一游戏时会格外开心。根据中班、大班幼儿的年龄特点和知识水平,他们就不满足玩《找小猫》的游戏了。反之,教小班幼儿来玩《穿斗篷的小孩》的游戏,也不会像中、大班幼儿那样玩得富有想像,感到极大兴趣。

因此,应根据幼儿的年龄特点、知识经验基础挑选适合的游戏教材,会取得良好的教学效果。

二、动作方面

音乐游戏多数是音乐与动作配合进行,如模仿动作、舞蹈动作等。因而,在选材时还要考虑本班幼儿随音乐动作能力的发展水平。

一般来说,为小班幼儿选用的音乐游戏的动作应比较简单,最好各自单独活动,相互间没有什么牵制;为中班、大班幼儿选用的音乐游戏的动作,应适当提高难度,可有一些需要互相配合、协调一致的动作。

三、音乐方面

音乐在音乐游戏中是幼儿动作的指挥者,因此在为幼儿选用或改编教材时,在音乐方面需注意以下两点。

(一)最好有歌曲或便于哼唱的乐曲

幼儿非常喜欢边唱边活动,如果游戏中有好听的、有趣的歌曲,能让他们一边唱、一边玩,这是他们最高兴的。如果是乐曲,最好便于幼儿哼唱。这样,即便没有成人为他们弹奏乐曲,他们也能自己一边哼唱一边玩,幼儿也会是很高兴的。

(二)音乐要形象、节奏鲜明、对比性强,乐段清楚,便于用动作表现

如《老鹰捉小鸡》《兔子和狼》这类音乐游戏,其中表示老鹰、小鸡、兔子、狼的音乐要形象、对比要强,使幼儿一听就能分辨。又如,《小鸭子》这个音乐游戏,讲的是一群小鸭子一摇一摆走了出来到河里去游泳、捉鱼虾,最后又慢慢地摇摇摆摆地回家睡觉了。其中的音乐不仅要形象,有对比,乐段也应清楚,这样幼儿才容易用不同的动作来表现音乐所要表达的不同内容。

四、趣味性方面

要使音乐游戏具有吸引力,必须具有趣味性。首先表现在游戏的情节要有高潮,能使幼儿在心理上得到满足。如玩音乐游戏《穿斗篷的小孩》,能否猜中穿斗篷的小孩是谁是个关键问题,也是游戏中的高潮。当被猜中的孩子转身向大家致意,会使参加游戏的幼儿都能得到快乐。其次表现在游戏的内容能调动全体幼儿参加游戏的积极性,能从游戏中获得快乐。

音乐游戏教学法

音乐游戏多种多样,内容繁简不一,必须根据幼儿年龄特点和实际水平,采用不同的教学步骤和方法。现将教学中一般采用的步骤与方法介绍于下。

一、教学步骤

(1)介绍游戏的名称及主要内容。
(2)教师示范。

（3）幼儿熟悉游戏中的音乐。
（4）幼儿学习游戏中的歌曲或动作。
（5）带领幼儿游戏。

上述的几个步骤并非一个也不能少,可根据幼儿对游戏的熟悉程度省略其中某一步骤。游戏中的歌曲极为简单,就可在玩的过程中逐步学会,如游戏中的动作是幼儿已经掌握的,就不必再重新学习。上述步骤的先后次序也可变动,如是纯粹听乐曲的游戏,可先弹奏乐曲给幼儿欣赏,让幼儿想像这一音乐可以做什么动作,然后教师再讲游戏的名称、内容。教师的示范可放到后面,甚至也可不进行示范,等等。

二、教学方法

教新游戏时可放慢速度,边讲解边带着幼儿玩,遇到难点和关键的地方,应停下来重点讲解或进行必要的示范。待幼儿清楚了每一个游戏环节后,就可开始从头到尾玩这个游戏了。

下面举一些实例说明如何根据不同的游戏采取不同的步骤与方法。

例1：拉拉手

拉 拉 手

$1=C \dfrac{4}{4}$

| 3 5 5 - | 3 5 5 - | 3 5 1̇ 7 | 6 1̇ 5 - | 6 6 5 - |

拉拉手，　　拉拉手，　　拉成圆圈　慢慢走，　　慢慢走，
拍拍手，　　拍拍手，　　拍手拍手　向前走，　　向前走，

| 3 5 5 - | 6 5 3 1 | 2 - 5 - | 1̇ - - - ‖

慢　慢　走，　　放开小手点　点　　头。
向　前　走，　　转个圆圈点　点　　头。

这是一个有歌曲的音乐游戏,无情节无角色,内容、动作简单,歌词已说明了如何做动作,教师教时可采用以下的步骤与方法：

(1) 介绍游戏的名称。
(2) 边唱第一段歌词边示范动作。
(3) 先请一半幼儿出来,在教师带领下用慢一点的速度,边唱边做动作。
(4) 带领另一半幼儿重新玩一遍,速度仍可稍慢一点。
(5) 全体幼儿用正常速度玩几遍。
(6) 在幼儿已掌握这一段歌词及动作的基础上再教第二段歌词。

例2:听啊,什么在响了

听啊,什么在响了

1=C 4/4

| 5 5 6 6 5 5 3 | 2 2 1 2 3 - | 5 5 6 6 5 5 3 |
(问)听啊 听啊 听啊 听, 什么 在 响 了?(答)铃 铃 铃,铃 铃 铃,
(问)听啊 听啊 听啊 听, 什么 在 响 了?(答)咚 咚 咚,咚 咚 咚,

| 5 4 3 2 1 - | 5 4 3 2 1 - ‖
小 铃 在 响 了, 小 铃 在 响 了。
小 鼓 在 响 了, 小 鼓 在 响 了。

这是一个发展听觉及唱歌能力的游戏,可采用以下的步骤与方法:
(1) 向幼儿介绍要玩游戏的名称。
(2) 将事先准备好的乐器取出,逐件打给幼儿听,请他们说出其名称,并模仿该乐器所发的声音。
(3) 两位教师示范(不让幼儿看见打击的乐器),开始时可用语言一问一答,然后再唱着问,唱着答。
(4) 一位教师唱着问,一位教师带着幼儿唱着答。

如果没有两位教师,也可由一位教师担任,先唱着问后,再陪幼儿一同唱着回答。

例3：捉小鱼

小 鱼 歌

音乐一：

1=C $\frac{4}{4}$

选自江苏省编
《幼儿园音乐教材》

| 1 1 1 3 | 1 1 1 - | 2 2 2 4 | 2 2 2 - |

河 里 小 鱼 游 游 游，　　摇 摇 尾 巴 　点 点 头

| 3 5 5 - | 3 5 5 - | 6 6 5 4 4 | 3 2 1 - ‖

一 会 上，　　一 会 下，　好 像 快 乐 的 小 朋 友

音乐二：

1=C $\frac{2}{4}$

汪爱丽 曲

| 5 $\dot{1}$ 5 3 | 5 $\dot{1}$ 5 3 | 5 $\dot{1}$ $\dot{3}$ $\dot{1}$ | $\dot{2}$　$\dot{2}$ |

（小鱼游）

| 4 5 4 2 | 4 5 4 2 | 4 5 7 6 | 5　5 |

| 5 $\dot{1}$ 5 3 | 5 $\dot{1}$ 5 3 | 5 $\dot{1}$ $\dot{3}$ $\dot{1}$ | $\dot{2}$　$\dot{2}$ |

| 4 5 4 2 | 4 5 4 2 | 4 5 7 $\dot{2}$ | $\dot{1}$　$\dot{1}$ |

| 5 0 3 0 | 5 0 3 0 | 5 0 5 0 | $\dot{3}$ - |

（小鱼吃食）

| 5 0 3 0 | 5 0 3 0 | 5　5 | $\dot{1}$　$\dot{1}$ |

| 5 6 7 $\dot{1}$　5 6 7 $\dot{1}$ | 5 6 7 $\dot{1}$　5 6 7 $\dot{1}$ | $\dot{2}$ $\dot{2}$ $\dot{3}$ $\dot{2}$ | $\dot{1}$ - ‖

（用网捕捉小鱼）

这个音乐游戏有情节，有角色，有歌曲，有听乐曲做动作。游

戏前教师应带领幼儿观察小鱼在水里是怎样游的,并能边唱《小鱼歌》边做动作。在此基础上再采用以下的步骤与方法教音乐二的游戏。

(1) 用故事的形式讲解内容,引起幼儿对游戏的兴趣。

(2) 介绍游戏名称。

(3) 教幼儿倾听游戏中音乐二的音乐,让幼儿注意听,这音乐像讲小鱼在做什么?什么地方像小鱼在游水,什么地方像小鱼在吃鱼虫,什么地方好像一个大渔网来捕捉小鱼了。

(4) 请半数幼儿当小鱼,先唱小鱼歌,然后随音乐二做动作。教师可随时用语言提示。如:听到小鱼吃食的音乐时,可问幼儿:"现在小鱼在做什么啦?"最后渔网来捕捉小鱼时,可提醒幼儿赶快跑回自己的位子上,不让渔网捕住。然后再请另一半幼儿游戏。

(5) 可另请一位教师扮演捕鱼者。如果没有两位教师,可事先将音乐录好,让幼儿听录音做游戏,教师本人当捕鱼者。可用纱布或大的塑料圈、藤圈等不会碰伤幼儿的物品当渔网。

例4:十个小矮人

十个小矮人

$1=F \dfrac{4}{4}$

选用美国儿童歌曲
汪爱丽、何芸改词编游戏

〔1〕 1 1 1 1 | 3 5 5 3 1 | 〔3〕 2 2 2 2 | 7 2 2 7 5 |
一 个 两 个 三 个 小 矮 人 四 个 五 个 六 个 小 矮 人

〔5〕 1 1 1 1 | 3 5 5 3 1 | 〔7〕 2 2 5 5 | 1 - - - ‖
七 个 八 个 九 个 小 矮 人 十 个 小 矮 人。

这个游戏比较复杂,具体玩法如下:

幼儿站成一个大圆圈,面向圆心,请一幼儿当点人者。游戏开始,大家唱歌词,点人者按逆时针方向按歌词间隔着点出十个小矮人。点数到哪个幼儿,哪个幼儿要屈膝一下,立即向圆心迈出一步当矮人。

点完十个矮人后音乐重复最后两小节，矮人随音乐组成小圆圈，按逆时针方向站立，外圈的幼儿则转为顺时针方向站立，准备当高人。音乐重新开始（不唱歌词），第〔1〕小节，矮人蹲下来走路，高人双臂上举伸展，脚尖踮起来走路。第〔2〕小节，矮人、高人都恢复正常走步姿势边走边拍四下手。第〔3〕、〔5〕、〔7〕小节动作同第〔1〕小节，第〔4〕、〔6〕、〔8〕小节动作同第〔2〕小节。最后教师弹奏音乐 5̲6̲5̲6̲ 5̲4̲3̲2̲1̲1̲ ‖，十个小矮人要迅速回到自己原来的位置上。

教这个游戏时，可采用以下的步骤与方法：

（1）教师用贴绒教具出现一个高人、十个矮人，引出歌曲名称《十个小矮人》。

（2）教师边唱边随歌词有节奏地逐个地贴出十个小矮人，再范唱一两遍歌词，唱时要对应有节奏地点着小矮人。

（3）幼儿学唱歌曲。

（4）幼儿学游戏中矮人及高人的动作。教师可用启发的方法让幼儿自己想想，怎样走路才能使自己像个矮人或高人，然后随音乐分别练习矮人走与高人走。

（5）教师示范随节奏点出十个小矮人。要强调点矮人的动作要合拍并要拍一下被点者的肩膀，这时被点者要屈膝，表示知道了，并稍向前跨出一步。

（6）教师边讲解玩法，边带领幼儿做游戏。

例5：小朋友散步

音乐一：

小朋友散步

汪爱丽创编
选用《摇啊摇》曲调

$1=C \dfrac{2}{4}$

| 1 | 3 | 2 | - | 1 | 3 | 2 | - |
(睡觉)

| 1 | 2 | 2 | 3 | 2 | 1̂ | - | ‖

音乐二： 汪爱丽 曲

1=C 2/4

1 1 | 3 3 | 5 5 | $\overset{\frown}{1}$ - ‖

（起床：两臂慢慢上举）

音乐三： 汪爱丽 曲

1=F 4/4

5 5 6 5 4 3 2 | 1 3 5 - | 6 1 4. 6 | 5 3 5 - |
5 5 6 5 4 3 2 | 1 3 6. - | 6 1 2 3 4 6 | 5 4 3 2 1 - ‖

（小朋友散步：可四散走动，也可三三两两挽手走）

音乐四：

1=F 2/4

$\overset{\frown}{5.}$ 5. | $\overset{\frown}{5.}$ 5. ‖

（雷声：小朋友可原地站住，观望天空，看看哪里有乌云，是不是快要下雨了？）

音乐五： 汪爱丽 曲

1=F 4/4

5̇ 3 1̇ 3 5̇ 3 1̇ 3 | 2̇ 2̇ 2̇ 2̇ 2̇ - |
4̇ 2 7 2 4̇ 2 7 2 | 4̇ 4̇ 6 6 5 - |
5̇ 3 1̇ 3 5̇ 3 1̇ 3 | 2̇ 2̇ 2̇ 2̇ 2̇ - |
4̇ 2 7 2 4̇ 2 7 2 | 1̇ 1̇ 3̇ 3̇ 1̇ - ‖

（下雨：赶快双手抱头跑回家）

教《小朋友散步》这个音乐游戏时，可采用以下的步骤与方法：

(1) 教师按音乐一至五的顺序做动作，表演给幼儿看，让幼儿讲讲这些动作表达的是什么意思。在此基础上可用上述动作编成简短故事讲给幼儿听。

(2) 让幼儿倾听音乐，教师逐段讲解每段音乐所表示的意思。

(3) 教师带领幼儿边听音乐边提问，边游戏。

在游戏的过程中，应激发幼儿的想像力和创造性。如有的幼儿在表示下雨时，会自发地做出打伞或其他的动作，教师对此应给予鼓励。

例6：小鸭子

小 鸭 子

1=C 4/4　　　　　　　　　　　　　　　　　　汪爱丽 曲

```
1 3̇ 2̇ 1̇ - | 3. 5 3. 5 3 5 | 1 1 1 - |
         (小 鸭子  走回家 小  鸭 叫)

2. 3 4. 3 2 6 | 5 5 5 - | 1̇. 2̇ 1̇. 2̇ 1 6 |

4 4 6 0 | 5. 4 3. 2 | 1 3 2 1 - ‖
         (慢 慢 回到家中     睡 觉)
```

这一音乐游戏中的乐曲表现了一群小鸭子从家里一摇一摆地走了出来,边走边高兴地嘎嘎嘎叫着。到了池塘边,它们迫不及待地跑进了池塘里,在水中捉鱼虾、游泳、理羽毛,玩得非常高兴。天快黑了,它们又一摇一摆,边走边叫着回家睡觉了。

有的幼儿园教师在教这一游戏时,采用了以下的步骤与方法,取得较好的效果。

(1) 带领幼儿到动物园观察水禽。让幼儿能亲眼看见鸭子的外形特征,在水中的各种活动,在岸上走路的姿态并能亲耳听见它们的叫声。

(2) 让幼儿用图画的形式表现出参观动物园水禽后的观感。

(3) 教唱《小小鸭子》的歌,并让幼儿自己为歌曲配动作。

小小鸭子

1=C 4/4

```
1 1 5 5 | 6 6 5 - | 4 4 3 3 | 2 2 1 - |
小 小 鸭 子 嘎 嘎 叫,   走 起 路 来 真 好 笑,
小 小 鸭 子 嘎 嘎 叫,   游 来 游 去 真 热 闹,
小 小 鸭 子 嘎 嘎 叫,   大 家 玩 得 哈 哈 笑,

1 3 5 - | 6 6 5 - | 4 4 3 3 | 2 2 1 - ‖
摇 摇 摆    摇 摇 摆,   走 到 河 里 去 洗 澡。
又 捉 鱼    又 捉 虾,   肚 子 吃 得 饱 又 饱。
摇 摇 摆    摇 摇 摆,   回 到 家 里 去 睡 觉。
```

(4) 让幼儿倾听《小鸭子》音乐游戏中的音乐。倾听前可简单地介绍乐曲所描写的情景。倾听后让幼儿讲讲自己的感受。

(5) 让幼儿随音乐发挥想像,创造性地用动作表现乐曲内容。

(6) 在幼儿随音乐做动作的基础上,教师为了启发幼儿可有意识地做一些动作表演给幼儿看。

(7) 还可为音乐游戏中的乐曲配打击乐,以启发幼儿的兴趣。

(中篇的内容节选自汪爱丽著:《幼儿音乐教学法》,
人民教育出版社1987年11月第1版。)

下篇

创作作品

幼儿歌曲

苹 果

1=C 2/4　　　　　　　　　　　　　　汪爱丽 词曲

3 3 1 | 3 3 5 | 3 3 5 3 | 2　3 | 1 - |
红苹果 圆又圆，吃到嘴里 甜 又 甜。

教学建议：
可在婴幼儿看过、摸过、吃过红苹果的基础上学唱此歌。

宝宝要睡觉

1=G 2/4　　　　　　　　　　　　　　汪爱丽 词曲

6 6 i 6 | 5 - | 6 i 6 3 | 5 - |
宝宝要睡觉， 轻轻摇一摇，

6　6 | i 6 5 | 6 i 6 3 | 5 - ‖
眼　睛闭闭好，睡呀睡着 了。

教学建议：
准备教具小床、小被子、娃娃等，边唱边轻摇小床使娃娃入睡。也可手抱娃娃，摇动着使之入睡后再放到床上。

我的小鼓会唱歌

汪爱丽 词曲

1=C 2/4

| 5 | 3 | 5 | 3 | 2 | 3 | 5 | — | 3 3 | 2 2 | 1 | — ‖

我 的 小 鼓 会 唱 歌， 咚 咚 咚咚 咚。
我 的 小 铃 会 唱 歌， 叮 铃 铃铃 铃。

快来做事

汪爱丽 词曲

1=C 2/4

6 6 5 5 | 6 6 5 | 5 6 5 4 | 3 2 3 |

小 朋 友 们 快 快 来， 大 家 快 来 收 积 木，
小 朋 友 们 快 快 来， 大 家 快 来 搬 椅 子，
小 朋 友 们 快 快 来， 大 家 快 来 洗 洗 手，

6 6 5 5 | 6 6 5 | 5 6 5 4 | 3 2 1 ‖

小 朋 友 们 快 快 来， 大 家 快 来 收 积 木。
小 朋 友 们 快 快 来， 大 家 快 来 搬 椅 子。
小 朋 友 们 快 快 来， 大 家 快 来 洗 洗 手。

我们工作忙

汪爱丽 词曲

1=C 2/4

1 1 1 | 3 3 3 | 5 5 5 5 | 3 2 1 ‖

小 木 匠 小 木 匠 沙 沙 沙 沙 锯 木 忙。
小 歌 手 小 歌 手 啦 啦 啦 啦 唱 歌 忙。
小 司 机 小 司 机 笛 笛 笛 笛 开 车 忙。
小 铁 匠 小 铁 匠 叮 当 叮 当 打 铁 忙。
小 护 士 小 护 士 哐 哐 哐 哐 打 针 忙。

教学建议：

教一两节歌词后可让小朋友自己想想要做什么工作，如："邮递员，邮递员，叮铃铃铃送信忙。"

大猫小猫

1=F 4/4

汪爱丽 词曲

1 1 1 1 5 5 | 3 3 3 3 1 1 | 2 2 6 7 | 1 - - - ‖

我是一只大猫，我的声音很大，喵 喵 喵 喵 喵。
我是一只小猫，我的声音很小，喵 喵 喵 喵 喵。

教学建议：

这首歌借助于大猫、小猫身体大小的不同来学习用不同大小的声音唱歌。唱第一段歌词时因大猫的身体大，可以站起来用稍大的声音唱。唱第二段歌词时因小猫的身体小，可以蹲下来用稍小的声音唱。在这种有趣而形象性强的活动中可慢慢学会控制音量。

会唱以后还可启发婴、幼儿自己想出其他动物如大狗、小狗、大老虎、小老虎等接下去唱，叫声也就要相应改变。

大象的鼻子

1=C 4/4

汪爱丽 词曲

5 5 4 3 5 | 2 2 1 - | 3 1 2 2 | 1 - - - |

大象的鼻子长又长， 低头卷青草，

5 5 4 3 5 | 2 2 1 - | 3 1 2 5 | 1 - - - ‖

大象的鼻子长又长， 抬头做体操。

教学建议：

最好在看过大象的活动或图片之后教唱此歌。

歌词内容还可改变,如:"大象的鼻子长又长,举起大木头"或"大象的鼻子长又长,吹起小口琴、喷水洗洗澡"等。

小　狗

1=C 2/4

汪爱丽　词曲

| 3 3 | 3 3 | 5 | 3 | 6 6 | 6 6 | 5 - |

我是一只小　狗,汪汪汪汪叫,
我是一只小　狗,汪汪汪汪叫,

| 3 3 | 3 3 | 5 | 3 | 2 2 | 2 2 | 1 - |

看见主人来　了,尾巴摇摇摇。
看见肉骨头　呀,咔嚓咔嚓咬。

| X　X | X - | X　X | X - |

汪　汪　汪,　　摇　摇　摇。
汪　汪　汪,　　咬　咬　咬。

教学建议:

教此歌时可由两位教师表演,一人当主人,一人当小狗。歌曲唱完后,继续叫三声,再摇动臀部表示摇尾巴。

第二段歌词最好在学会第一段歌词后再教。

鼻子在哪里

1=C 4/4

汪爱丽　词曲

| 1 1 3 3 | 5 3 1 - | 5 3 4 2 | 1 - - - ‖

(问)鼻子鼻子在哪里? (答)鼻子在这里。
(问)耳朵耳朵在哪里? (答)耳朵在这里。
(问)肩膀肩膀在哪里? (答)肩膀在这里。
(问)小脚小脚在哪里? (答)小脚在这里。

教学建议：

教此歌时可用一稍大的玩具娃娃，在回答的同时指出所问的身体部分。

歌词内容可不断增加，除问身体的一些部分外，还可用该部分做些动作，如：鼻子闻一闻，肩膀动一动，眉毛皱一皱，小手拍一拍，小脚踏一踏等。

大雨小雨

1=C 2/4

汪爱丽 词曲

```
5 4 3 2 | 1 - | 5 4 3 2 | 1 - |
大 雨 哗 啦  啦,      大 雨 哗 啦  啦,
小 雨 滴 滴  答,      小 雨 滴 滴  答,

1 1 1 1 | 3 3 3 3 | 5 4 3 2 | 1 - ‖
哗 啦 哗 啦  哗 啦 哗 啦  大 雨 哗 啦  啦。
滴 答 滴 答  滴 答 滴 答  小 雨 滴 滴  答。
```

教学建议：

第一段歌词可用稍大的声音唱，第二段歌词可用稍轻的声音唱。

歌词还可以更改为：第一段唱"北风呼呼吹"，第二段唱"雪花轻轻飘"等。

我的娃娃也要睡觉了

1=C 3/4

汪爱丽 词曲

```
5 - 4 | 3 - 4 | 5 - - | 5 0 0 | 5 - 4 | 3 - 4 |
太   阳   下   山   了,            小   鸟   回   家

5 - - | 5 0 0 | 1 - 1 | 1 - 2 | 3 - - |
了,             我   的   小   娃   娃,
```

幼儿歌曲

```
5 0 0 | 2 - 1 3 | 3 - 2 1 | 1 - - | 1 0 0 ‖
        也      要 睡  觉   了。
```

我是解放军

1=C 2/4　　　　　　　　　　　　　　汪爱丽　词曲

```
3 3 1 3 | 5 -  | 3 3 5 3 | 2 - |
我 是 解 放 军，    头 戴 红 五 星，

3   3  | 6 6 6 | 3 3 2 5 | 1 - ‖
身   穿  绿 军 装， 手 里 拿 着 枪。

X   X  | X -   |         | X   X | X - ‖
一   二  一，           呼   呼  呼。
```

教学建议:
教唱此歌时教师可头戴军帽，身穿军装，手中拿枪边表演边唱。歌曲唱完后可边走动边呼"一二一"，并可发出开枪的声音。

动物走路

1=C 4/4　　　　　　　　　　　　　　汪爱丽　词曲

```
1 3 1 3 | 1 3 1 - | 1 3 5 3 | 2 3 1 - |
一二一二一二一，    小 猫 小 猫  向 前 走，
一二一二一二一，    小 狗 小 狗  向 前 走，

6 6 5 - | 6 6 5 - | 1 3 5 3 | 2 3 1 - ‖
点 点 头， 招 招 手， 小 猫 小 猫 向 前 走。
点 点 头， 招 招 手， 小 狗 小 狗 向 前 走。
```

教学建议:
教唱此歌时可用动物玩具边唱边在桌面上按歌词内容动作。

当幼儿会唱后,可由幼儿自己当动物随音乐做走步、点头、招手等动作。

小宝宝要睡觉

1=D 2/4

汪爱丽 词曲

6· 3 3· 6 | 3 - | 5 3 2 1 | 6 - |
小　宝　宝,　　　要　睡　觉,

p 渐慢

3· 3 6· 6 | 3· 6 3 | 5 3 2 1 | 6 - ‖
妈 妈 轻 轻 摇 一 摇, 睡　着　　了。

教学建议:
这首歌曲主要练五度音。要注意唱得连贯舒缓,掌握好速度。

吹泡泡

1=C 4/4

5 6 5 - | 5 6 5 - | 5 6 5 0 5 6 5 0 |
吹 泡 泡,　吹 泡 泡,　吹 呀 吹　吹 呀 吹,

1.　　　　　　　 2.
5 4 3 2 3 - : ‖ 5 4 3 2 1 - ‖ X - 0 0 ‖
泡 泡 飞 上 天　　泡 泡 不 见 了　　啪!

几只小猫叫

1=C 4/4   汪爱丽 词曲

| 1 1 | 1 1 | 1 - | 5 5 | 5 5 | 5 - ||

一 只 小 猫 叫, 喵 喵 喵 喵,
两 只 小 猫 叫, 喵 喵 喵 喵,
三 只 小 猫 叫, 喵 喵 喵 喵,
两 只 小 猫 叫, 喵 喵 喵 喵,
一 只 小 猫 叫, 喵 喵 喵 喵,

| 6 6 | 6 6 | 6 - | 5 4 | 3 2 | 1 - ||

又 来 了 一 只, 现 在 有 两 只。
又 来 了 一 只, 现 在 有 三 只。
走 掉 了 一 只, 剩 下 两 只 了。
走 掉 了 一 只, 剩 下 一 只 了。
走 掉 了 一 只, 现 在 没 有 了。

教学建议:

1. 可用现成的玩具小猫或绘制的小猫图片随着歌词增加或减少小猫的数量。

2. 请小朋友当小猫,随歌词小猫走出来或走回去。

3. 可用其他动物代替小猫,如小狗、小鸡,叫声也要随之改变。

春天来了

1=C 4/4   汪爱丽 词曲

| 3 5 | 5 3 | 5 - | 3 5 | 5 3 | 5 - ||

红 花 对 我 笑, 黄 花 对 我 笑,

| 5 5 | 2 3 | 5 - | 5 5 | 2 3 | 1 - ||

她 们 对 我 说: 春 天 来 了。

打雷、下雨、出太阳

1=C 2/4　　　　　　　　　　　　　　　　汪爱丽 词曲

6　6　5	6　6　5	6　　6 5	-
轰　隆　隆	轰　隆　隆	打　　雷 啦，	
滴　滴　答	滴　滴　答	雨　　停 啦，	

6　6　5	6　6　5	6 5 2 3	1 - ‖
哗　啦　啦	哗　啦　啦	大 雨 下 来	啦。
哈　哈　哈	哈　哈　哈	太 阳 出 来	啦。

下 雪 天

1=C 2/4　　　　　　　　　　　　　　　　汪爱丽 词曲

5　5　0	5　5　0	3 1 3 6	5 -
雪　花，	雪　花，	雪 花 满 天	飞，
来　呀，	来　呀，	快 来 堆 雪	人，
太　阳　出　来，		白 雪 融 化	啦。

5　5　0	5　5　0	2 4 3 2	1 - ‖
树　上	地　上	变 成 白 一	片。
堆　呀	堆　呀	堆 个 胖 娃	娃。
雪　人	雪　人	雪 人 不 见	啦。

我上幼儿园

1=C 2/4　　　　　　　　　　　　　　集 体 词
　　　　　　　　　　　　　　　　　　汪爱丽 曲

5 5 3 3	5 6 5	3 5 6 6	5 -
爸 爸 妈 妈	去 上 班，	我 上 幼 儿	园。

3 5 6	5 6 3	2 5 3 2	1 - ‖
我 不 哭，	也 不 闹，	叫 声 老 师	早。

幼儿歌曲

教学建议：

这首歌教育幼儿要愉快地上幼儿园，对老师要有礼貌。歌曲性质活泼，第一句可用进行曲速度较轻快地唱，第二句中"我不哭也不闹"应唱得比较坚定、自豪。最后两小节要稍慢，两拍时间要唱足。

一只小小老鼠

1=C 2/4

汪爱丽　词曲

p

| 1 2 1 2 | 3　 1 | 2 3 2 3 | 4　 2 |
一 只 小 小 老　 鼠， 出 来 偷 吃 白　 米，

f

| 3 4 3 4 | 5　 3 | 5 4 3 2 | 1 - ‖
一 只 老 猫 看　 见， 一 把 抓 住 它。

教学建议：

这首歌主要练二度、三度音并逐渐加大音量，可移调练习。

小　铃　铛

1=C 2/4

汪爱丽　词曲

| 1 3 1 3 | 5 - | 5 3 5 3 | 1 - |
一 只 小 铃 铛， 叮 当 叮 当 响，

p 　　　　　　　　*mf*

| 1 3 5 3 | 1 3 5 3 ∨| 2 | 3 1 ‖
叮 当 叮 当 叮 当 叮 当 叮　 当 响。

教学建议：

此歌主要练习三度音及强弱对比，可移调练习。唱时要注意处理好呼吸，尤其在第六小节唱完后，要换气，这样才能把最后的"叮当响"唱得较为饱满。

太阳出来了

1=A 2/4

| 3 5 5 3 | 5 - | 4 6 6 4 | 6 - |
| 太 阳 出 来 了， | | 太 阳 出 来 了， | |

| 5 1 1 3 | 2 6 | 5 5 6 7 | i - |
| 今 天 天 气 | 真 好 | 太 阳 出 来 | 了。 |

有个小朋友

1=F 2/4

汪爱丽 词曲

5 1 1 2	3 0 5	5 1 1 2	3 -
有 个 小 朋 友，	他	有 双 小 小	手，
有 个 小 朋 友，	他	有 双 小 小	脚，
有 个 小 朋 友，	他	有 张 小 小	嘴，

3 4 3	2	1 1 1 1	1 -
拍 起 手	来	拍 拍 拍 拍。	
走 起 路	来	踏 踏 踏 踏。	
唱 起 歌	来	啦 啦 啦 啦。	

教学建议：

这首歌曲可以让幼儿自编不同的内容，如：有个小朋友，他有双小小手，打起鼓来咚咚咚咚咚；他有双小小脚，跑起步来嚓嚓嚓嚓嚓等。唱时要注意 0 5 弱起，不能把"他"唱得太响。

马儿跑

1=B 2/4

汪爱丽 词曲

f

| 5. 3 5. 3 | 5 3 | 5 5 5 5 | i 0 |
| 达 达 达 达 | 达 达， | 马 儿 跑 得 | 快， 驾 |

幼儿歌曲

```
                                    p 渐慢
 5. 3  5. 3 | 5    3 | 3 3  2 2 | 1    0 ‖
 达 达  达 达   达    达,马儿 跑回  来,   吁!
```

教学建议:

这首歌主要练习附点节奏及渐强、渐弱,要唱得有起伏、轻快,唱会后可加入动作,增加练唱的兴趣。

叫 声

1=C 2/4   汪爱丽 词曲

```
 1 2 3 2 | 3 1 | 5 0  5 0 | 5 - | 5 6  5 4 | 3 1 | 2 2 2 | - |
 小黄狗在  门口   汪     汪   叫,    花猫 抓到   老鼠   妙 妙 叫,

 1 2 3 2 | 3 1 | 6 0  6 0 | 6 - | 5 6  5 4 | 3 1 | 2 2 1 | - ‖
 小山羊在  地里   咩     咩   叫,    小鸭 子在   水里   嘎 嘎 叫。
```

教学建议:

此歌可由幼儿集体唱,也可由老师唱前半句,幼儿唱后半句,或者每人唱一句等方法来练习音准、休止符等。为使幼儿更有兴趣,在唱下半句时,可按歌词内容,做一些相应的动作。

青蛙和小鸟

1=♭B 2/4   汪爱丽 词曲

```
          3 5 5 6 | 5 3 5 |   5 5 5 5 | 5 5 1 |
 (老师)一 只 青 蛙  四条 腿,(幼儿)扑通 扑通  跳 下 水。

          3 5 5 6 | 5 3 5 |   5 5 5 5 | 5 5 i ‖
 (老师)小 小 鸟 儿  轻又 轻,(幼儿)扑扑 翅膀  向 上 飞。
```

教学建议:

在唱到"跳下水"时，双手可模仿青蛙向池塘跳的动作，唱到"向上飞"时，可模仿鸟飞动作，双手向上飞。

火 车

1=♭B 2/4　　　　　　　　　　　　　　　　　汪爱丽　词曲

```
5 6  5 3 | 5 -  | 5 6  5 3 | 5 -  |
火 车 开 来 了，    火 车 开 来 了，

5 5 5  5 5 5 | 5 5 5  5 5 5 | 5 5 | 1 - :‖ 5 5 | 1̇ - ‖
轰 隆 轰 隆 轰 隆 轰 隆  进 站  了。      呜 呜  叫。
```

鸭 子 叫

1=♭B 4/4　　　　　　　　　　　　　　　　　汪爱丽　词

```
1 1 5 5 | 6 6 5 - | 1 1 1 - |
(老师)鸭子妈妈 怎样 叫？(幼儿)嘎 嘎 嘎。

1 1 5 5 | 6 6 5 - | 5 5 5 - |
(老师)鸭子哥哥 怎样 叫？(幼儿)嘎 嘎 嘎。

1 1 5 5 | 6 6 5 - | 1̇ 1̇ 1̇ - ‖
(老师)小小鸭子 怎样 叫？(幼儿)嘎 嘎 嘎。
```

教学建议：

这是首练习问答的歌曲，在老师唱完问句后，要求幼儿能及时接上，速度、音准力求正确，可以全班回答，也可请一小组或一个小朋友回答。为提高幼儿对音的高低的辨别能力，在回答"嘎嘎嘎"的同时可加上动作。如低音1手指向下点，中音5手指向前平伸，高音1̇则手指向上指。

小 乐 器

1=♭B 2/4　　　　　　　　　　　　　汪爱丽　词曲

```
1 1 1 2 | 3  2 | 1 1 | 1 - |
```
(老师)我 是 一 个 大　鼓,(幼儿)咚 咚 咚。

```
1 1 1 2 | 3  5 | 5 5 | 5 - |
```
(老师)我 是 一 面 小　锣,(幼儿)哐 哐 哐。

```
1 1 1 3 | 5  i | i i i i | i - ‖
```
(老师)我 是 一 只 小　铃,(幼儿)叮铃 铃铃 铃。

教学建议：

在请个别幼儿答唱时,最好根据实际情况让声音偏高的幼儿唱高的音,让声音偏低的幼儿唱低的音。

练习时,还可以让幼儿边唱边用动作表示。如第一句"咚咚咚",用右手食指往下敲三下；第二句"哐哐哐",模仿敲锣动作(在胸前)；第三句"丁铃铃铃铃",双手高举敲小铃。

通过三个动作的不同部位,帮助幼儿感受1、5、i的不同音区。

小 手 爬

1=C 4/4　　　　　　　　　　　　　汪爱丽　词曲

```
1 2 3 3 4 | 5 i 5 - | 5 5 6 6 7 | i i i - |
```
小手 小手 向上爬, 一爬 爬到 头顶上。

```
i i 7 6 6 5 | 4 3 2 - | 7 7 6 5 6 5 4 | 3 2 1 - ‖
```
小手 小手 向下爬, 一爬 爬到 膝盖上。

教学建议：

这首歌的音域稍广,不一定要婴、幼儿唱,可由教师唱,儿童随教师的歌声动作。

小手的爬法可以是两手同时向上(向下)爬或轮流向上(向下)爬。爬到的部位也可变化,如爬到耳朵上、脚趾上、肩膀上、大腿上等。

学习雷锋顶呱呱

1=C 2/4　　　　　　（小班）

```
5. 4  3 1 | 3 4  5 | 5. 4  3 1 | 3 4  5 |
有个  小孩 叫小  华, 学习  雷锋 顶刮  刮,

1 6  6 | 5 3  5 | 5 6 5 1 | 3  2 | 1 - ‖
让积  木, 让娃  娃, 大家夸他 好  娃  娃。
```

注:学会以后,可以唱班上小朋友的名字如:
　　有个小孩叫小明,学习雷锋顶呱呱,
　　帮别人,扣钮子,大家夸他好娃娃。

新　年　到

汪爱丽　词曲

1=A 2/4

```
1 1  5 | 1 1  5 | 6 5 6 1 | 5 - | 3 5 6 |
咚咚  呛 咚咚  呛,新年来到 了,   你 唱歌

1 6  5 | 5 3 5 6 | 1 - | 5  5 | 1 - ‖
我跳  舞, 来开庆祝 会,   多  热  闹。
```

教学建议:
　　歌曲形象地以"咚咚呛,咚咚呛"开始,将幼儿引入欢乐热闹的节日气氛中。要唱得活泼、愉快、不拖拉。

幼儿歌曲

小鱼找朋友

1=F 4/4 汪爱丽 词曲

3 1 5 1 3 | 2 7 5 2 - | 2 7 5 2 4 | 3 1 5 3 - |

小鱼在水中慢慢地游，小鸭在地里慢慢地走，
小鱼在水中慢慢地游，小兔在林中轻轻地跳，

3 1 5 1 3 | 2 7 5 2 - | 2 7 5 2 4 | 4 3 2 1 - ‖

小鱼请小鸭水中来玩，小鸭点头说"好好好好！"
小鱼请小兔水中来玩，小兔摇头说"我不会游！"

小动物学本领

1=C 4/4 汪爱丽 词曲

5 4 | 3 4 5 4 | 3 4 5 5 | 6 i 7 6 | 5 - - 4 3 |

一只 小小鸡，跟着 鸡妈妈，来到 草地学本 领， 这边
一只 小小鸭，跟着 鸭妈妈，来到 河里学本 领， 这边
一只 小猴子，跟着 猴妈妈，来到 树上学本 领， 这边
一只 小老虎，跟着 虎妈妈，来到 树林学本 领， 练习

2 3 4 4 3 | 2 3 4 4 3 | 2 4 3 2 | 1 - - ‖

找小 虫，那边 找谷 粒，小鸡 学得 真高兴。
找小 鱼，那边 找小 虾，小鸭 学得 真高兴。
找水 果，那边 找树 叶，小猴 学得 真高兴。
用牙 咬，练习 用爪 抓，小虎 学得 真高兴。

三只鸡

1=C 2/4 汪爱丽 词曲

1 3 5 | 5 6 5 | 5 6 5 3 | 5 - |

(问) 1.三 只 鸡 在 家 里，你听谁在 叫？
    2.三 只 鸡 在 家 里，你听谁在 叫？
    3.三 只 鸡 在 家 里，你听谁在 叫？

```
         ┌──────1──────┐
| 5̣ 5̣ 1 | 5̣ 5̣ 1 | 5̣ 5̣ 1 - | 5 5 5 5 |
  咯 咯 达  咯 咯 达  咯   咯 达。   叽 叽 叽 叽

      ┌────2────┐
| 5 - | 5 5 5 5 | 5 - | 5 3̇ 1̇ - |
  叽,     叽 叽 叽 叽 叽。   喔  喔 喔,

  ┌──3──┐
| 5 3̇ | 1̇ - | 1 3 | 5 6 5 |
  喔   喔 喔。  (答)我 听 到 我 听 到,
                   我 听 到 我 听 到,
                   我 听 到 我 听 到,

| 5 6 5 3 | 5 - | 5 6 5 3 | 1 - ‖
  老 母 鸡 在  叫,   老 母 鸡 在  叫。
  小 小 鸡 在  叫,   小 小 鸡 在  叫。
  大 公 鸡 在  叫,   大 公 鸡 在  叫。
```

教学建议：
　　这首歌主要利用形象的方法让幼儿注意倾听不同音区、不同节奏的三种不同的鸡叫声,借以培养幼儿的听觉。复习时老师可以用歌声唱出,也可以用琴声弹出不同鸡叫声,让幼儿辨别是什么鸡在叫,还可以打乱原来的次序,随便唱或弹奏什么鸡的叫声。

我们的幼儿园真好

$1=G \ \frac{2}{4}$

```
| 5̣ 1 1 | 3 3 1 | 2 2 1 2 3 1 - | 3 3 2 | 1 3 2 |
  红 太 阳, 高 高 照 高 呀 么 高 高 照,  我 们 的 幼 儿 园,

| 1 3 3 2 6̣ | 5̣ - | 6̣  | 6̣   5̣ | 6̣ 6̣ 1 2 3 1 |
  真 呀 么 真 正 好。  老   师       天 天  教 我
```

幼儿歌曲

```
6 - | 5. 3 2 | 1 1 6. 6. 5 3 2 3 | 1 - ‖
们,      要 做 个 懂  礼 貌  的 好 宝 宝。
```

我是一个好宝宝

1=D 2/4 稍快　　　　　　　　　　　　　　汪爱丽　词曲

```
3 1 1 3 | 2 7 | 1 - | 1 - | 5 6 5 4 |
我呀每天   起 得   早,         洗脸刷牙
看见老师   叫 声   早,         看见朋友

3   4 | 5 - | 5 - | 5 6 5 4 | 3   1 |
饭   吃  好,       爸 爸 骑   着
问   声  好,       幼 儿 园   里

7. 2 | 4 - | 3 1 1 3 | 2 7 | 1 - | 1 - ‖
自 行  车,   把我送到  幼  儿   园。
学 本  领,   我是一个  好  宝   宝。
```

教学建议:

　　结合幼儿园的实际解释歌曲的内容。歌唱时轻快、活泼、富有感情。"爸爸骑着自行车"一句可根据具体情况,改为"妈妈搀着我的手"等。

谁 饿 了

1=C 2/4　　　　　　　　　　　　　　　　汪爱丽　词曲

```
3 3 1 3 | 5 5 5 | 3 3 3 3 1 3 | 2 - |
一只大猫   出来了, 肚子饿得咕咕   叫,

6 4 2 | 5 5 3 | 2 4. 7 2. | 1 1 1 ‖
看见了   小老鼠, 啊呜啊呜    吃完了。
```

教学建议：

这首歌曲很有趣，为了发挥幼儿的积极性、创造性，在学会以后，可让幼儿自己增编歌词，只要想出什么动物出来了，它爱吃什么东西，吃时发出什么声音就能唱了。如："一只熊猫出来了，肚子饿得咕咕叫，看见了嫩箭竹，咔嚓咔嚓吃完了。"又如："一只小鸡出来了，肚子饿得咕咕叫，看见了小虫子，笃笃笃笃吃完了。"

春 天

1=C 3/4

郭桂英 改词
汪爱丽 曲

春风吹 暖洋洋，田野里 真美丽，
柳树发芽 草儿青，油菜开花 一片黄，
蜜蜂嗡嗡 采花蜜，燕子飞来 捉虫忙，
小雨滴答 滴答下，农民伯伯 春耕忙。

庆祝六一儿童节

1=F 2/4

汪爱丽 词曲

六月一日 儿童节，小朋友们 多欢喜，
你唱 歌，(打乐器) 我跳 舞，(打乐器)

```
 . .
 6 6 1 2 | X X X  X | 3 3 1 2 | X X X  X |
 手 拉 手,(打乐器)    做 游 戏,(打乐器)

 5 5 5 6 1 3 | 2. 3 | 2 2 2 3 5 2 3 | 1 - ‖
 幼儿园里开大  会,    庆祝六一儿童   节。
```

教学建议:

小朋友边唱歌,边打乐器,更增添节日气氛。打乐器的节奏型,可由教师或幼儿自编。如:| X X X X ‖ 或 | X X O X X ‖ 等。

小 荡 船

1=C 6/8 　　　　　　　　　　　　　汪爱丽 词曲

```
 1 3 5 i | 3 4 5. | 1 3 5 i | 3 4 5. |
 小荡船呀真有趣,    荡过来呀荡过去。

 6 6 5 6 | 5 4 3. | 2 3 5 4 | 3 2 1. ‖
 好像飞机天上飞,    又像小船水里游。
```

去看长江大桥

1=C 6/8 　　　　　　　　　　　　　汪爱丽 词曲

```
(1 1 1 5 5 | 5 6 7 i.) | 5 5 i. | 3 3 5. |
                         摇啊摇,  摇啊摇,

 2 3 4 3 2 | 3 4 5. | 5 5 i. | 3 3 5. |
 摇着小船去看大桥。  大桥长,  大桥高,
```

```
2 3 4 3 2 | 1. 1. | 4 4 2 2 | 3 4 5. |
大桥真  正好。    桥上汽车 火车跑，
4 4 2 2 | 3 4 5. | 5 5 1. |
桥下轮船 呜呜叫。 摇啊摇，
3 3 5. | 2 3 4 3 2 | 1. 1. ‖
摇 啊 摇， 去看长江大 桥。
```

教学建议：

最好先介绍（或参观）南京长江大桥后再教此歌。要处理好6/8拍强弱弱次强弱弱的节拍特点，使人听后，有前后晃动的坐在船上漂荡的感觉。在幼儿会唱的基础上，还可让幼儿自己为歌词编动作。

可爱的小猫

1=D 2/4

集体 词
汪爱丽 曲

```
5 5 | 3 5 | 1 3 | 3 3 2 | 1 3 5 | 3 3 3 2 |
喵喵小白猫， 舔舔脚爪 理理毛， 每天洗脸
喵喵小花猫， 见了朋友 问声好， 轻轻走路
喵喵小黑猫， 睁大眼睛 四处瞧， 看见老鼠

1 3 5 | 2 | 6 5 5. | 5 6 5 3 |
又 洗 澡，  大  家叫它  爱清洁的
不 吵 闹，  大  家叫它  懂礼貌的
一 口 咬，  大  家叫它  爱劳动的

      1,2                3
2 3 3 2 | 1 - ‖ 2 | 1 - ‖
小白  猫。
小花  猫。
              小   黑猫。
```

幼儿歌曲

阿姨养猪忙又忙

（大班）

1=G 或 A 4/4　　　　　　　　　　　　汪爱丽 词曲

6· 6 6 6 6 | 6· 6 6 6 6 | 6 6 2 1 6 3 5 |
啰 " " " 　 啰 " " " 　 阿 姨 养 猪 忙 又

6· 5 6 — | 3 3 6 6 1 6 | 3 3 6 6 1 6 |
忙 哟 哎，　猪 儿 肥 来 猪 儿 壮，猪 多 肥 多 多 打 粮，

2 — 1 2 | 3 — 2 | 1. 2 3 3 2 1 6 |
哎　　哟　　哎，　　　　阿 姨 工 作 多 勤 劳，

1 6 5 1 6 0 | X — X — ‖
阿 姨 真 正 好！　 啰　　 啰

为什么

费承铿
汪爱丽　词曲

1=C 2/4

3 5 5 | 6 6 5 | 1 3 | 5 — |
小 鱼 儿 为 什 么 游 得 欢？

1 1 6 | 5 6 3 | 5 1 | 2 — |
小 鸟 儿 为 什 么 飞 得 高？

3 3 6 | 5 6 1 | 3 1 | 6 — |
天 上 星 为 什 么 亮 晶 晶，

5 1 1 | 3 5 3 | 2 3 | 1 — |
河 里 水 为 什 么 会 结 冰？

```
6 . 7 | i    6 | 5 0 3 0 | 5 -  ‖
科    学  知 识  真  不   少,

5 . i | 5    3 | 5 5 6 7 | i - ‖
好    好  学 习  一 定 会  道。
```

教学建议：

可以用提问的方式帮助幼儿理解并记住歌词内容。如小鱼儿怎样？小鸟儿怎样……教唱时，可让幼儿按歌词拍手，边唱边拍，以加强节奏感。特别最后两句有附点处，可以让幼儿反复练习附点节奏。

猜谜歌——抽水机

（大班）

1=♭B 2/4

汪爱丽 曲

```
5 5 | 3 5 0 | i 3 5 | 6 - | 3 i |
(甲)河边 有 条 小  水 牛,      喝 起

6 5 0 | 6 5 3 | 2 - | 1 2 1 2 | 3 - |
水 来   不 抬 头,    一 边 喝 下 去,

6 i 6 5 | 6 - | i i | 6 5 0 | 3 2 3 | 5 - |
一边往外 流,  有它 不怕  旱 和 涝,

5 i 6 5 | 3    2 | 1 . 2 | 1 - | X |
年年生产 保   丰  收。          哎!

i   i | i . 5 | 6    i | 5 . i | 6 i 5 |
你  知 道  这 是  啥  呀 这 是 啥？

X X X | X - | 3    5 . | 3    5 . | 3 5 6 6 |
(乙)我猜猜, 哦!  这 是,  这 是,  这 是一架
```

$\dot{2}$ $\dot{2}$ | $\dot{1}$. 5 | $\dot{2}$ $\dot{2}$ $\dot{1}$ 0 | X X ‖
抽　　水　机　呀抽　水　机　　(甲)对　　　了！

我和星星打电话

(中班、大班)

汪爱丽 曲

1=C $\frac{2}{4}$

5 3 5 3 | 5 $\dot{1}$ 5 0 | 5 $\dot{1}$ 5 0 | 5 $\dot{1}$ 5 3 |
(领)星 星 星 星　满 天 撒 (合)满 天 撒 (领)我 和 星 星
(领)星 星 打 开　讯 号 灯 (合)讯 号 灯 (领)一 闪 一 闪

5 1 2 0 | 5 1 2 0 | X X X X | X X X |
打 电 话 (合)打 电 话 (白)喂 喂 小 星 星 你 好 吗！
把 话 答 (合)把 话 答 (白)喂 喂 小 朋 友 树 雄 心，

X X X | X X X | 3. 2 3 5 | 6 $\dot{1}$ 5 | 6 - |
天 空 中　把 眼 眨，你　离 我 们　有 多　　远，
为 革 命　学 文 化，快　快 长 大　驾 飞　　船，

5 5 $\dot{1}$ $\dot{1}$ | 3 2 | 1 0 3 2 | 1 0 :‖ 1 3 5 | $\dot{1}$ 0 ‖
你 那 上 面 有　点 啥，有 点 啥。　　　　察，来 侦 察。
欢 迎 你 啊 来　侦

山谷回音真好听

1=C 2/4　　　　　　　　　　　　　　汪爱丽　词曲

5 5 5 5 | 5 i 5 1 | 3 4 | 5 - |
1.2.美 丽 山 谷 真 稀 奇　 真 稀 奇，

5 5 5 5 | 5 i 5 1 | 3 2 | 2 - |
唱 歌 讲 话 有 回 音　 有 回 音，

　f　　　　　　　　　　p
1 2 3 4 | 5 - | 1 2 3 4 | 5 - |
1.啊 啊 啊 啊 啊，　　啊 啊 啊 啊 啊，
2.你 在 哪 里 呀？　　你 在 哪 里 呀？

　f　　　　　　　　　　p
i 6 i 6 | 5 - | i 6 i 6 | 5 - |
啊　 啊　 啊！　　啊　 啊　 啊！
我 在 这 里 呀！　我 在 这 里 啊！

5 5 5 5 | 5 i 5 1 | 3 2 | 1 - ‖
1.2.山 谷 回 音 真 好 听　 真 好 听。

教学建议：
　　此歌对练习跳进的音程如：**5 i 5 1** 及音的强弱有一定效果。教学中应注意在培养幼儿唱歌技能的同时，发展幼儿的想像力，让幼儿为第9～16小节自编歌词练唱。如："春天来到了，花儿都开了"、"太阳眯眯笑，我们起得早"等。

手 指 歌

汪爱丽　薛　谕　吴梅筠　词
汪爱丽　曲

1=E 2/4

| 3　3 | 1　3 | 1 | 6· | 3　5 | 3　1 | 6　- |

一　个　小　朋　友　　呀，出　来　走　走　走。
两　个　小　朋　友　　呀，出　来　走　走　走。
三　个　小　朋　友　　呀，出　来　走　走　走。
四　个　小　朋　友　　呀，出　来　走　走　走。
五　个　小　朋　友　　呀，出　来　走　走　走。
六　个　小　朋　友　　呀，出　来　走　走　走。
七　个　小　朋　友　　呀，出　来　走　走　走。
八　个　小　朋　友　　呀，出　来　走　走　走。
九　个　小　朋　友　　呀，出　来　走　走　走。
十　个　小　朋　友　　呀，手　儿　钩　着　手。
我　有　一　双　小　　手，十　个　手　指　头。

| 6　6 | 5　6 | 3　3 | 1　3 | 2　1 | 6· - :‖ 6 - ‖

碰　上　大　石　头　呀，跌　个　大　跟　斗。
路　路　见　了　面　呀，连　忙　点　点　头。
看　上　见　公　公　呀，扶　他　慢　慢　走。
看　见　老　放　游　呀，向　他　招　招　手。
走　到　解　物　戏　呀，看　见　大　老　虎。
大　家　做　运　场　呀，高　兴　地　拍　皮　球。
背　走　到　动　背　呀，来　大　拍　蝴　蝶　飞。
走　进　儿　靠　房　呀，学　踢　大　五　层　楼。
翻　个　新　楼　头　呀，爬　做　小　老　头。
会　拍　大　会　表　呀，变　上　我　的　好　朋　友。

教学建议：

此歌可根据歌词内容，由老师指导，启发幼儿自己设计手指表演动作，也可由10个小朋友边唱边表演，一人表演一段，最后一段可由10个人集体表演。

它 是 谁

汪爱丽 词曲

1=C 4/4

5 3 2 1 3 | 2 2 3 - | 5 3 2 1 3 | 2 2 1 - |
身上　穿件黄毛衣，　爱吃　虫来爱吃米，
身上　穿件绿花衣，　地上　跳来水中划，
衣服　穿得轻又轻，　爱在　树上做游戏，

3 5 3 5 | 1 2 3 - | 5 3 2 1 3 | 2 2 1 - ‖
唱起 歌来 叽叽叽，你能 猜出它是谁？
唱起 歌来 呱呱呱，你能 猜出它是谁？
唱起 歌来 吱吱吱，你能 猜出它是谁？

教学中可延伸：
四条腿儿有力量，尾巴长得真漂亮，
跑起路来达达达，你能猜出它是谁？
身上穿件花花衣，牙齿尖来嘴巴大，
唱起歌来啊呜啊，你能猜出它是谁？

小 熊 过 桥

高道南 改词
汪爱丽 曲

1=♭B 3/4 2/4

3/4 3 4 5 0 | 6 6 5 0 | 6 6 5 3 | 1 3 2 0 |
小木桥，　摇摇摇，　小熊小熊 来过桥，
好孩子，　别害怕，　眼睛朝着 前面瞧，

3 2 1 0 | 1 7 6 0 | 5 6 5 1 | 2 3 1 0 |
走不稳，　站不牢，　走到桥上 心乱跳，
一步步，　向前走，　一定能够 走过桥，

幼儿歌曲

$\frac{2}{4}$ $\underline{\dot{1}\ .\ 6}$ | $\underline{\dot{1}\ .\ 6}$ | $\underline{5\ 6}$ | 5 — |

妈　妈　妈　妈　快　　快　来，
小　熊　小　熊　过　　了　桥，

$\underline{6\ 5}$ $\underline{3\ 1}$ | 3　　2 | $\frac{3}{4}$ 1 — — ‖

快　来　把　我　抱　　过　　桥。
高　高　兴　兴　把　　舞　　跳。

教学建议：

　　这首歌曲培养幼儿克服困难、勇敢向前的精神，并练习在同一首歌曲中唱两种不同的拍子(3/4，2/4)。

颠 倒 歌

(大班)

1=D $\frac{2}{4}$　　　　　　　　　　　　卢乐珍　汪爱丽　词
　　　　　　　　　　　　　　　　　　　汪爱丽　曲

$\underline{5\ 5}$ $\underline{3\ 1}$ | $\underline{5\ 5}$ $\underline{3\ 1}$ | 3　　$\underline{6\ 5}$ | — |

小　小　老　鼠　树　林　里　面　称　大　王，
小　小　鱼　儿　飞　呀　飞　在　蓝　天　里，

$\underline{6\ 6}$ $\underline{6\ \ }$ | $\underline{5\ 6}$ $\underline{5\ 3}$ | 5　　$\underline{3\ 2}$ | — |

大　狮　子　害　怕　那　个　小　老　鼠，
小　鸟　儿　游　呀　游　在　大　海　里，

$\underline{3\ 3}$ $\underline{3\ 2}$ | 3　　— | $\underline{6\ 6}$ $\underline{6\ 5}$ | 6 |

蚂　蚁　扛　大　树，　　　大　象　没　力　气，
公　鸡　会　生　蛋，　　　母　鸡　喔　喔　啼，

$\underline{2\ 2}$ $\underline{2\ 3}$ | $\underline{5\ 0}$ $\underline{5\ 3}$ | $\underline{2\ 2}$ $\underline{3\ 2}$ | 1 — ‖

事　情　全　颠　倒　哈　哈　你　说　多　可　笑。
事　情　全　颠　倒　哈　哈　你　说　多　可　笑。

猴子学样

卢乐珍 汪爱丽 词
汪爱丽 曲

1=C 4/4

```
6  6 5  6 -  | 3  5  3 2  1 -  | 3  5  3 5  1 3 6 |
张    老    汉，    喜   洋    洋，    挑  担  草 帽 上 山
山    岗    上，    有   群    猴，    看  见  老 汉 在 乘
张    老    汉，    着   了    慌，    连  忙  把 那 猴 子

5 -  5  0  | 6· 1  6  0  | 3· 5  3  0 |
岗    凉    哟。   太  阳  晒，   山  路  窄，
          哟。   大  草  帽，   头  上  戴，
赶         哟。   追  过  去，   跑  过  来，

1  1  1 2  5 3  1  | 2 -  2  0  |  1  1  6  6· |
老 汉  走 得 汗 直   淌     哟。    有  棵  大  树，
这 个  样 子 真 好   玩     哟。    猴  子  跑  来，
草 帽  就 是 不 肯   还     哟。    老  汉  一  想，

3  5  3 5  6  0  | 1  1  6  6· | 3 6  3 6  5 0 |
在    路    旁，     树  叶  遮  住    大   太   阳，
围    着 老 汉 看，   拿  起  草  帽    也   往 头 上 戴，
草  帽 扔 在 地，     猴  子  也  把    草   帽 扔 地 上，
```

283

```
3 5  6 1  3 2  | 5 -  5  0  | 3 5  6 1  3 2 |
老 汉 树 下 来 乘    凉    哟，   老 汉 树 下 来 乘
学 那 老 汉 一 个    样    哟，   学 那 老 汉 一 个
老 汉 忙 把 草 帽 拣  哟，        挑 起 担 子 下 山
```

1.2.3.

结束句

```
1 -  1  0 :‖ 3 5  6 1  3 2 | 1 -  1  0 ‖
凉    哟。      挑 起 担 子 下 山   岗    哟。
样    哟。
岗    哟，
```

幼儿歌曲

兔子歌

（大班）

1=C 2/4　　　　　　　　　　　　　汪爱丽　词曲

| 5 5 3 5 i | 3 2 1 | 5 5 3 5 i | 3 2 1 |

兔子的尾巴短　又　短，兔子的耳朵长　又　长，

| 6 4 6 0 | 5 3 5 0 | 5 5 3 5 i | 3 2 1 ‖

四只脚　　　　蹦蹦跳　　兔子的毛儿真　漂　亮。

教学建议：

在熟练的基础上，进一步学习用动作代歌词，即在唱到兔子身体的各个部分，如尾巴、耳朵、脚、毛儿时，不唱出歌词而用动作表示，动作做过以后，要能非常准时地接着唱下面的歌词，发展幼儿对拍子的感觉。

小猴子照镜子

1=F 4/4　　　　　　　　　　　　　汪爱丽　词曲

| 5 5 5 6 6 5 | 6 1 1 2 2 1 | 0 0 0 0 | 3. 2 1 1 2 2 |

有一只小猴子，跑过来照镜子。咦！咦！对　面有只猴子，

| 3. 2 1 1 2 2 | 6 5 6 0 | 6 5 6 0 | 2 1 2 0 |

和　我一个样子，我 拍手，　他 拍手，　我 拍 头

| 2 1 2 0 | 5. 5 6 1 2 2 1 | 2. 1 2 3 1 - ‖

他 拍头。　怎 么一回事呀，　怎　么一回事！

教学建议：

在幼儿学会这首歌后可请出两个幼儿组成一对，一人当小猴子，一人当镜子中的猴子，面对面站立，随歌词内容动作，镜中小猴必须与小猴同时做同样的动作。

歌曲中小猴的动作也可让幼儿自己去想，如：拍腿、拍脚，摸脸、摸头，抓痒，睡觉，眨眼，皱鼻等。这样既可培养幼儿的创造性又可增加兴趣。

幼儿音乐游戏

猜 猜 看

1=C 4/4　　　　　　　　　　　　　　　　　汪爱丽 词曲

| 1 1 2 3 5 5 | 2 3 1 - | 1 1 2 3 5 | 2 3 1 - |

我们是快乐的小朋友，　手拉着手儿向前走，

| 5 5 . 5 5 . | 5 6 5 - | 5 6 5 4 3 2 | 1 - - - ‖

听啊，听啊，猜猜看，　什么动物走来了？

玩法：

　　游戏前请一幼儿出来站在活动室的一角，由他自己选择将要当什么动物，其余幼儿手拉手成圆圈边唱歌边逆时针方向走动。唱完最后一句，被请出的幼儿就发出动物的叫声，全体幼儿猜猜是什么动物。然后教师带领大家模仿这一动物走路。

　　歌词的最后一句可以更改，如："什么车子开来了？"被请出的幼儿可发出笛笛的汽车声、丁铃丁铃的自行车铃铛声或轰隆隆、嗡嗡嗡的火车、飞机声等；还可改为"这是什么乐器响？"被请出的幼儿则打鼓或摇小铃等。

朋 友 歌

1=C 4/4　　　　　　　　　　　　　　　　　汪爱丽 词曲

| 5 3 6 5 | 1 1 1 - | 5 3 6 5 | 2 2 2 - |

朋友朋友点点头，　　朋友朋友拉拉手，

| 5 3 6 5 | 7 7 7 - | 5 3 6 5 | i - i - ‖

朋友朋友转个圈，　　朋友朋友再　见。

玩法：
两人一组随歌词动作。歌词可改变，如：拍手、踏脚、跳一跳等。

红旗在哪里

1=C 4/4

汪爱丽 词曲

①
3 1 3 1 | 3 5 5 - | ③ 3 1 3 1 | 3 2 2 - |
红 旗 红 旗 在 哪 里？　红 旗 红 旗 在 这 里。

③
3 1 3 1 | 3 5 6 - | ④ 2 - 3 - | 1 - - - |
红 旗 红 旗 举 起 来，　走　一　　走。

⑤
3̇ 1̇ 3̇ 1̇ | 3̇ 5 5 - | 3̇ 1̇ 3̇ 1̇ | 3̇ 2̇ 2̇ - |

3̇ 1̇ 3̇ 1̇ | 3̇ 5 6 - | 2̇ - 3̇ - | 1̇ - - - ‖

玩法：
① 将红旗藏在背后；
② 将红旗从背后拿出；
③ 将红旗高举；
④ 做好随音乐走步的准备；
⑤ 琴声提高八度后托幼儿随音乐有精神地手举红旗自由走步。

小　　鸡

1=C 4/4　　　　　音乐（一）　　　　　汪爱丽 词

5 3 5 - | 3 1 3 - | 2 3 4 2 | 3 4 5 - |
尖 嘴 巴，　黄 毛 衣，　我 是 一 只 小 小 鸡，

5 3 5 - | 3 1 3 - | 2 3 4 2 | 1 3 1 - ‖
会 捉 虫，　会 吃 米，　唱 起 歌 来 叽 叽 叽。

1=C 4/4　　　　　音乐(二)

| 1 1 1 1 5 5 | 3 3 3 3 5 - | 1 1 1 1 5 5 | 3 3 3 3 1 - ‖

玩法：
音乐(一)：幼儿边唱边动作。
音乐(二)：幼儿可离开坐位出来走动，做捉虫、吃米等动作。
最后教师摇铃鼓表示下雨了，小鸡赶快跑回家。

小白兔和狼

1=C 4/4　　　　　音乐(一)　　　　　汪爱丽　词曲

| 5 - 5 6 | 5 3 5 - | 5 - 5 6 | 5 3 5 - | 5 5 6 5 |
　我　是只小白兔，　红　眼睛长耳朵，　跳呀跳到

| 3 2 3 - | 5 5 6 5 | 2 - 3 - | 1 - - - ‖
　青草地，　吃呀吃，吃嫩　青　　草。

1=C 4/4　　　　　音乐(二)

| #4̇5̇ - #4̇5̇ - | 3̇ 4̇ 5̇ - | #4̇5̇ - #4̇5̇ - | 2̇ 3̇ 1̇ - |

| #4̇5̇ - #4̇5̇ - | 3̇ 4̇ 5̇ - | #4̇5̇ - #4̇5̇ - | 1̇ - - - ‖

1=C 4/4　　　　　音乐(三)

| 5̣ - 6̣ 7̣ | 1 - 3 - | 2 - 6̣ 7̣ | 1 - - - ‖

玩法：
音乐(一)：边唱边随歌词在原位动作。
音乐(二)：做跳跃、吃草等动作。

音乐(三)：大灰狼出来捕捉兔子。

老鹰捉小鸡

1=F 4/4　　　　　音乐(一)　　　　　　　鲍贤琨 曲

| 1 - 1 2 | 3 1 1 - | 3 1 3 4 | 5 - - - |

| 6 - 6 i | 6 5 5 - | 2 5 6 5 | i - i - ‖

1=C 3/4　　　　　音乐(二)　　　　　　　汪爱丽 曲

| 1 5 5 | 1 5 5 | 1 5 5 | 1 5 5 |

| 5 6 5 | 6 5 5 | 1 3 5 | 1 5 5 |

| i 7 6 | 5 - - | i 7 6 | 5 - - |

| i 7 6 | 5 4 3 | 2 3 2 | 1 - - ‖

玩法：

全体幼儿做小鸡，老师当老鹰，以后也可请小朋友当老鹰。

音乐(一)：小鸡走出来找虫、玩耍。

音乐(二)：老鹰飞出来，小鸡立刻蹲下，表示躲起来了，不给老鹰看见。老鹰飞一圈后，没有见到小鸡，灰溜溜地飞走了。

音乐(一)：小鸡继续在草地上找虫、玩耍。

找 小 猫

1=D 2/4

汪爱丽 词曲

| 5 3 5 3 | 1 — | 5 3 5 3 | 1 — |

小猫：许多小花猫， 妙呜妙呜叫，
猫妈妈：一只老花猫， 妙呜妙呜叫，

| 6 6 6 6 | 5 3 5 | 6 6 6 6 | 5 3 5 |

我们今天真高兴，要和妈妈做游戏，
我的小猫快躲好，一会妈妈就来找，

| 1 2 3 4 | 5 5 6 | 5 4 3 2 | 1 — ‖

找个地方躲躲好，妈妈快来找。
找呀找呀找呀找，小猫找到了。

玩法：

老师当猫妈妈，幼儿当小猫，全班幼儿随音乐做猫走路，走一会后唱《找小猫》中的第一段歌词，并做动作（也可按词意自编）。

动作建议：

①～② 双臂屈肘于胸前，掌心向上。

③～④ 双手在嘴的两边，掌心略相对。

⑤～⑥ 拍手同时原地跳跃（或原地小跑步），也可以只拍手，脚不动。

⑦～⑧ 指指猫妈妈。

⑨～⑩ 原地蹲下（或四散找地方蹲下）。

⑪～⑫ 向妈妈招手。

小猫躲好后，猫妈妈边唱第二段歌词边做以下动作：

①～② 做猫走路动作走到小猫附近。

③～④ 同前。

⑤～⑥ 指指自己的小猫。

⑦～⑧ 双臂屈肘于胸前，掌心向上。

⑨～⑩ 边走边用手点小猫的头。

被点到的小猫立即起立、上位。老猫将歌唱完后,没被找到的小猫仍不动。于是老猫再问:"没有找到的小猫在哪儿啊?"这时,原来没被找到的小猫立即站起来,自豪地说:"我在这里。"然后再站成圆圈,被找到的小猫也一同参加。游戏重新开始。

教学建议:

1. 要在学会猫走路的基础上玩这游戏。

2. 简短讲解游戏的玩法,并教会(或自编)幼儿找小猫歌曲的动作。

3. 原地蹲下,表示躲起来了(以后还可以让幼儿四散地找地方躲好,以提高幼儿积极性)。

小 小 鸭 子

$1=C$ $\frac{4}{4}$

汪爱丽 曲

3. 5 3. 5 3 5 | 1 1 1 0 | 2. 3 4. 3 2 6 | 5 5 5 0 |
(鸭走路)　　　(鸭叫)

1. 2 1. 2 1 6 | 4 4 6 0 | 5 5 5 5 6 6 6 7 | 1 1 1 - |
　　　　　　　　　　　　(小鸭快快走进池塘)

tr
3 - 1 5 | 3 - 1 5 | 6 6 6 0 7 7 7 0 | 1 3 2 - |
(小 鸭 游 水,吃鱼虾等)

　　　　　　　　　　　　　　　　　慢
tr
3 - 1 5 | 3 - 1 5 | 6 6 6 0 7 7 7 0 | 1 3 2 1 - |

3. 5 3. 5 3 5 | 1 1 1 0 | 2. 3 4. 3 2 6 | 5 5 5 0 |
(鸭走路)　　　(鸭叫)

　　　　　　　　　　渐慢
1. 2 1. 2 1 6 | 4 4 6 0 | 5. 4 3. 2 | 1 3 2 1 - ‖
　　　　　　　　　　　(小鸭回到家中睡觉)

玩法：

这是一首三段体的音乐,幼儿可根据音乐想像小鸭子做了些什么。通过欣赏的形式让幼儿说说,用动作做做小鸭子是怎样走、叫、游水、吃食的。

第一乐段：说的是小鸭子摇摇摆摆地走着、叫着到外面去玩,走啊走,看见一个池塘,快快地走过去,扑通一声跳下水了。

第二乐段：小鸭子在水里高兴地游水、捉小鱼虾、理理羽毛……肚子吃得饱饱的就上岸了。

第三乐段：小鸭子摇摇摆摆地走着叫着,回家去睡觉了。

大 皮 球

1=C 4/4

汪爱丽　词曲

（5 5 6 6 5 3 | 2 3 1 - ）| ① 3 3 3 2 1 3 | 5 6 5 - | ②

我们班上有个大 皮 球,

5 5 6 6 5 3 | ③ 1 3 2 - | ④ 3 3 3 2 1 3 |

小朋友们都来拍 皮 球, 我把皮球轻轻

5 6 5 - | ⑥ 5 5 6 6 5 3 | ⑦ 2 3 1 - | ⑧

拍 一 拍, 快快传给别的小 朋 友。

动作：

全体幼儿坐在座位上,请一幼儿拿大皮球走到前面,大家边唱歌词边动作。持球幼儿做以下动作：

①～④ 两手持球上举,两边摆动。

⑤～⑥ 把球向地上拍一下,接住。

⑦～⑧ 把球传给别的小朋友(接到球的小朋友,听前奏再走到前面。游戏重新开始)。

其余座位上幼儿的动作：
①～④ 指、点大皮球。
⑤～⑥ 做拍球动作。
⑦～⑧ 拍手。

传娃娃

1=♭B 或 C　　　　　　　　　　　　　　汪爱丽　词曲

$\underline{1\ 5}\ \underline{5\ 5}\ |\ 6\quad 5\ |\ 2\ \underline{6\ 6}\ 5\ |\ 3\ |$
我　有　一　个　娃　　娃，今　天　出　来　玩　　玩，

$\underline{5\ 6}\ \underline{5\ 6}\ |\ 5\quad 6\ |\ 5\ \underline{5\ 6}\ 5\ |\ \dot{1}\ -\ |$
要　找　几　个　朋　　友，一　起　来　唱　　歌。

玩法：
　　准备玩具娃娃一个（也可以用小积木代替）。开始时，老师将娃娃放在任何一个幼儿的手中，全班幼儿边唱歌词边做传娃娃的动作，即先在自己左手上拍一下，再在右边幼儿的左手上拍一下。当娃娃传到自己手中时也要合拍地传给右边的人。歌曲结束时，娃娃在谁手中，这幼儿就是娃娃要找的朋友。可以等找到了几个朋友后，大家一道出来表演唱歌（也可将歌词改为要找几个朋友一起来跳舞）。

种萝卜

1=F　$\frac{2}{4}$　　　　　　　　　　　　　　汪爱丽　曲

①　　　　　　　　②　　　　　③　　　　　　　④
$\underline{1\ 1\ 6}\ \underline{5\ 5\ 6}\ |\ \underline{1\ 1}\ \underline{2\ 3}\ |\ \underline{3\ 3\ 5}\ \underline{6\ 5\ 3}\ |\ 5\ -\ |$

⑤　　　　　　⑥　　　　　⑦　　　　　　⑧
$\underline{3\ 5}\ \underline{6\ 5}\ |\ \underline{5\ 3}\ \underline{2}\ |\ \underline{6\ 5}\ \underline{1\ 3}\ |\ 2\ -\ |$

$$\underline{1\ \dot{1}\ 6}\ \underline{5}\ \ 5\ |\ \underline{6\ 6\ 5}\ 3\ |\ 3\ \underline{5\ 6}\ \underline{5}\ |\ 6\ -\ |$$

⑨ ⑩ ⑪ ⑫

$$\underline{6\ 6}\ \underline{5}\ 3\ |\ \underline{2}\ \underline{3}\ 5\ |\ \underline{2}\ \underline{5}\ \underline{3\ 2}\ |\ 1\ -\ \|$$

⑬ ⑭ ⑮ ⑯

玩法：

一幼儿在中间当萝卜，全体幼儿站成一个大圆圈，面向圆心，随音乐做以下动作。

第一遍音乐：

①～④ 锄地，一小节锄一次。

⑤～⑧ 擦汗，一小节擦一次；先左、后右。

⑨～⑫ 同⑬～⑯。

第二遍音乐：

①～⑧ 撒种。第一小节右手在左手心中取种子，第二小节撒种。反复四次。

⑨～⑯ 种萝卜。蹲下，右手从左手中取萝卜秧种下。一小节一个动作。共作四次。

第三遍音乐：

①～⑥ 挑水。顺着大圆圈做挑担动作。

⑦～⑧ 放下担子。

⑨～⑫ 看萝卜。叉腰，踏点步。

⑬～⑯ 高兴地拍手自转一圈。

是谁在敲门

1=D 4/4

汪爱丽 词曲

$$\underline{5\ 5}\ \underline{5\ 0}\ |\ \underline{5\ 6}\ \underline{5\ 3}\ 5\ -\ |\ \underline{3\ 3}\ \underline{5\ 5}\ \underline{6\ 6}\ \underline{5\ 3}\ |\ 1\ \underline{3\ 2}\ -\ |$$

(甲)砰 砰 砰！ (乙)是 谁 在 敲 门， (甲)你 的 朋 友 来 看 你　　请 开 门。

```
5 - 3. 5 | 1 2 3 - | 5 6 5 3 5 6 5 1 | 3 2 1 - ‖
```
(乙)喔！你 是 × × ×。　　我的 朋友 快进来　快进来。

玩法：

乙背对着甲。开始甲边唱边在乙背后做敲门动作,接着乙、甲轮流唱,直到乙唱出所猜的名字时,才转身来看看是否猜对。猜对了两人握握手,游戏重新开始。

喂 小 鸟

1=D 2/4　　　　音乐(一)　　　　　　　汪爱丽　词曲

```
  5  3  5 | 5  3  1 | 2  3  4  6 | 5  3  5 |
```
鸟妈妈：妈　宝　宝，听　听　好，妈妈 去把 小　虫　找，
小　鸟：好　妈　妈，你　放　心，我们 不吵 也　不　闹，

```
  6  6  5 | 6  5  3 | 2  6  5  4 | 2  3  1 ‖
```
鸟妈妈：不　要　吵，不　要　闹，回来 喂你 吃　个　饱。
小　鸟：在　家　里，做　游　戏，高高 兴兴 等　着　您。

鸟　飞

1=D 3/4　　　　音乐(二)

```
5  1  1 | 5 - - | 3  3  4 | 5 - - | 6  6  4 |

2  -  - | 5  5  3 | 1  -  - | 5  1  1 |

3  3  4 | 5 - - | 6  6  4 | 2 - - | 5  6  7 | 1 - - ‖
```

喂 食

音乐（三）

1=D 2/4

| 1 0 5 0 | 1 0 5 0 | 3 0 1 0 | 2 0. |

| 1 0 5 0 | 3 0 1 0 | 5 0 2 0 | 1 0 ‖

大 风

音乐（四）

1=D 3/4

ff

| 5 - 5 | 5 - 6 | 5 - - | 5 - - | 5 - 5 |

| 5 - 6 | 5 - - | 5 - - | 5 - 5 | 5 - 6 |

| 5 - - | 3 - - | 5 - 4 | 3 - 2 | 1 - - |

| 1 - - | 1 5 3 | 5 - - | 5 3 1 | 3 - - |

渐慢

| 3 - 3 | 2 - 2 | 1 - - | 1 - - ‖

玩法：

请一幼儿当鸟妈妈，唱音乐（一）的第一段歌词；其余幼儿当小鸟，唱第二段歌词（幼儿自己可配动作）。

小鸟唱完后，鸟妈妈出去找食，随音乐（二）飞一圈回到家中，按音乐（三）的节拍做喂小鸟动作，到每个小鸟面前点一下头，表示喂食，小鸟也跟着点一下头表示吃食。

鸟妈妈喂过小鸟后对小鸟说："孩子们！跟妈妈去学本领吧！"于是小鸟跟着鸟妈妈随音乐做鸟飞动作。

接着弹音乐（四），表示刮大风了，这时小鸟可以四散飞，表示被大风吹散了，但小鸟非常勇敢，与大风搏斗，坚持飞行（让幼儿发挥想像力，改变各种飞的姿势，如用一只手臂挡风飞，侧着飞，向前飞又后退飞等）。最后风停了（倒数第8小节音乐起）。小鸟跟着妈妈飞回家去，也可自己飞回家去。

　　学会以后可将幼儿分成几个小组，各请一个幼儿当鸟妈妈。学本领时，各组小鸟跟着自己的妈妈顺着小圆圈飞，刮风时可以打乱四散地飞，最后又跟着自己的妈妈飞回家。四散飞时不可推挤，有本领的小鸟不会碰到别的小鸟，风停后能很快找到妈妈，有秩序地飞回家或者自己回家去。

熊与小孩

1=D 2/4

汪爱丽　词曲

3 6 5 3 | 1　　0 | 3 6 5 3 | 1　　0 |
小 鸟 喳 喳 叫，　　 小 兔 蹦 蹦 跳，

2　　3 | 4 6 5 3 | 2　　6 | 5　　- |
今　　天 树 林 里 面 真　　热　　闹，

6 6 6 5 | 6　　- | 2 2 1 2 | 3　　- |
我 们 小 朋 友，　　 也 往 树 林 走，

2 3 2 3 | 2　　6 | 5 4 3 2 | 1　　- |
采 上 几 朵 鲜　　花， 再 把 舞 来 跳。

1　　1 | 1　　3 | 走　过 1 2 |
要　　是　　大　　熊　走　　　过　来，

6 6 5 | 2 | 3 1 - | 1 - ‖
大 家 可 别　　 乱 跑。

玩法：

请一幼儿当熊，其余幼儿当小孩。小孩随音乐边唱边作鸟飞、兔跳、走路、采花等动作。唱完后，老师随便弹奏任何一首舞曲，小孩们随舞曲自由舞蹈，但听到熊走路的声音时，要立即停止不动。这时大熊出来寻找小孩，看见谁动了就可以将他捉住带走。如小孩们都抑制得非常好，大熊则不能随便捉没有动的小孩。

大熊出来寻找小孩一段时间后，老师可弹奏脚尖跑的音乐，小孩们就可以解除抑制状态，跑回座位，大熊就不再寻找了。游戏结束，可点一点被捉到的人数，若一个小孩也未动，未被捉到，则表扬小孩们抑制得好。游戏重新开始。

卷炮仗

1=C 2/4

汪爱丽 词曲

① 1 3 3 1 | ② 3 5 5 | ③ 5 1̇ 5 4 3 2 | ④ 1 3 5 | ⑤ 2 4 4 2 |
我们大家卷炮仗，啦啦啦啦啦啦啦啦 慢慢慢慢

⑥ 4 6 6 | ⑦ 5 1̇ 5 4 3 2 | ⑧ 1 3 1 | ⑨ 1̇. 5 1̇. 5 | ⑩ 6 6 5 |
往里卷，啦啦啦啦啦啦啦啦 一步一步向前进，

⑪ 1̇. 5 1̇. 5 | ⑫ 6 6 5 | ⑬ 1 3 1 3 | ⑭ 3 5 3 5 |
炮仗卷得紧又紧，卷呀卷呀卷呀卷呀

⑮ 1 3 1 3 | ⑯ 3 5 3 5 | ⑰ 5 1̇ 5 4 3 1 | ⑱ 2 2 1 ‖
卷呀卷呀卷呀卷呀我们卷成一个大炮仗。

玩法：

幼儿手拉手站成一个圆圈，头尾不要连接，带头的幼儿边唱边走成螺旋形。

①～② 一拍走一步。
③～④ 小跑步。
⑤～⑧ 同①～④。
⑨～⑫ 踏跳步。
⑬～⑯ 踮步。
⑰～⑱ 小跑步。

歌曲结束时全体蹲下,老师用手指点某个幼儿,同时嘴里发出"哧"的声音,表示点炮仗。"哧"声一停,被点到的幼儿立即站起来并叫一声"嘭",接着全体幼儿叫"啪",游戏结束。当幼儿玩几遍后,可让幼儿自己做点炮仗人。

请你也来学一学

1=E 4/4

汪爱丽 词曲

(3 3 5 5 - | 3 2 1 -) | 5 1 1 3 3 2 1 |
　　　　　　　　　　　　　 我 会 学 那 小 鸟 飞

3 3 5 5 1 3 2 | 3 3 5 5 - | 3 2 1 - ‖
我 会 学 那 兔 子 跳,请 你 也 来, 学 一 学。

玩法:

全体幼儿坐成半圆(或站成圆圈)。

请几个幼儿,随前奏双手叉腰,小跑步到前面,边唱歌词边做鸟飞、兔跳动作,唱到"请你也来"时,用小跑步到任何一幼儿面前,向他招手,两人互换位置,被请的幼儿听前奏用小跑步到前面,游戏重新开始。

过 城 门

1=E 2/4

汪爱丽 词曲

① ② ③ ④ ⑤
| 5 1 1 | 3 1 1 | 5 1 1 1 | 3 1 1 | 5 6 5 4 |

一二三四 五六七， 站个圆圈 多整齐， 搀起手儿
城门高来 城门低， 钻过城门 多欢喜， 钻过来又

⑥ ⑦ ⑧ ⑨
| 3 3 5 | 2 4 3 2 | 1 1 | 1 - :‖ 5 6 5 4 |

搭 城 门， 搭起城门 好 游 戏。
钻 过 去， 我们玩得 多 有 趣。

| 3 5 4 2 | 5 6 5 4 | 3 5 4 2 | 1 1 1 | 1 - ‖

玩法：
　　游戏开始时，三分之二幼儿站成圆圈，三分之一幼儿在圈内均匀地与外圈幼儿相对。

外圈幼儿动作：　　　　　内圈幼儿动作：

第一段歌词：

　　①～② 右手右上举，点四下，　①～② 同外圈幼儿动作。
　　同时双脚并拢踮四下。
　　③～④ 拍手。　　　　　　　　③～⑨ 拍手。
　　⑤～⑥ 大家搀手。
　　⑦～⑨ 双手高举。

第二段歌词：

　　① 保持双手高举。　　　　　　① 向上看。
　　② 双手放下。　　　　　　　　② 向下看。
　　③～⑨ 双手高举当城门。　　　③～⑨ 音乐结束　双手叉腰，用小跑步一个接一个按顺序钻城门。

当音乐停止,外圈幼儿将手放下。表示城门关上了,被关在里面的幼儿再玩时就在圈外当城门。

什么开来了

1=C(或D) 4/4

汪爱丽 词曲

(5 - 5 - | 5 5 1̇ -) 5 - 5 - | 5 6 5 - |
　　　　　　　　　　　　呜　呜　　火 车 叫,

3 3̂ 2 1 3 | 5 - - - | 6 6 6 - | 5 6 5 - |
火车　开 来 了,　　　　　小 朋 友,　快 上 来,

5 4 3 2 3 1 | 3 3 2 - | 5 4 3 2 3 1 |
坐上我的火车 向 前 跑, 坐上我的火车

2 2 1 - | 5 - 5 - | 5 5 1̇ - ‖
向 前 跑, 呜 呜 呜 呜 呜。

玩法:

请一幼儿当司机(邀请者),1～4小节边唱边做火车动作,第5小节,站在被邀请者面前;第6小节,邀请者向被请者招手,被请者立即接在邀请者后面,7～10小节,一起做开火车动作。(司机始终由邀请者担任,不变动。为了增加幼儿的兴趣,可给司机准备一个头饰或一顶小帽子)

根据前奏的不同而做不同的交通工具,歌词也略加修改如前奏为:

5 5. 5 5. | 5 5. 5 - | 表示是汽车喇叭声,歌词第一句则唱: 5 5. 5 5. | 5 6 5 - | ……其余不变,仅将
　　　　　　　　　　　　笛 笛 笛 笛　汽 车 叫。

唱火车的部分改为汽车,最后两小节唱汽车的前奏。如前奏为

5 6 5 6 5 6 5 6 | 5 6 5 6 5 - |

则表示飞机的发动声,歌曲第一句也相应地改为

| 5 6 5 6 5 6 5 6 | 5 6 5 - | ……若前
轰 隆 轰 隆 轰 隆 轰 隆 飞 机 叫,

奏为:

1=C(或D) 6/8

(5 4 3 1 | 3 3 2 · | 5 4 3 1 | 2 2 1 · |)

则表示小船。歌曲的唱法也有所不同,改用 6/8 拍。

1=C(或D) 6/8

5 · 5 · | 5 6 5 · | 3 2 1 3 | 5 · 5 · | 6 6 6 · |
摇 摇 摇 小 船, 小 船 摇 来 了, 小 朋 友

5 6 5 · | 5 4 3 1 | 3 3 2 · | 5 4 3 1 | 2 2 1 · |
快 上 来, 坐 上 小 船 向 前 划, 坐 上 小 船 向 前 划。

小鸟回家

1=C 3/4

5 - 1 | 5 - 1 | 3 3 2 | 1 - - |

5 6 5 | 4 3 2 | 1 - - | 1 - - ‖ (1)

| 4 3 2 | 5 - - | 5 - - ‖ (2) 4 3 5 |

| 1 - - | 1 - - ‖ (3)

教学建议：

画一棵大树，幼儿在音乐声做小鸟飞，当音乐结束在"1"音时，表示小鸟停在草地上；结束在"5"音时，小鸟则停在树杈中间的鸟窝边；结束在"i"音时，小鸟则停在树顶上，以此用动作来表示对音高变化的感受。

节奏活动、基本舞步

进行曲

1=F 4/4

5 1 1 7 1 2 | 3 2 1 - | 6 2 2 1 2 3 | 4 6 5 - |

5 - 6 - | 5 6 5 4 3 1 | 2 - 3 - |

2 3 2 1 7 6 | 5 1 1 7 1 2 | 3 2 1 - ‖

鸟 飞 （一）

1=F 3/4

3 4 #4 | 5 - - | i 3 i | 5 - - | 6 4 6 |

i 7 6 | 5. 4 3 4 | 5 - - | 3 4 #4 | 5 - - |

i 3 i | 6 - - | 4 2 6 | 7 2 6 | 5 3. 2 |

i - - | 3 i 3 i i | 4 2 4 2 | 2 4 2 6 |

7 2 6 | 5 3. 2 | i - - ‖

鸟 飞 (二)

1=C 3/4

5 3 4 | 5 - 6 | 5 3 4 | 5 - - | 5 6 5 |

5 i 3̇ | 2̇ - - | 2̇ - - | 4 2 3 | 4 - 6 |

4 2 3 | 4 - - | 4 7 6 | 5 6 7 |

i - - | i - - ‖

兔 跳 (一)

1=F 2/4

5 5 6 5 3 | ⁷ₑ1 0 ⁷ₑ1 0 | 5 5 6 5 4 | #¹ₑ2 0 #¹ₑ2 0 |

6 5 3 1 | 5 4 2 7 | 1 #⁴ₑ5 | ⁷ₑ1 0 ‖

兔 跳 (二)

1=C 2/4

3̇ 5̇ 3̇ 5̇ 3̇ i | 5̇ 3̇ #⁴ₑ5̇ | 3̇ 5̇ 3̇ 5̇ 3̇ i | 2̇ #⁴ₑ5̇ #⁴ₑ5̇ |

6 i 6 i 6 i | 6 4̇ #⁵ₑ6̇ | 5̇ 3̇ 5̇ 3̇ 5̇ 3̇ | 5̇ 2̇ ⁷ₑi ‖

马 走 路

1=F 2/4 汪爱丽 曲

$\underline{5}$ $\underline{1}$ $\underline{3}$ $\underline{1}$ | $\underline{5}$ $\underline{1}$ $\underline{3}$ $\underline{1}$ | $\underline{5}$ $\underline{5}$ $\underline{4}$ $\underline{3}$ $\underline{2}$ $\underline{1}$ | 2　　$\dot{5}$ | $\underline{5}$ $\underline{1}$ $\underline{3}$ $\underline{1}$ |

$\underline{5}$ $\underline{1}$ $\underline{3}$ $\underline{1}$ | $\underline{2}$ $\underline{2}$ $\underline{2}$ $\underline{6}$ $\underline{7}$ | 1　-　| $\underline{6\cdot}$ $\underline{1}$ | $\underline{4}$ $\underline{1}$ $\underline{4}$ $\underline{6}$ |

$\underline{5}$ $\underline{3}$ $\underline{5}$ $\underline{3}$ | 5　-　| $\underline{6\cdot}$ $\underline{1}$ | $\underline{4}$ $\underline{1}$ $\underline{4}$ $\underline{6}$ | $\underline{5}$ $\underline{3}$ $\underline{5}$ $\underline{3}$ |

2　-　| $\underline{5}$ $\underline{1}$ $\underline{3}$ $\underline{1}$ | $\underline{5}$ $\underline{1}$ $\underline{3}$ $\underline{1}$ | $\underline{2}$ $\underline{2}$ $\underline{2}$ $\underline{6}$ $\underline{7}$ | 1　-　‖

鸭 走 路

1=C 2/4 汪爱丽 曲

① $5\cdot$ $\underline{3}$　$5\cdot$ $\underline{3}$ | $5\cdot$ $\underline{6}$　$5\cdot$ $\underline{4}$ | ②3　　2 | 3　　1 |

③ $5\cdot$ $\underline{3}$　$5\cdot$ $\underline{3}$ | $5\cdot$ $\underline{6}$　$5\cdot$ $\underline{4}$ | ④3　　2 | 3　　1 |

⑤ 1　　3 | $5\cdot$　$\underline{4}$ | ⑥3　　2 | 3　　1 |

⑦ 1　　3 | $5\cdot$　$\underline{4}$ | ⑧3　　2 | 1　-　‖

教学建议：
②④⑥⑧处可加上鸭子的叫声。

快乐的小熊

音乐(一)　　　　　　　　汪爱丽 曲

1=C 4/4

$\underline{5}$ - 1 3 | 5 3 5 - | 2 2 6 6 | 5 5 3 - |

$\underline{5}$ - 1 3 | 5 3 5 - | 2 6 5 4 | 2 - 1 - ‖

1=F 4/4　　　　音乐(二)

5. 3 5. 3 1 5 | 6 4 2 - | 4. 2 4. 2 7 2 | 5 5 3 - |

5. 3 5. 3 1 5 | 6 4 2 - | 4. 2 4. 2 7 2 | 1 3 1 - |

1=C 2/4　　　　音乐(三)

i 6 6 6 | i 5 5 5 | 5 6 5 4 | 3 2 3 5 |

i 6 6 6 | i 5 5 5 | 5 6 5 4 | 3 2 1 ‖

动作：

音乐(一)：做熊走路动作。

音乐(二)：做跳舞动作。两手放松下垂于胸前，两脚有弹性、合节拍地轮流跳动，一拍跳一下，可原地跳也可跳向任何方向。

音乐(三)：小熊做骑自行车动作，小跑步。

初学时可让幼儿依次做小熊走路、跳舞、骑车动作，熟练后可不按此顺序而随意变动，如先跳舞后走路再骑车等，要求幼儿注意听音乐做出相应动作。

洗 手 帕

1=C 2/4 汪爱丽 曲

① ② ③ ④ ⑤ ⑥
1 1 3 | 1 1 3 | 1 3 | 5 - | 5 5 3 | 5 5 3 |

⑦ ⑧ ⑨ ⑩ ⑪ ⑫
5 3 | 1 - | 1 1 1 6 | 5· 6 | 1 1 1 6 | 5 - |

⑬ ⑭ ⑮ ⑯ ⑰ ⑱
6 6 5 | 3· 5 | 6 6 5 | 3 - | 1 1 3 | 1 1 3 |

⑲ ⑳ ㉑ ㉒ ㉓ ㉔
1 3 | 5 - | 5 5 3 | 5 5 3 | 5 1 | 1 - ‖

动作：
①～⑧ 双手在搓板上搓，每小节搓一次。
⑨～⑯ 双手握空拳模仿搓手帕动作，每一节搓一次。
⑰～㉒ 做用力绞干的动作。
㉓ 双手模仿"抖开手帕"的动作。
㉔ 双手上举做晾手帕动作。在㉓～㉔小节，也可边动作，边说"|晾起|来—|"以加强气氛。

敲锣打鼓放炮竹

1=C 2/4 汪爱丽 曲

① ② ③ ④
5 - | 5 - | 5 3 | 5 6 |

⑤ ⑥ ⑦ ⑧
1 3 | 2 1 6 | 5 - | 5 - ‖

$\underset{⑨}{1}\ \underline{1\ 1}\ \underset{⑩}{2}\ |\ 1\cdot\ \underline{6}\ |\ \underset{⑪}{5\ 5\ 5\ 6}\ |\ \underset{⑫}{5\cdot\ \underline{3}}\ |$

$\underset{⑬}{2}\ \ 5\ |\ \underset{⑭}{6\ 5\ 3\ 2}\ |\ 1\ -\ |\ \underset{⑯}{\dot{1}}\ -\ \|$

动作：

①～⑧ 做敲锣动作（左手提锣，右手敲锣）。

⑨～⑭ 双手食指做打鼓动作。

⑮ 双手扶膝，低头，同时口呼"嘭！"

⑯ 双手斜上举，抬头，同时口呼"啪！"

缝 衣 服

汪爱丽 曲

$1=C\ \dfrac{4}{4}$

$(\underline{6\ 0}\ \underline{6\ 0}\ \underline{6\ 0}\ \underline{3\ 0}\ |\ \underline{6\ 3}\ \underline{5\ \dot{1}}\ 6\ -\ |)$

$\underset{①}{\underline{6\ 3}}\ \underline{5\ 6}\ \underline{\dot{1}\ 3}\ \underline{5\ 6}\ |\ \underset{②}{\underline{\dot{1}\ \dot{1}}}\ \underline{6\ 5}\ \underline{6\ \dot{1}}\ 6\ -\ |$

$\underset{③}{\underline{3\ 1}}\ \underline{2\ 3}\ \underline{5\ 1}\ \underline{2\ 3}\ |\ \underset{④}{\underline{5\ 5}}\ \underline{3\ 2}\ \underline{3\ 5}\ \underline{6\ 6}\ |$

$\underset{⑤}{\underline{6\ 6}}\ \underline{6\ 3}\ \underline{5\ 6}\ 6\ \|$

动作：

前奏中的第一小节：做四下穿针动作。

前奏中的第二小节：线穿过后，将线拉出（拉至右上方）。

① 第一拍缝衣针由下向上戳进布中，第二拍拿住针头，第三、四拍向右上方拉开。

②③④ 同①。

⑤ 拍手四下表示缝好衣服了很高兴。然后音乐从①开始，再重

复缝衣动作,最后仍拍手四下,表示又缝好了一条裤子。

为了使缝衣的动作更美一点,在拉线时,可用拇指、食指拿针,将中指、无名指、小指翘起来。

老公公、小姑娘走路

1=C 2/4

汪爱丽 曲

老公公走路

5̣ -	6̣ 1	3 2 3	1 -
5 3	5 1	2. 3	2 -
3 -	5 3	2 3 2	6̣ -
5̣ 3 2	3 1	-	1 - ‖

1=C 2/4

小姑娘走路

| 5 1̇ 1̇ | 5 3 1 | 3 4 5 6 | 5 - | 1̇ 2̇ | 2̇ |
| 1̇ 6 6 | 5 1̇ 3̇ 1̇ | 2̇ - | 3̇ 3̇ 3̇ 2̇ 1̇ 3̇ | 1̇ |
| 2̇ 2̇ 2̇ 1̇ | 7 2 6 | 5 5 3 | 2 - | 2̇ 2̇ 3̇ | 1̇ - ‖

动作:

老公公走路:身体稍弯,右手做扶拐杖动作,左手在身体左后方,一小节向前走一步。

小姑娘走路:边拍手边向前走,一小节拍一次手走两步。

机器人和小朋友

1=F 4/4　　　　　　　　　　　　　　　　　　　　汪爱丽 曲

```
1 - 5 1 | 3 1 2 5̣ | 1 - 5 1 | 3 1 2 5̣ |
6̣· 7̣ 1 4 | 3 1 2 - | 1 - 5̣ 1 | 3 1 2 5̣ |
1 - 5 1 | 3 1 2 5̣ | 6̣· 7̣ 1 4 | 3 2 1 - |
14 44 46 65 | 53 1 | 54 27 13 | 5 |
14 44 46 65 | 53 1 | 54 27 13 | 1 ‖
```

动作：

第一到第十二小节做机器人走路动作（较僵硬）。

第十三小节到第十六小节做小朋友动作,可以做跑跳步或其他动作。

注：

复杂化时,可增加一些情节,如小朋友要机器人为她做些事情或小朋友与机器人一道高兴地跳舞,机器人做硬的动作,小朋友做灵活优美的动作。

跷跷板和转椅

1=D 2/4　　　　　　　　　　　　　　　　　　　　汪爱丽 曲

```
5   3 | 5   3 | 5 5 5 5  6 6 6 6 | 5 - |
跷跷板         转椅
5   3 | 5   3 | 2 2 2 2  3 3 3 3 | 1 - ‖
```

踏 点 步

1=D 2/4   汪爱丽 曲

3. 4 5 | 5. 4 3 | 2 3 1 2 | 3 - | 6. 6 6 |

6. 5 4 | 4 2 3 4 | 5 - | 5. 1 3 | 3. 4 2 |

2 1 2 3 | 4 - | 6. 6 5 | 5. 4 3 | 5 5 2 3 | 1 - ‖

猫 走 猫 跑

1=C 2/4   汪爱丽 词曲

5 3 | 5 3 | 5 5 3 - | 5. 6 5 | 3 | 2 3 |
喵 喵 喵 喵 喵 喵 喵， 我 的 小 猫 慢 慢

X X | X X | X X X - | X. X X | X X |

1 - | 5 3 5 3 | 5 5 3 | 5. 6 5 | 3 | 5 3 2 3 | 1 - ‖
走。 喵喵喵喵 喵喵喵，我 的 小 猫 快呀快快 跑。

X - | X X X X | X X X | X. X | X | X X X X | X - ‖

大象、大熊走，小兔、青蛙跳

1=C 或 D 2/4   汪爱丽 词曲

1 - | 3 - | 2 3 | 1 - | 3 - | 5 - |
大   象   慢 慢 走，   大   象
大   熊   慢 慢 走，   大   熊

X - | X - | X X | X - | X - | X - |

```
 4    2  | 1  -  | 1   3  2 3  1 | 3    5   4 2 1 ‖
 慢    慢  走。   小   兔  跳 呀  跳， 小    兔  跳 呀 跳。
 慢    慢  走。   青   蛙  呱 呱  叫， 青    蛙  呱 呱 叫。
 X    X  |X  -  | X   X  X X  X | X    X   X X X ‖
```

火车和汽车

1=C 2/4　　　　　　　　　　　　　　　　　　汪爱丽 词曲

```
 5  5. | 5  5. | 1   3  | 5  -  | 5  5. | 5  5. |
 笛  笛， 笛  笛， 汽   车   开。   笛  笛， 笛  笛，
 X  X. | X  X. | X   X  | X  -  | X  X. | X  X. |

 2   3 | 1  -  | 5 3 3 3 | 5 3 3 3 | 5   6  | 5  -  |
 汽   车   停。   轰 隆 隆 隆 区 区 区 区 火   车   跑，
 X   X | X  -  | X X X X | X X X X | X   X  | X  -  |

 5 3  3  3 | 5 3  3  3 | 2    3 | 1  -  ‖
 区 区  区  区  区 区  区  区  火    车   停。
 X X  X  X | X X  X  X | X    X | X  -  ‖
```

猴子爬树

1=C 2/4　　　　　　　　　　　　　　　　　　汪爱丽 曲

```
〔1〕              〔3〕              〔5〕
1 3 3 3 | 3   0 | 3 5 5 5 | 5   0 | 5 7 7 7 |

         〔7〕                      〔9〕
7. 5  | 7   2 | i  -  | 3 3 1 1 | 3 5  5 |
```

我们大家做得好

1=C 4/4

汪爱丽 词曲

拍拍小手点点头，拍拍小手叉好腰，
我把小脚向前伸，两脚并拢踮一踮，
我把小手举起来，我们大家做得好。
再用脚尖转一圈，我们大家做得好。

动作：

第一段：

① 拍手两下。

② 两手放在身体两侧点两下头。

③ 拍手两下。

④ 双手叉腰。

⑤～⑥ 双手举至右上方，手心向里并随节拍摆动四下。

⑦ 拍手三下。

⑧ 双手竖起大拇指向前伸，同时右脚跟在右前方着地。

第二段：

① 双手叉腰，伸出右脚。

② 左脚跟着地两下。

③ 将两脚并拢。

④ 脚跟离地再落下,共两次(起踵两次)。
⑤～⑥ 用脚尖自转一圈。
⑦～⑧ 同第一段的⑦～⑧动作。

走跑交替

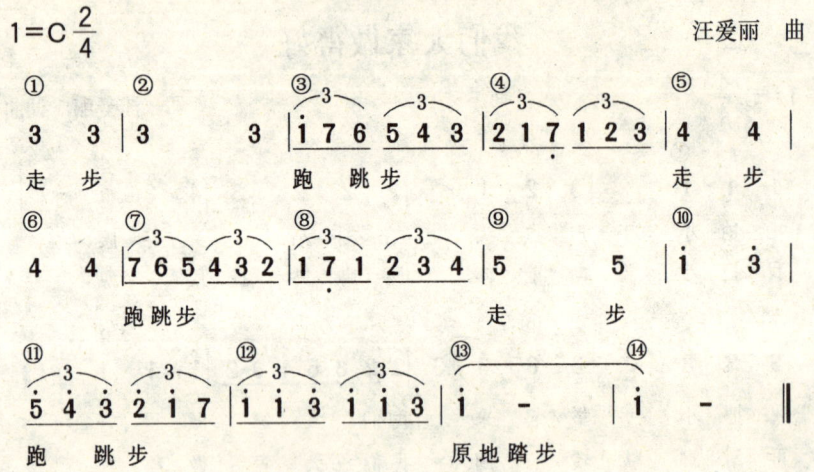

请个朋友来跳舞

（大班）

1=D 4/4　　　　　　　　　　　　　　　汪爱丽 词曲

① 5 3 3 1 5 3 1 | ② 5. 5 3. 1 5 - |
请 个 朋 友 来 跳 舞， 我 们 一 起 学，

③ 6 6 4 6 5 5 3 | ④ 2 2 3 1 2 - |
先 把 踏 步 练 一 练， 再 来 学 踏 点，

⑤ 5̇ 3 3 1̇ 5 3 1 | ⑥ 5̇·5 4·5 6 - |
挽 起 手 儿 转 一 圈， 脚 步 要 合 拍，

⑦ 1̇ 1̇ 6 6 5 5 3 | ⑧ 2 2 3 2 1 - ‖
动 作 做 得 好 又 好， 换 个 朋 友 跳。

动作说明：

幼儿站成一个大圈，请几个幼儿在中间做邀请者，圈上的幼儿边唱边拍手，邀请的幼儿做以下动作：

①～② 在圈内跑跳步或踏跳步，唱到"学"字时要站在被邀请的幼儿面前，同时双手叉腰，被邀请者这时也双手叉腰并一道动作。

③ 踮步（两次）。

④ 踏点步（两次，先向右，后向左）。

⑤～⑥ 两人挽手用后踢步转一圈，一拍一步，共八步。

⑦ 拍手，同时两脚并拢，脚跟离地踮两次。

⑧ 互相招手换位置，被邀请的幼儿到圆圈中做邀请者。

踏点步、踏跳步

$1=A \frac{4}{4}$

汪爱丽 词曲

① 3·3 3 4 | ② 5   5 | ③ 4·4 4 3 | ④ 2 - |
我 们 小 朋 友　　　们， 手 儿 挽 着 手，

⑤ 2·2 2 3 | ⑥ 4 | ⑦ 6·6 6 5 | ⑧ 3 - |
先 向 左 边 转　　 来， 再 向 右 边 走，

⑨ 5·5 5 6 5 | ⑩ | ⑪ 1̇ 2̇·2̇ 2̇ 1̇ | ⑫ 6 - |
圆 圈 会 变 小　　 来， 圆 圈 会 变 大，

⑬ 　　　　⑭　　　　⑮　　　　⑯
5　　i｜5　　i｜2　　2｜1 - ‖
跳　呀跳　呀真　快乐。

动作：

全体幼儿站成一个大圆圈。

①～⑧ 先向左做三步一踏，再向右做，共四次。

⑨～⑩ 三踏跳步向圆心。

⑪～⑫ 三踏跳步退回原位。

⑬～⑭ 踏踢步共两次。

⑮ 拍手。

⑯ 两臂左右打开，掌心向外，同时半蹲。

三　步

1=C 3/4　　　　　　　　　　　汪爱丽　曲

5　3　3｜5　3　3｜5　4　4｜4 - -｜

4　2　2｜4　2　2｜6　5　5｜5 - -｜

5　3　3｜5　3　3｜7　6　#5｜6 - -｜

7　2̇　5｜7　2̇　5｜6　5　2̇　3̇｜1̇ - -‖

小卓玛上学

1=G 2/4　　　　　　　　汪爱丽　严善本　薛　瑜　等编舞
　　　　　　　　　　　　李美霞　高道南

①　　　　　②　　　　　③　　　　　④
6 1̇ 2̇ 3̇ 3̇ 2̇｜1̇ 2̇ 3̇ 1̇ 6｜6 1̇ 2̇ 3̇ 2̇ 1̇｜1̇ 2̇ 6 5 6｜

⑤ 3̇ 1 2 6 1 2 | ⑥ 1̇ 2 6 5 3.5 | ⑦ 6 3̇ 3 2 1 2 | ⑧ 6̇ 6 6 |

⑨ 6. 1̇ | ⑩ 2̇ 3. 6̇ | ⑪ 5̇.3̇ 2̇ 3̇ 1̇ 2̇ | ⑫ 6̇ 5 3 |

⑬ 3̇ 1 2 6 1 2 | ⑭ 1̇ 2 6 5 3.5 | ⑮ 6 3̇ 3 2 1 2 | ⑯ 6̇ 6 6 ‖

舞蹈内容：

有个藏族小朋友小卓玛，一天早晨，背着书包高高兴兴地去上学，她看见天气很好，快步向学校走去。小卓玛上课用心听讲，下课后和同学们一起高兴地跳舞，并向来校参观的客人献哈达。

动作：

第一遍音乐：

①～② 左手放在肩上，表示背了书包；右手臂在体侧甩动，先向外再向里，脚做踵趾步两次，表示向前走着去上学。

③～④ 双手放肩上，做踏跳步四次。

⑤～⑥ 同①～②。

⑦～⑧ 同③～④。

⑨～⑫ 两手轮流向上甩袖，一小节一次，脚作踮步，眼睛顺着手向上看，表示看天气。

⑬～⑯ 脚作进退步，两手轮流前后摆动（右脚在前时，左手也在前，右脚在后时，左手也在后，表示快步走到学校去，一小节进退一次）。

第二遍音乐：

① 两手同时先向左，后向右侧甩袖，一拍一次，脚作踮步。

② 两手同时向后甩袖，再向前甩袖。

③～④ 同①～②。

节奏活动、基本舞步

⑤~⑧ 双手握空拳在胸前互绕一次后,右手弯曲在右前方,左手弯曲在左腰旁。

⑨~⑫ 向右走三步,左脚抬起,右脚跳一下,同时左手向上甩袖一次。再向左走三步,动作同上,但换左脚跳起。共做四次。

⑬~⑭ 双手做捧哈达动作,右脚踏地,稍屈膝后再左脚踏地,共四次。

⑮~⑯ 双手捧哈达自转一周,最后一拍做献哈达动作。

快乐的阿衣古丽

汪爱丽　严善本　薛　瑜
李美霞　高道南　等编舞

$1=\flat E$　$\frac{4}{4}$

① 5 1 2 3 4 | ② 3 1 3 2 1 | ③ 5.5 6 7 2 | ④ 1 - - - |
⑤ 1 1 7 6 1 | ⑥ 7 7 5 6 2 | ⑦ 5.6 5 4 3 1 2 | ⑧ 1 - - - |
⑨ 1 4 4 4 6 | ⑩ 3 1 3 2 3 | ⑪ 2 3 4 6 3 | ⑫ 3 - - - |
⑬ 5.5 6 1 | ⑭ 7 7 5 6 2 | ⑮ 5.6 5 4 3 1 2 | ⑯ 1 - - - |
⑰ 1 1 7 6 7 2 | ⑱ 1 - - - | ⑲ 2 2 1 7 6 | ⑳ 5 - - - |
㉑ 1.7 2 1 7 6 | ㉒ 5.5 6 5 4 3 - | ㉓ 5.6 5 4 3 1 2 | ㉔ 1 - - - ‖

舞蹈内容:

一位新疆小姑娘名叫阿衣古丽,她清晨起来,看到天气很好,梳梳头,整理好衣服,照照镜子,来到果园,看到一串串葡萄熟了,高兴地拿起篮子去摘葡萄,摘呀摘呀……掰一颗尝尝,真甜呀!她快乐地跳起舞来。最后拎起装满葡萄的篮子回去了。

动作:

第一遍音乐:

①～② 按节拍小跑步,双手从两侧下方举至上方(清晨起来)。

③～④ 脚做踏步。二拍一次,左臂自然侧平举,手心向下,右臂弯曲在右肩上,手心向外。然后右臂自然侧平举,左臂弯曲在左肩上。每两拍交换一次(天气很好)。

⑤～⑥ 双手在头部左侧轮换梳辫四次。

⑦～⑧ 在右侧梳辫,动作同⑤～⑥。

⑨ 左侧点步同时拍手一次,双手自胸前向下拉衣服的下摆。

⑩ 身体左右摇摆各一次,眼看衣服。

⑪ 右侧点步,其余动作同⑨。

⑫ 同⑩。⑨～⑫为整理衣服。

⑬～⑯ 右脚进退步,每一小节一次,双手从胸前交叉后左手伸向左前方,手心对着自己照;右手托在颈部右侧,共四次(照镜子)。

⑰～⑱ 右手从胸前向上绕至右上方再从右侧下来(看葡萄)。

⑲～⑳ 同⑰～⑱用左手做,方向相反。

㉑～㉓ 踮步向右后自转,双手同时从胸前交叉向上至两侧,表示看见了许多葡萄。

㉔ 左手从地上拎起篮子。

第二遍音乐:

①～④ 点步(即一脚在前,另一脚的前脚掌点在前面脚的脚跟后站立不动),左手拎篮子,右手摘葡萄,一小节摘一次放在篮子里一次。

⑤ 放下篮子。

⑥ 向前弯腰用右手的食指和拇指从篮子里拿一颗葡萄放在口中(抬头,手高举后放入口中的动作加以夸张),表示尝尝葡萄。

⑦～⑧ 拍手一下向两侧分开,同时快速点头表示葡萄甜得无法形容,真好吃。

⑨～⑫ 踮步自转一圈,双手放在头上,手指相碰,一次手背,一次手心,按节奏翻动。

⑬～⑯ 每小节右脚进退步一次,两手臂由两侧自然平举至胸前,

节奏活动、基本舞步

手背相碰,再分开,同时头自然地晃动。

⑰ 左侧点步,双手做手腕花动作,表示看丰收景象。

⑱ 保持原姿势,头自然地晃动。

⑲ 右侧点步,动作同⑰。

⑳ 同⑱。

㉑~㉒ 边拍手边小跑步自转一圈。

㉓ 拎起沉甸甸的篮子。

㉔ 左点步(左脚在前,右脚前掌点在左脚跟后),左手拎篮子,右手扶在篮子上,表示不让葡萄掉下。

重复㉓~㉔小节音乐,小跑步回家。

爱劳动的小巴拉

1=C 2/4　　　　　　　汪爱丽　严善本　薛　瑜　等编舞
　　　　　　　　　　李美霞　高道南

舞蹈内容：

一位蒙古族小朋友，名叫小巴拉，他很爱劳动。放学后，他骑马回家，卷起袖子，把装牛奶的桶拿了出来，又把牛牵出来，亲热地摸摸牛背，认真地挤起牛奶来。不一会，挤了满满一桶牛奶，他把奶桶晃了晃，仔细看，发现奶里有一点不干净的东西，赶快拣了出来。他看着这桶牛奶高兴地跳起舞来，然后把奶桶扛在肩上一步一步走回家去。

动作：

前奏：一手拉缰绳，做骑马准备。

①～⑧ 骑马：手拉缰绳（一脚在前，一脚在后），每小节双手腕向下按一次，第一拍前脚（或后脚）重踏一下，同时另一脚抬起。

⑨～⑯ 卷袖：两脚分开站立，重心移至左脚，右手在左手上卷袖两次，左手在右手上卷袖两次，同时重心移至右脚。

⑰～⑳ 取桶：向右后转小跑步，弯腰双手捧桶再转向原位，放桶。

㉑～㉒ 牵牛：双手伸向右侧前方，向前跑两步，两脚并拢弯腰准备用力牵牛。

㉓ 双手用力拉牛向后退着跑回原位。

㉔ 看牛：身体转向前方，两手叉腰，向右侧看牛，点一点头，反复㉓～㉔小节音乐，双手叉腰，点两下头。

第二遍音乐：

①～⑧ 摸牛：左弓箭步不动，左手前举拉住牛绳，右手从左前方至右前方，有起伏地从牛头开始摸至牛尾，共四下。

⑨～⑫ 挤奶：左弓箭步，两手心相对，在左侧按节拍做挤奶动作，再换右弓箭步，做挤奶动作。

⑬～⑯ 同⑨～⑫。

⑰～㉓ 晃奶：单腿跪下，两手做扶桶状，从右至左，每小节摇晃一次。

㉔ 弹灰：用右手中指在奶桶口上摸一下，最后一小节用中指弹一下，表示把飘在牛奶上的脏物去掉。

第三遍音乐：

①～⑧ 动肩看奶：右脚向左方跨前一步（弓箭步），两手叉腰一拍动肩一次，身体先稍向前弯，再稍向后倾，同时移动重心，每两小节一次。

⑨～⑯ 高兴：脚做小跑步，拍手围桶转一圈。

⑰～⑱ 两手端奶桶上举。

⑲～㉒ 左右各摆动两次。

㉓～㉔ 将桶从胸前绕至肩上，左手托桶底，右手扶桶边。

第四遍音乐：

脚做三步一跳动作送奶回去，走三步跳起时，另一只脚可向外侧拐。

童话歌舞剧

小兔乖乖

编剧 汪爱丽

人物：兔妈妈1人，小兔子5人，大灰狼1人。

场景：森林中有一座漂亮的房子——小兔子的家，离房子不远的地方有一个特大的萝卜。

音乐：

1. 朗诵时陪衬的音乐

$1=C \dfrac{3}{4}$

5 - -	3 - -	1 - -	6 - -	5 - -
3 - 1	2 - -	2 - -	5 - -	3 - -
1 - -	6 - -	5 - -	2 - 3	1 - -
1 - -	3 1 -	5 3 -	3 1 -	1 - - ‖

2. 兔跳音乐

$1=C \dfrac{2}{4}$

| 3 5 3 5 | 3 1 5 | $\overset{2}{3}$ #$\overset{4}{5}$ - | 3 5 3 5 |

3. 歌曲：大萝卜

1=C 2/4

兔妈妈：萝卜萝卜红又大，我把萝卜抱回家，
群兔：妈妈种出大萝卜，又香又甜真不错，

给我兔儿吃个饱，兔儿兔儿快长大。
吃了萝卜快快长，长大我也去劳动。

4. 歌曲：小兔乖乖

1=C 2/4

兔妈妈：小兔儿乖乖把门儿开开，快点儿
大灰狼：小兔儿乖乖把门儿开开，快点儿

开开我要进来。（群兔）就开就开就来开，
开开我要进来。（群兔）不开不开不能开，

妈妈回来了，就把门儿开。
妈妈没回来，谁来也不开。

5. 大灰狼走路音乐

1=C 4/4

5 | 1 3 1· 5 | 1 3 1· 5 | 1 3 1 3 | 2 7 2· 5 |
1 3 1· 5 | 1 3 1· 5 | 1 3 1 3 | 2 7 1· ‖

6. 歌曲：打死大灰狼

1=F 2/4

| 1 0 5 0 | 1 0 3 3 2 3 | 1 0 3 3 3 5 |
打 打 打！　打死大灰狼，　打死这只

| 1 2 3 | 3 3 3 5 | 1 2 3 | 2·2 2 3 | 5· 3 |
大灰狼，打死这只大灰狼。我们一起用　力

| 2 0 3 0 | 1 0 | X X X X | X 0 ‖
打 打 打！　　打死大灰狼！

7. 歌曲：打死灰狼齐欢笑

1=F 2/4

5· 1 1 1 | 3 3 | 2 3 | 1 - | 3 3 3 3 |
打死灰狼齐欢笑，齐　欢　笑，　　树林里面

5 5 3 1 | 3 2 | 2 - | 5 1 1 2 | 3 - |
阳光照　阳　光　照。　从今以　后

5 3 2 1 | 6 - | 5 1 1 6 | 5 1 3 2 | 1 |
生活安 宁，　拉起手儿唱起歌把 舞

2 - | 5 1 1 6 | 5 1 3 5 | 2 1 | - ‖
跳，　我们生活多么好多　么　好。

童话歌舞剧

剧情安排

朗诵：在森林中，一座美丽的房子里，住着一群可爱的小白兔。清早，兔妈妈从家里出来，到地里拔了一个大萝卜给小兔子当早饭。

兔妈妈：右手扛一把锄头，随兔跳音乐跳出场。

动作：音乐①②双脚并拢向前跳两下（一小节跳一下）。③原地做行进步，右脚不动，左脚向前，左臂向后。④左脚向后，左臂向前。⑤～⑯同①～④。音乐结束时，跳到大萝卜面前唱歌曲《大萝卜》的第一段歌词。动作：①②弓箭步，右手点大萝卜四下。③④蹲下做抱萝卜动作。⑤⑥双手抱萝卜向家中走去。⑦⑧稍蹲后起立，右手举至右上方，掌心向上。唱完后走到家门口，边做敲门动作，边唱歌曲《小兔乖乖》第一段①～⑧节。

群兔：可站在布置的小屋旁边表演，观众可看清动作，唱歌曲《小兔乖乖》⑨～⑭。

动作：⑨～⑩边唱边整齐地向两边点头共四下。⑪～⑫互相看看。⑬～⑭向前点两下头，然后小兔子一个一个从家门里跳出来。

小兔甲：妈妈！

小兔乙：妈妈回来了。

小兔丁喊：咦！一个大萝卜。

群兔：围看大萝卜，随兔跳音乐反时针方向跳。

动作：①②双手下垂置于胸前，双脚并拢向前跳，一小节跳一下，③第一拍，右脚向前跳，左脚向左侧拐，同时右手前上举，左手向左侧举；第二拍，左脚踏地，两臂放下。④动作与③相同，换左脚向前跳。⑤～⑯同①～④。兔跳音乐结束前，在大萝卜旁边，站成一斜排一同唱歌曲《大萝卜》中的第二段歌词。

动作：音乐①②弓箭步指点萝卜四下。③④拍手四下。⑤⑥蹲下后再起立，右手上举。⑦⑧跑到兔妈妈身边。

兔妈妈：孩子们，妈妈还要去采蘑菇，你们把萝卜抱回家吃吧！记住，树林里有只大灰狼，你们要把门关关好，千万不要让大灰狼进屋！

群兔：知道了，知道了。（兔跳音乐中，小兔子抬着萝卜，拎着锄头回到屋里，兔妈妈也退场）

大灰狼：随《狼走路》音乐上场。

快板：我是一只大灰狼，见了白兔我口水淌，趁着兔妈妈不在家，我学她的声音把门打，把门打。（到小兔子家门口边敲门边唱《小兔乖乖》第二段①～⑧）

小兔丙：咦！妈妈回来了，快开门吧！

小兔甲：不，这不是妈妈的声音，你们听！

大灰狼：重复唱《小兔乖乖》第二段第①到⑧小节。

群兔：唱《小兔乖乖》第二段⑨⑩～⑭小节。

大灰狼：我真的是你们的妈妈呀，快开门吧，我给你们带来了大蘑菇。

小兔甲：你真的是我们的妈妈？

大灰狼：是啊，我真的是你们的妈妈，快开门吧！

小兔乙：那你把尾巴给我们看看吧！（大灰狼把尾巴从门缝里塞进去，群兔用门将大灰狼的尾巴紧紧夹住）

群兔：妈妈、妈妈快来呀！我们捉住大灰狼了。群兔抓住大灰狼的尾巴，开门出来。兔妈妈正好赶回家，用石头砸大灰狼的头，边打边唱打死大灰狼的歌。在台上绕一圈后，大灰狼退场。

群兔：唱歌曲《打死灰狼齐欢笑》。

动作：第一遍音乐：站成一横排，①～②右脚踏地同时右手握拳向右下方打两下。③～④双手置胸前，原地跳两下。⑤～⑥单数，小跑步向后退，同时两臂侧举，双数小跑步向前进，同时两臂上举。⑦～⑧还原成一横排。⑨～⑩向右走三步，左脚向右方斜踢（踏踢步）。⑪～⑫动作同上，方向相反。⑬～⑯两人拉右手，跑跳步绕一圈。⑰⑳两人拉左手，跑跳步绕一圈。

第二遍音乐：

①～④ 跑跳步成圆圈，反时针跳。

⑤～⑧ 顺时针跳。

⑨~⑩ 拉手向圆心跳。
⑪~⑫、⑬~⑯ 拉手退回原位。
⑰~⑳ 跳成一横排,兔妈妈右边上。
兔妈妈:孩子们,妈妈采了好多蘑菇,我们一道去拿回来吧!
群兔:好,好。
兔妈妈带领群兔,随音乐做兔跳动作退场。

下篇的内容主要摘选自:

汪爱丽编著:《在活动中成长——幼儿学音乐》,中国书籍出版社1992年9月第一版。

汪爱丽:《幼儿歌曲音乐游戏》,南京市白下区教师进修学校1981年3月印刷。以及部分未发表的汪爱丽教授的幼儿音乐游戏创作作品。

学术年表

一、科研报告

1. 三岁幼儿律动教学中创造性的培养   1980年
2. 小班音乐教育中想像、创造力培养初探   1980年
3. 中班音乐教学中几个问题的初步研究   1981年
4. 幼儿园音乐教学中音乐能力的培养   1982年
   （本科研报告1985年获江苏省哲学、社会科学科研二等奖）
5. 幼儿音乐能力测验初探   1987年
6. 重视幼儿音乐感受力的培养与音乐概念的发展   1988年

二、幼师教材（包括培训教材）

1. 幼儿园教师培训教材——音乐教学法   人民出版社   1986年4月
2. 《幼儿音乐教学法》   人民出版社   1987年11月

三、幼儿园音乐教材创编

1. 幼儿歌曲音乐游戏   南京市白下区教师进修学校印刷   1981年3月
2. 幼儿园小班、中班、大班教材——音乐部分   南京师范大学出版社   1990年再版
3. 幼儿园音乐教材   南京师范大学出版社   1987年
4. 活动中成长——幼儿学音乐   汪爱丽   中国书籍出版社   1992年9月

四、杂志上发表的文章

1. "从拨浪鼓谈起——关于儿童早期音乐教育"《卫生知识》1982年6月
2. "谈谈家庭中的音乐教育"（与卢乐珍合写）《祝你健康》
3. "谈谈幼儿喜爱的歌曲"《青春之声》 1982年5月 南京市音协主办
4. 《儿童歌声》发表的作品 上海文艺出版社
   ① 山谷回音真好听（歌曲） 1980年
   ② 大皮球（游戏） 1981年7月
   ③ 叫声（歌曲） 1982年3月
   ④ 小马跑（歌曲） 1982年
   ⑤ 颠倒歌（歌曲） 1982年4月
5. 《幼儿新歌》一书中的三首歌 江苏人民出版社
   ① 为什么？ 与费承鉴老师合写
   ② 猴子学样 与卢乐珍老师合写
   ③ 去看长江大桥
6. 《宝宝听的歌》 江苏人民出版社 1982
7. 唱片《山谷回音真好听》 中国唱片公司

五、翻译歌曲

1. 《幼儿英语歌曲和音乐游戏》 卢乐珍、汪爱丽译，赵寄石校 北京教育科学出版社 1981年3月
2. 《唱唱跳跳学英语》 龚扬、汪爱丽、赵寄石 江苏省出版总社 1994年7月
3. 《儿童英语歌曲集（英汉对照）》 汪爱丽译配 南京师范大学出版社 1999年10月

六、获南京师范大学教学一等奖 1986年

后　记

　　我比较喜欢小孩,很幸运在我这一生中能有较多的时间和孩子们在一起。另外我还能有机会为他们创作一些歌曲、音乐游戏、节奏活动等,当我看到他们进行这些音乐活动而显示出快乐时,我也能从中获得快乐。

　　在几十年的幼教工作中,我又有机会接触不少幼儿园老师。她们所总结的许多宝贵的音乐教学经验对我很有启发,这些经验被吸收到我的教学中,使我的课堂教学更为生动;这些经验被采纳到我编写的幼师教材中,使该书更具有实践性与说服力,在此我要对这些幼儿园老师们表示衷心感谢!

　　另外我还要特别感谢薛瑜、张企淑、鲍贤琨、廖吉芬、高道南、李美霞、黄爱玲、严善本等老师,正由于有她们多年来的大力支持与帮助,我才能写出有一定质量的科研报告。

　　南京师范大学教科院及幼教系的负责人与江苏教育出版社费了不少时间与精力策划出版——《学前教育家文库》,他们对为我国学前教育史增添一份重要的资料而做出了重大的贡献。我的一些工作成果也能成为其中的一卷,在此我对为出版《学前教育家文库》而辛勤劳动的人们表示衷心的感谢。

图书在版编目（CIP）数据

汪爱丽文集／汪爱丽著．—南京：江苏教育出版社，2006.5
（学前教育家文库）
ISBN 7-5343-7382-4

Ⅰ.汪… Ⅱ.汪… Ⅲ.学前教育—教学研究—文集 Ⅳ.G612-53

中国版本图书馆 CIP 数据核字（2006）第 054250 号

书　　名	汪爱丽文集
作　　者	汪爱丽
责任编辑	孙兴春
出版发行	凤凰出版传媒集团
	江苏教育出版社（南京市马家街 31 号 210009）
网　　址	http://www.1088.com.cn
集团网址	凤凰出版传媒网 http://www.ppm.cn
经　　销	江苏省新华发行集团有限公司
照　　排	南京展望文化发展有限公司
印　　刷	南京通达彩印有限公司
厂　　址	南京市六合区冶山镇（邮编 211523）
电　　话	025-57572528
开　　本	880×1240 毫米　1/32
印　　张	11
插　　页	1
字　　数	291 000
版　　次	2006 年 5 月第 1 版
	2006 年 5 月第 1 次印刷
印　　数	1—3 155 册
书　　号	ISBN 7-5343-7382-4/G·7067
定　　价	28.80 元
邮购电话	025-85400774,8008289797
盗版举报	025-83204538

苏教版图书若有印装错误可向承印厂调换
欢迎邮购，提供盗版线索者给予重奖